LITERACY

미래생존,
리터러시가 답이다

프롤로그

    최근 디지털기기 사용 증가로 독서량이 현저히 줄어들면서 청소년과 MZ세대의 리터러시^{Literacy} 즉, 글을 읽고 이해하는 능력인 문해력^{文解力} 저하가 학업과 사회생활에도 영향을 줄 만큼 심각해져 사회적인 문제로 대두되고 있습니다. 특히 문해력 저하가 심각한 청소년 중에는 교과서나 수업의 내용 또는 시험에 나오는 문제 자체를 이해하지 못하는 경우도 많고, 성인 중에도 업무를 위한 문서나 이메일 내용을 이해하지 못해 소통에 어려움을 겪기도 합니다. 이는 대다수의 사람들이 디지털기기를 활용해 짧고 간단한 콘텐츠 중심으로 미디어를 소비하고 축약된 용어와 이모티콘으로 하는 소통에 익숙해지면서 자주 접하지 않는 단어나 복잡한 글을 이해하는 능력이 떨어졌기 때문입니다. 앞으로는 자신의 미래를 위해서라도 어느 정도의 문해력을 갖추기 위한 노력은 반드시 필요합니다.

    문제는 글을 이해할 수 있는 능력인 문해력으로서의 리터러시는 최소한의 학업과 사회생활을 하기 위한 기본적인 능력일 뿐 이것만으로는 복잡하고 빠르게 변화하는 세상에서 차별화된 경쟁력을 갖추기 어렵습니다. 아니나 다를까 최근에는 기본적인 리터러시 외에도 미디어 리터러시, 디지털 리터러시, 데이터 리터러시 등 새로운 형태의 리터러시가 등장하기 시작했고 심지어는 의료정보 리터러시, 에너지 리터러시 등과 같은 산업별로 요구되는 리터러시도 생겨나고 있습니다. 이러한 추세만 봐도 리터러시란 단순히 글을 이해할 수 있는 능력이란 의미를 넘어서 세상의 변화를 이해하고 대처할 수 있는 능력이란 의미로 확장되었음을 알 수 있습니다. 앞으로 이러한 리터러시의 종류는 더욱 다양한 형태로 확대될 것이며 시대의 흐름에 따라 개인에게 요구되는 필수 리터러시 역시 지금보다 늘어날 가능성이 높습니다.

그래서 본서에서는 다양한 메가트렌드 중에서 개인의 미래를 위해 가장 중요하다고 생각되는 복잡성, 4차 산업혁명, 고령화라는 변화에 대처하기 위한 필수 미래역량인 다섯 가지 리터러시를 다루고자 합니다.

세계화와 디지털화로 인해 초연결 네트워크의 세상이 도래하면서 복잡성은 더욱 커졌습니다. 이는 각 국가, 기업, 개인에게 영향을 미칠 수 있는 변수가 과거에 비해 늘어났음을 의미합니다. 이처럼 다양한 변수에 노출될 수 밖에 없는 복잡성 시대에는 불확실성이 증가하고, 이러한 불확실성에 대비하기 위해서는 보다 글로벌한 세계시민의식을 바탕으로 학습의 폭을 넓혀야 합니다. 그렇기에 양질의 정보를 필터링하며 효율적으로 세상의 변화를 모니터링할 수 있는 미디어 리터러시가 어느 때보다도 중요해지고 있습니다. 앞으로 일어날 4차 산업혁명은 이제 개별 국가가 아닌 자본주의 사회 전체가 꿈꾸는 미래 비전임에 틀림없습니다. 하지만 이번 산업혁명은 이전과는 달리 성장만을 위한 산업의 생산성 향상이 아니라 인류의 각종 문제 해결과 개인의 행복을 위한 시스템 전환을 목표로 삼아야 합니다. 이러한 4차 산업혁명은 사회 전반에서 디지털 기술을 이해하고 활용할 수 있는 역량을 요구하고 있는 만큼 빠른 시일 내에 기술문맹에서 벗어날 필요가 있습니다. 이제 디지털 리터러시, 데이터 리터러시, 메타버스 리터러시와 같은 기술역량은 미래생존을 위해 선택이 아닌 필수입니다.

뿐만 아니라 한국은 2025년이 되면 65세 인구가 전체 인구의 20%를 넘는 초고령사회 진입을 앞두고 있으며 물리적으로 가능한 인간의 수명은 이미 90세, 100세를 훌쩍 넘긴 상황입니다. 이제는 누구도 스스로 몇 살까지 살지 장담할 수 없는 시대이며 이러한 고령화시대에 모두가 꿈꾸는 이상적인 노후는 돈 걱정 없이 여유롭게 남은 여생을 보내는 것이 아닐까요? 하지만 그나마 믿고 있던 국민연금은 2054년 이후 기금이 고갈될 지도 모른다는 이야기가 나오고 있고, 평생직장은 사라진지 오래이며 직장인들의 퇴직연령은 더욱 빨라지고 있는 요즘 과연 국가와 기업이 개인의 노후를 책임져 줄 수 있을지 의문입니다. 결국 여유로운 노후를 위해 젊을 때부터 재테크를 통해 스스로 자산을 관리할 수 있는 능력은 필수이며, 이는 경제금융 리터러시 없이는 불가능합니다.

사실 이 외에도 각자의 상황에 따라 관심을 가져야 할 리터러시가 더 있으나 본서에서 다루는 다섯 가지 리터러시는 다가올 미래에 대처하기 위한 최소한의 필수 리터러시일 뿐이며 각자에게 최적화된 리터러시를 갖추기 위해서는 반드시 추가적인 학습이 필요합니다. 그리고 각 리터러시 또한 시간이 흐름에 따라 계속 변화하고 진화해 가는 만큼 책을 읽은 이후에도 스스로 관심을 가지고 관찰하면서 지속적으로 업데이트해 나가는 것이 무엇보다 중요합니다.

코로나19 이후 3년이란 긴 시간동안 대한민국 모두가 힘들었지만 잘 견뎌냈고 이제 코로나19 이전의 일상으로 돌아갈 수 있을 거라는 희망을 갖기 시작했습니다. 하지만 고물가와 고금리가 겹치면서 장기화되고 있는 경기침체로 취준생, 직장인, 자영업자 할 것없이 모두가 또 다시 힘든 시기를 겪고 있습니다. 그렇다면 이 시기만 어떻게든 잘 버텨내면 우리는 예전으로 돌아갈 수 있을까요? 다산 정약용은 회복이란 이전으로 돌아가는 것이 아니라 이전과 확실하게 결별하는 것이라고 했습니다. 앞으로 우리에게 펼쳐질 세상은 이전과는 전혀 다른 새로운 시스템일 것이며 그 과정에서 마주할 위기에 대비하고 기회를 선점하기 위해서는 새로운 역량이 필요합니다. 부디 이 책이 변화하는 시대에 독자 여러분의 더 나은 미래를 만드는 데 조금이나마 도움이 되길 바랍니다.

마지막으로 본서를 출간하면서 제 의견에 귀기울여 주시고 공감해 주신 출판사와 이근희 편집자에게 감사드리며 늘 옆에서 힘이 되어 주는 아내에게도 고맙다는 말을 전합니다. 그리고 사랑하는 딸 재희가 성인이 되어 지금보다 더 복잡하고 기술의 변화는 빠르며 훨씬 오래 살게 될 미래를 맞이했을 때 부디 이 책이 든든한 길잡이가 되었으면 합니다.

더 나은 미래를 위해
양 성 식

목차

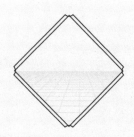

1

지금은
리터러시의 시대

01
리터러시란
무엇인가?

리터러시Literacy의 사전적 의미는 '글을 읽고 쓸 줄 아는 능력'입니다. Liter 의 어원은 문자라는 뜻의 Letter이며, '글을 읽고 쓸 줄 아는'이라는 뜻의 Literate에 '상태'를 의미하는 -acy가 붙어 Literacy라는 단어가 만들어진 것이죠. 우리는 이 리터러시를 '문해력'으로 해석하여 부릅니다. 문해력 역시 문자를 읽고 쓸 수 있는 능력을 말하지만 단순히 읽고 쓰는 능력만은 아닙니다. 말하기, 듣기를 포함한 언어의 모든 영역에서의 활용능력이라고 볼 수 있습니다. 하지만 언젠가부터 문해력이라는 의미의 리터러시뿐만 아니라 다양한 형태의 리터러시들이 생겨나고 있습니다. 예를 들면 미디어 리터러시, 디지털 리터러시, 데이터 리터러시 등과 같이 특정 키워드에 리터러시를 붙여서 '~을 이해하고 활용할 수 있는 능력'이라는 의미로 활용되는 식입니다. 그렇다면 문해력이라는 의미의 리터러시가 왜 이렇게 다양한 형태로 파생되고 있는 걸까요?

서울대학교 명예교수이자 소설가인 故 구인환은 저서인 『Basic 고교생을 위한 국어 용어사전(2006년, 신원문화사)』에서 리터러시가 단지 언어를 읽고, 쓰는 피상적인 의미만을 내포하는 개념은 아니라며 이렇게 썼습니다.

"리터러시는 일차적으로 시대적 혹은 그 사회와 문화권에서 통용되는 커뮤니케이션 코드인 '언어'에 의해서 규정되어진다. 하지만 현재의 리터러시는 복잡한 사회적 환경과 상황 속에서 그 본질을 이해할 수 있는 복잡한 개념을 뜻한다. 단지 언어를 읽고 쓰는 능력에서 더 나아가 변화하는 사회에서의 적응 및 대처하는 능력으로 그 개념이 확대되기 시작한 것이다"

글을 읽고 쓸 줄 아는 능력	→	변화를 이해하고 대처하는 능력

리터러시 개념 변화

즉, 문해력이라는 의미의 리터러시 외에 새로운 리터러시들이 등장하는 이유는 복잡한 사회적 환경과 상황의 변화 속에서 변화를 읽고 새로운 시대에 맞는 역량을 기르는 것이 무엇보다 중요해졌기 때문입니다. 그런데 이쯤에서 의문을 가질 수 있습니다. 새로운 변화를 언급할 때 자주 사용되는 '트렌드Trend'라는 말이 있는데 굳이 리터러시라는 말을 사용할 필요가 있는가입니다. 미디어 리터러시, 디지털 리터러시 등을 미디어 트렌드, 디지털 트렌드라고 표현해도 크게 다르다는 느낌이 들지 않기 때문입니다. 과연 리터러시와 트렌드의 차이는 무엇일까요?

시중에 나와 있는 각종 트렌드 키워드도 변화하는 세상을 이해하고 미래에 대응하는 역량을 기르는 데 분명 도움이 됩니다. 일반적으로 보고서나 도서를 통해 발표되는 트렌드 키워드는 새로운 추세, 동향, 패턴 등을 데이터를 기반으로 분석하고, 분석된 트렌드는 적절한 단어와 조합해 또 다른 트랜드 키워드를 만들어 내곤 합니다. 여기서 트렌드와 리터러시의 가장 큰 차이는 트렌드는 주로 동향 분석을 통해 현재 일어나고 있는 상황을 이해하는 것이 목적이라면, 리터러시는 변화를 읽는 데 그치지 않고 변화에 대응할 수 있는 실천적인 역량을 기르는 게 핵심이라는 점입니다. 일반 대중들이 접하는 트렌드 키워드에는 뉴트로^{Newtro}, 소확행^{소소하지만 확실한 행복}, 부캐^{부캐릭터} 등과 같이 소비트렌드나 유행에 치중되어 있는 경우가 많습니다. 이때 뉴트로 트렌드를 뉴트로 리터러시, 소확행 트렌드를 소확행 리터러시라고 하기에는 뭔가 어색하고 적절하지 않은 느낌입니다. 반면에 리터러시는 소비트렌드를 다루는 것이 아니라 거대한 시대적 흐름이자 장기적으로 영향을 줄 메가트렌드를 반영하고 있습니다. 그래서 앞으로 소개할 다섯 가지의 리터러시가 어떤 메가트렌드의 영향을 받아서 등장했는지 맥락을 이해하는 것은 물론, 변화에 대처하기 위해 일과 삶에서 활용할 수 있는 구체적인 수단과 방법에 대해 알아보고자 합니다.

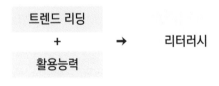

트렌드와 리터러시의 차이

하지만 실제로 학습한 리터러시를 자신의 일과 삶에서 활용하며 변화를 실천하는 것은 생각보다 쉽지 않습니다. 아무리 세상의 변화를 이해하고 미래의 위기와 기회가 눈앞에 보여도 기존의 익숙한 방식을 버리고 새로운 수단과 방법으로 바꾸는 것은 분명 불편한 일이죠. 게다가 인간은 변화가 필요하다는 것을 알면서도 결국에는 위기가 닥쳐야 실행하는 경우도 많습니다. 책에서 다루는 리터러시들 역시 당장 실천하지 않아도 현재를 살아가는 데는 아무 문제가 없을 겁니다. 하지만 분명 세상은 급변하고 있고 미래는 우리가 생각하는 것보다 더 **빠른** 속도로 다가올 것입니다. 아인슈타인의 명언 중에 '어제와 똑같이 살면서 다른 내일을 기대하는 것은 정신병 초기증세다'라는 말이 있습니다. 여러분은 더 나은 미래를 위해 어떤 변화를 실천하고 있나요? 더 나은 미래는 절대 쉽게 오지 않습니다.

리터러시의 올바른 활용법

02
당신의 미래를 바꿀
다섯 가지 리터러시

 본서를 기획하는 단계부터 수많은 리터러시 중 어떤 리터러시를 다루는 것이 좋을지 많은 고민을 했습니다. 일단 기본적인 리터러시인 문해력과 관련해서는 이미 다루고 있는 책들이 많이 나와 있기에 처음부터 배제했습니다. 그리고 '의료정보 리터러시', '게임 리터러시', '에너지 리터러시' 등 특정 산업이나 직무와 관련된 리터러시도 제외시켰습니다. 무엇보다 변화하는 시대의 흐름을 고려했을 때 대한민국 국민이라면 누구나 반드시 키워야 할 리터러시들만 선정하기 위해 노력했습니다.

 일단 개인에게 가장 큰 영향을 줄 수 있는 시대의 흐름이 무엇일까 곰곰이 생각해 본 결과, 세 가지 메가트렌드^{Megatrend}로 복잡성, 4차 산업혁명, 고령화가 떠올랐습니다. 그리고 이 메가트렌드를 통해 복잡성 시대에 대처하기 위한 역량으로 미디어 리터러시를, 4차 산업혁명 시대를 대비하기 위한 역량으로 디지털 리터러시, 데이터 리터러시, 메타버스 리터러시를, 고령화 시대에 반드시 길러야 할 역량으로 경제금융 리터러시를 선정했습니다. 참고로 이 다섯 가지 리터러시는 20년 넘게 미래학을 공부하고 14년 차 트렌드 전문강사로서 활동하면서 저 스스로도 역량을 높이기 위해 노력하고 있는 리터러시

이기도 합니다. 이 다섯 가지 리터러시를 선정한 가장 큰 이유는 중학생인 딸아이가 성인이 되어 스스로 살아가야 할 미래를 생각해 봤을 때 가장 중요한 리터러시들이기 때문입니다. 제 미래와 자식을 생각하면서 심사숙고를 거듭했습니다.

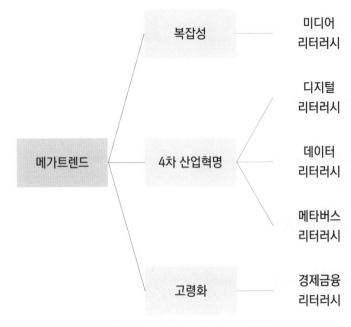

세 가지 메가트렌드와 다섯 가지 리터러시

책에서 소개하는 다섯 가지 리터러시에 우선순위는 없으니 목차 순서와 관계없이 각자의 상황에 따라 필요한 리터러시부터 먼저 읽어도 무방합니다. 리터러시에 처음 입문하거나 각 리터러시가 생소한 독자를 위해 해당 리터러시가 어떤 경우에 도움이 될지 표로 정리해 두었으니 참고하기 바랍니다.

미디어 리터러시	SNS로 인한 정보폭식 시대, 정보다이어트를 원한다.
	스마트한 정보 수집 기술을 배우고 싶다.
	효과적인 미디어 정보 활용법이 궁금하다.
디지털 리터러시	4차 산업혁명과 디지털 전환의 개념과 배경이 궁금하다.
	최신 디지털기술 트렌드를 읽고 기술문맹 탈출을 원한다.
	일과 삶에 적용할 수 있는 스마트서비스가 궁금하다.
데이터 리터러시	데이터 기반 의사결정이 무엇인지 알고 싶다.
	빅데이터 시대에 필요한 역량이 궁금하다.
	데이터 분석에 유용한 툴을 알고 싶다.
메타버스 리터러시	메타버스 플랫폼 및 관련 기술이 궁금하다.
	웹3.0과 가상경제에 대해 알고 싶다.
	NFT를 직접 발행하고 판매하고 싶다.
경제금융 리터러시	고령화 시대 여유있는 노후를 꿈꾸다.
	경제금융의 기본 원리를 알고 싶다.
	재테크 및 투자의 기술을 알고 싶다.

독자성향별 리터러시 추천표

다섯 가지 리터러시 모두 앞으로 복잡성, 4차 산업혁명, 고령화 시대에 개인의 더 나은 미래를 위해 반드시 필요한 최소한의 리터러시인만큼 일부 리터러시만 공부하면 나머지 다른 변화에는 대처하지 못할 수도 있습니다. 그리고 각각의 리터러시는 결국 다른 리터러시를 높이는 데도 도움이 되기 때문에 복잡성, 4차 산업혁명, 고령화 시대에 대처할 수 있는 종합적인 리터러시를 키우기 위해서는 다섯 가지 모두를 학습할 것을 추천합니다.

자, 이제 각자가 학습할 리터러시의 우선순위를 정했다면 해당 리터러시부터 하나씩 차근차근 학습해 나가면 됩니다. 다만 지금 당장 변화에 대처하기 위한 리터러시 역량을 키우는 것도 중요하지만 시대의 흐름인 메가트렌드를 이해하는 것이 먼저입니다. 변화의 본질은 모른 채 현상만 따라가는 것은 마치 수박 겉핥기와 같습니다. 남들이 하니까 나도 하는 수동적인 리터러시 학습이 아닌 시대의 흐름을 이해함으로써 자발적인 동기부여를 통해 스스로 변화를 주도할 수 있길 바랍니다.

03
복잡성 시대, 세상을 읽는 법

뉴스나 책을 읽다 보면 전 세계는 과거보다 '복잡성^{Complexity}'이 커졌다는 표현이 자주 등장합니다. 그렇다면 복잡성이 커졌다는 건 무슨 뜻이며 복잡성이 커질수록 우리는 어떤 영향을 받게 되는 것일까요? 이해를 돕기 위해 인간관계를 예로 들어 보겠습니다. 저도 그렇고 여러분도 그렇고 어릴 때는 부모님 밑에서 자라면서 인간관계라고 해 봐야 가족이 전부일 겁니다. 하지만 점점 자라면서 유치원이나 학교에 입학하는 순간부터는 친구라는 새로운 연결고리가 생기고 취업을 하면 직장의 동료나 상사 등이 추가될 겁니다. 게다가 연애를 하면서는 연인이, 결혼을 하면 배우자와 배우자 가족들까지 연결되고 자녀까지 태어나면 연결고리는 또 늘어나게 됩니다.

이처럼 여러분 인생에서 인간관계가 점점 복잡해진다는 것은 결국 신경 쓸게 많아진다는 뜻이기도 합니다. '나'라는 한 인간을 중심으로 연결된 고리들인만큼 그 고리를 끊어버리지 않는 이상 어떤 식으로든 본인과 연결된 친구, 동료, 가족, 자식은 여러분 인생에 영향을 줄 수밖에 없기 때문입니다. 물론 완벽한 인간이 아닌 이상 이 모든 인간관계를 아무 문제없이 잘 관리해 나가기란 쉬운 일이 아닐 겁니다. 어느 한쪽이라도 소홀히 하거나 등한시 하게 되면 나도 모르는 사이에 해당 연결고리에서 문제가 발생할 수도 있죠. 예를 들면 일에 너무 몰두한 나머지 가족이나 친구를 제대로 챙기지 못해 정작 가족과 친구가 필요할 때 그들과의 관계가 서먹해져 있을 수도 있습니다. 이처럼 인간관계를 원만하게 유지하는 것은 쉬운 일이 아니지만, 그렇다고 완전히 불가능한 일도 아닙니다. 다만 가족, 친구, 동료, 자식 등 모든 연결고리를 신경 쓰기 위해서는 부지런함이 필요하겠죠.

　결국 한 개인의 인간관계 복잡성이 커질수록 신경 쓸 게 한두 가지가 아닌 것처럼 이 세상도 복잡성이 커질수록 신경 써야 할 곳이 많아질 수 밖에 없습니다. 제대로 신경 쓰지 못하면 사방에서 일어나는 변화에 대응하기도 힘들고, 심지어는 세상이 어떻게 돌아가는지 이해조차 할 수 없는 상황이 올 수도 있습니다. 그렇다면 인간관계는 그렇다 치고 이 세상은 왜 복잡성이 커지는 걸까요? 이해를 돕기 위해 신문을 하나의 세상이라고 본다면 이 세상은 신문 속에서 구분하는 주요 카테고리인 정치, 경제, 사회, 기술 등으로 나눌 수 있을 겁니다. 그런데 이 세상은 절대 정치, 경제, 사회, 기술이 개별적으로 독립되어 움직이는 것이 아니라 정치가 경제에 영향을 주기도 하고 경제가 정치에, 경제가 사회에, 기술이 경제에 영향을 주는 등 서로서로 영향을 주고받으면서 움직이므로 어느 하나 중요하지 않은 게 없습니다. 마치 우리 인간의 몸도 신체의 각 부위가 복잡하게 연결되어 있어서 어느 한 곳이 아프면 전체적인 컨디션에 영향을 주는 것처럼 이 세상도 부분이 전체에 영향을 줄 수도 있는 매우 복잡하게 연결된 하나의 시스템인 깃입니다.

최근 러시아의 우크라이나 침공으로 전 세계가 많은 영향을 받고 있지만 전쟁 초기에는 그저 우리와 멀리 떨어진 다른 나라에서 벌어지는 그들만의 문제라고 생각한 사람이 많았을 겁니다. 하지만 시간이 지나면서 곡창지대인 우크라이나의 곡물생산 및 수출에 문제가 생기고, 러시아의 에너지 무기화로 인해 전 세계의 에너지 가격이 상승하면서 물가 폭등으로 이어져 너나 할 것 없이 영향을 받고 있습니다. 이는 세계화로 인해 복잡하게 연결된 네트워크 세상에서 자주 나타나는 나비효과의 결과라고 볼 수 있습니다. 나비효과란 어느 한 곳에서 일어난 작은 나비의 날갯짓이 뉴욕에 태풍을 일으킬 수 있다는 이론으로 미국의 기상학자 로렌즈Lorenz, E. N.가 처음 사용한 용어입니다. 쉽게 말해 초기 조건의 사소한 변화가 전체에 막대한 영향을 미칠 수 있음을 이르는 말입니다.

나비효과(Butterfly Effect)(출처 : 구글 이미지)

러시아와 우크라이나 전쟁 초기부터 관심을 가지고 지켜보면서 미리 대비해 온 정부, 기업, 개인들은 피해가 조금은 덜 할지도 모릅니다. 하지만 남의 일이라고 생각하며 미래에 대한 대비를 하지 않은 정부, 기업, 개인들에게는 큰 위기로 이어졌을 수도 있습니다. 코로나바이러스감염증-19(이하 코로나19)도 마찬가지입니다. 중국 우한에서 코로나19가 언급되었을 때만 해도 그저 남의 일이라고 여기며 이렇게 오랜 기간 고통받을 줄은 꿈에도 상상 못했을 겁니다. 하지만 신종플루, 메르스 때보다 더 빠른 속도로 바이러스가 확산되기 시작했고 한국은 한때 신천지 사태로 인해 전 세계가 주목하는 코로나19 위험국가가 되기도 했습니다. 이러한 전염병의 급속한 확산현상 역시 세계화라는 큰 흐름 속에서 전 세계의 인류가 자유롭게 이동하고 수입과 수출이 늘어나면서 세계가 복잡하게 연결되었기 때문에 일어날 수 있는 일들입니다. 앞으로 전 세계의 교류가 차단되지 않는 이상 세계 어디선가 전염병이 발생한다면 코로나19와 같은 상황은 언제든지 재발할 수 있습니다.

뿐만 아니라 최근까지 대부분의 생활필수품을 수입에 의존해 오던 미국이 미중전쟁과 코로나19 그리고 러시아와 우크라이나의 전쟁으로 글로벌 공급망이 붕괴되면서 소비자 물가가 폭등하기 시작했고, 연방준비제도가 물가폭등을 최소화하기 위해 금리를 인상하면서 전 세계 자산시장이 요동치기 시작했습니다. 한국 역시 미국과의 금리 격차를 줄이기 위한 금리인상을 단행하면서, 대출까지 받아 부동산, 주식, 가상화폐 등에 과감히 투자했던 이들에게 예상치 못한 위기가 닥쳤고, 에너지, 곡물, 산업자재 등의 물가 폭등은 코로나19 엔데믹과 함께 경기회복을 기대했던 자영업자들과 기업들의 희망마저 꺾어버리고 말았습니다. 게다가 앞으로 전쟁, 전염병보다도 더 큰 위기로 다가올 기후변화 역시 산업혁명 이후 끊임없는 개발을 통해 조금씩 악화되기 시작했고 조금씩 오르기 시작한 지구의 온도는 결국 지구온난화의 심화로 이어져 홍수, 가뭄, 산불, 폭염, 한파 등 이상기후가 속출하는 등 우리의 삶에 엄청난 영향을 주고 있습니다. 이처럼 몇 가지 사례만 봐도 얼마나 세상이 복잡하게 연결되어 있는지 알 수 있습니다. 이러한 복잡성의 의미를 이해한다면 세상에 대해 얼마나 폭넓게 관심을 가지고 관찰을 해야 할지도 깨달을 수 있으며 지금같은 글로벌 초연결 시대에는 국제적인 시각으로 세상을 바라봐야 한다는 것도 충분히 공감할 것입니다.

이 세상 모든 상황을 완벽하게 이해하는 것은 불가능하지만 할 수 있는 최대한의 노력을 해야 하는 이유는 바로 인간의 뇌가 가지고 있는 능력 때문입니다. 세계적인 이론물리학자 미치오 카쿠는 저서『마음의 미래(2014, 김영사)』에서 '인간의 의식은 이 세상의 모형을 만들 수 있을 뿐만 아니라 과거에서 미래로 시간이 흐름에 따라 그 모형이 어떻게 변해가는지도 예측할 수 있는데 이것이 가능하려면 수많은 피드백 회로를 조정하고 값을 매길 수 있어야 한다'고 말합니다. 여기서 '수많은 피드백 회로'란 관심의 폭을 의미하고 '조정하고 값을 매길 수 있어야 한다'는 말은 지속적으로 정보를 업데이트해줘야 한다는 뜻입니다. 그렇게 각자가 뇌에 입력한 정보에 따라 머릿속에 그리는 세상의 모형, 즉 세상을 이해하는 모형이 사람들마다 달라진다는 것입니다. 다시 말해 인간은 누구나 태어날 때부터 주변 상황을 파악하고 미래를 예측하는 기능을 가지고 태어나지만 각자가 뇌에 입력해 주는 데이터의 양과 질에 따라 그 능력에 차이가 생길 수밖에 없다는 것입니다. 특히 더욱 복잡해지는 현대사회에서는 끊임없이 평생학습을 하지 않으면 올바른 상황파악과 미래예측을 통한 바람직한 의사결정은 불가능할지도 모릅니다.

여러분은 혹시 의식이 있는 사람인가요? 갑자기 무슨 뚱딴지같은 소리냐고 생각할 수도 있습니다. 살아있다면 다 의식이 있는 게 아닌가? 반문할 수도 있겠지만 '저 사람 참 의식 있다'라는 문장에서 의식이란 시대의 상황에 맞게 올바른 의사결정을 할 수 있는 능력을 뜻합니다. 쉽게 말하자면 의식 있는 사람이란 상황 파악을 할 수 있는 사람이란 뜻입니다. 흔히 꼰대질이 심하고 갑질이 심한 사람들은 대부분 '라떼는 말이야'를 외치고 여전히 과거에 살고 있는 사람처럼 말과 행동을 서슴없이 하면서 갈등을 일으키곤 합니다. 이런 사람을 보면 우리는 '저 사람 요즘 어떤 세상인데 상황 파악이 안 되나 봐?'라고 생각하지 결코 '의식 있는 사람'이라고 부르지는 않을 겁니다. 이들은 대부분 과거의 지식과 정보, 경험만으로 상황을 이해하고 의사결정을 하기 때문에 과거와는 달라진 상황에 맞는 의사결정을 하기가 어려울 수밖에 없습니다. 결국 그들의 머릿속에는 아직 과거 세계의 모형이 있을 뿐 새로운 세계의 모형이 만들어지지 않은 것입니다.

라떼는 말이야

이제는 아무리 나이와 경험이 많아도 시대의 흐름을 읽기 위한 평생학습을 게을리하면 언제든지 의식 없는 사람이 될 수도 있다는 것을 알아야 합니다. 그리고 좋은 대학을 나와 좋은 회사를 다니고 있다 해도 오로지 자기 분야에 대한 지식과 경험만 가지고 있다면 복잡성 시대에 의식 있는 사람이 될 수 없을 지도 모릅니다. 아무리 학벌이 낮고 나이가 어린 사람이라도 늘 세상과 사람들에게 관심을 가지고 폭넓은 정보와 경험을 지속적으로 업데이트한다면 그 사람이 진정 의식 있는 사람이 아닐까요?

지금은 과거보다 훨씬 더 많은 정보를 PC와 모바일을 통해 뇌에 입력하고 있는 디지털 사회인만큼 세상에 대한 상황파악과 의사결정을 더 잘 할 수 있어야 하는 게 정상일 겁니다. 하지만 디지털 정보가 폭발적으로 늘어나면서 정크정보^{Junk Information, 쓰레기정보}와 가짜뉴스들도 함께 늘어나고 있어서 얼마나 양질의 정보를 취득하느냐에 따라 상황파악과 의사결정은 달라질 수 밖에 없습니다. 뿐만 아니라 소셜미디어의 특성상 이용자의 관심사에 맞춰 정보를 큐레이션해 주기 때문에 스스로 관심 폭을 넓히지 않으면 세상을 바라보는 시야는 점점 좁아져서 결국엔 복잡한 세상의 상황을 제대로 파악할 수 없을 겁니다. 그래서 어차피 디지털 미디어를 활용한 정보 소비를 막을 수 없다면 올바른 미디어 리터러시를 키우는 것이 무엇보다 중요하겠죠. 부디 이 책을 통해 미디어 리터러시를 키워 미디어 정보를 보다 효과적으로 활용함으로써 앞으로 더욱 복잡해지고 빠르게 변화할 세상의 모형을 업데이트하면서 올바른 상황판단과 바람직한 의사결정을 할 수 있길 바랍니다.

04

4차 산업혁명 시대, 기술문맹 탈출하기

저는 문과 출신으로 학창시절과 직장을 다닐 때까지만 해도 제가 기술과 관련된 일을 할 줄은 생각도 못했습니다. 그러나 최근에 제가 가장 많이 하는 일은 일반인들을 대상으로 하는 4차 산업혁명, 디지털 전환, 빅데이터, 메타버스, 챗GPT 등과 관련된 기술트렌드 강의입니다. 과학기술 분야에 관심을 갖게 된 계기는 고등학생 때 우연히 접한 미래학 덕분이라고 할 수 있습니다. 이후 미래학을 계속 공부하면서 미래사회는 과거 어느 때보다 정부와 기업, 개인에게 있어 과학 기술의 중요성이 커질 것임을 깨달았습니다. 특히 3차 산업혁명 이후 발전하는 디지털 기술들에 대해 꾸준히 관심을 가지다보니 어느 순간 비전문가들을 대상으로 디지털기술 트렌드 강의도 할 수 있는 수준에 이르게 되었습니다. 뼛속까지 문과생인 저도 그렇게 기술문맹에서 탈출하게 되었는데 아는 만큼 보인다는 말이 있듯이 인문적 역량에 기술 역량이 융합되니 그전에는 볼 수 없었던 것들이 보이기 시작했고, 일과 삶도 훨씬 더 스마트해지는 것을 체감할 수 있었습니다.

기술문맹을 판단하는 기준은 무엇일까요? 제가 생각하는 기술문맹은 기술을 전공하지 않았다거나 직접 기술을 다룰 줄 모르는 것이 아니라 상용화된 새로운 기술의 개념을 이해하고 그 기술로 어떤 문제를 해결할 수 있는지 아이디어를 낼 수 없는 사람입니다. 예를 들면 좋은 스마트폰을 가지고 있다고 해도 그저 게임, 쇼핑, 메신저, 사진 등의 기능만 이용할 뿐 자신의 일과 삶을 보다 스마트하게 만드는 데 전혀 활용하지 못한다면 기술문맹이나 다름없다고 볼 수 있습니다. 고가의 스마트폰일 경우 100만 원 이상의 값어치를 하기 위해서 스마트폰에 있는 기본기능 외에 다양한 기능들에 대한 공부도 필요하고, 일과 삶을 스마트하게 만들어 주는 다양한 앱서비스들도 적극적으로 활용할 수 있어야 합니다. 평소 강의를 하다 보면 직장인들을 대상으로 컴퓨터 또는 스마트폰을 이용해서 실습을 할 때가 있는데 4차 산업혁명을 이야기하고 있는 요즘도 QR코드는 어떻게 찍는 건지 앱은 어떻게 설치하는지도 잘 모르는 사람도 꽤 많은 것이 현실입니다. 물론 실무업무를 하지 않는 관리자급 이상이 되거나 나이가 들어가다 보면 이러한 디지털 기술을 직접 활용하는 빈도가 떨어지는 것은 어쩔 수 없습니다.

연령별 디지털정보화활용 수준

하지만 코로나19 이후 디지털 전환이 가속화되면서 앞으로 우리 주변의 시스템은 더욱 더 디지털화 될 가능성이 높습니다. 따라서 나이가 들수록 새로운 디지털 기술과 친해지지 않으면 점점 일과 삶에서 불편함을 느낄 수 밖에 없을 것입니다.

제가 취업을 준비하던 2005년만 해도 직장인들에게 요구되는 디지털 활용능력은 한글, MS오피스 활용능력, 인터넷 활용능력 정도였고 저 역시 그 당시 취업을 위해 관련 자격증을 취득하기도 했습니다. 이렇듯 컴퓨터와 인터넷으로 대변되는 3차 산업혁명을 지나 4차 산업혁명 시대에 등장한 디지털 기술은 전혀 다릅니다. 대표적으로 사물인터넷, 빅데이터, 클라우드컴퓨팅, 인공지능, 블록체인, 메타버스, NFT, 챗GPT 등이 있죠. 이 중에 생소한 단어들이 있을 수 있지만 중요한 것은 단어를 아는 것이 아니라 이 기술이 어떤 기술인지 나름대로 설명하고 문제해결에 활용할 수 있어야 한다는 것입니다. 물론 기술전공자나 전문가처럼 어려운 전문 기술용어를 써 가면서 설명할 필요는 없지만 머릿속에서 '해당 기술은 이런 기술이고 이 기술을 이용하면 이런 것도 가능하겠지'라고 생각해 낼 정도는 되어야 합니다. 그래서 앞으로 새로운 기술용어들이 나올 때는 다소 어렵더라도 검색을 통해 개념과 원리 정도는 반드시 이해할 필요가 있습니다.

인류는 진화 과정 속에서 늘 더 나은 도구를 개발하기 위해 노력해 왔고, 결국 더 좋은 도구를 사용할 수 있는 자기 생산성을 높이면서 경쟁력을 갖춰 생존할 수 있었습니다. 하지만 아무리 좋은 기술과 도구가 개발되어도 누구나 이러한 기술과 도구를 활용해 생산성을 당장 향상시킬 수 있는 건 아닙니다. 특히 새로운 기술과 도구를 도입하기 위해서는 일단 돈이 투자되어야 하기 때문에 이 부분이 문제가 될 수도 있습니다. 하지만 아무리 좋은 기술과 돈이 있어도 가장 중요한 건 해당 기술로 무엇을 할 수 있을지 아이디어를 내는 것입니다. 아이디어가 우선이고 기술과 돈은 그 다음입니다. 그래서 급변의 시대에 다른 리터러시들도 중요하지만 4차 산업혁명을 주도할 기술과 관련된 리터러시는 반드시 관심을 가지고 학습해야 합니다.

인류 도구의 진화(출처 : 구글 이미지)

　이 책을 통해 앞에서 언급한 4차 산업혁명 시대가 요구하는 과학기술을 모두 다룰 수는 없지만 4차 산업혁명과 디지털 전환의 시대에 요구되는 새로운 시스템을 이해하고 스마트워크와 스마트라이프를 도와줄 '디지털 리터러시'를 시작으로 빅데이터 시대에 데이터기반 의사결정을 위한 필수역량인 '데이터 리터러시' 그리고 코로나19 이후 새롭게 등장한 '메타버스 리터러시'까지 이렇게 3개의 리터러시를 통해 기술문맹 탈출에 도전해 보기 바랍니다. 요즘 코로나19 이후 곳곳에서 빠르게 늘어나는 디지털 서비스들 때문에 힘들어하는 시니어들이 많다고 합니다. 하지만 액티브한 시니어들 중에는 직접 유튜브도 운영하고 디지털 기술을 능숙하게 다루는 분들도 많습니다. 전자와 후자의 차이는 결국 관심의 차이가 아닐까 생각됩니다. 철학자 니체는 '늙는다는 것은 호기심의 불꽃이 꺼져 가는 것이다'라고 했습니다. 나이가 많고 적고의 문제가 아니라 호기심의 불꽃이 꺼져가는 순간 인간은 늙기 시작하는 것입니다. 아무리 젊고 디지털 기술과 친하다고 해도 기술이 계속 발전하는 만큼 부디 새로운 기술과 도구에 대한 호기심을 꺼트리지 않길 바랍니다.

05

고령화 시대,
어떤 노후를 꿈꾸고 있는가?

여러분은 스스로 몇 살까지 살 거라고 생각하나요? 10년 넘게 강의를 하면서 고령화와 관련된 내용이 나오면 수강생들에게 항상 하는 질문입니다. 그런데 10년 전이나 지금이나 대부분은 7~80대 정도를 생각하고 90~100세까지 생각하는 분들은 극소수입니다. 심지어는 60대를 생각하고 있는 분들도 꽤 많습니다. 통계청이 2022년 발표한 2020년까지의 데이터를 기반으로 분석한 한국인의 기대수명은 83.5세였습니다. 기대수명은 0세 출생자가 앞으로 생존할 것으로 기대되는 평균 생존연수로 한국인의 평균 수명으로 봐도 무방합니다. 이렇게 보면 80대까지는 기본적으로 살 것 같다고 생각할 수 있지만, 문제는 기대수명을 내 마음대로 결정할 수 있는 게 아니라는 겁니다. 2018년 통계청 자료에 의하면 대한민국 100세 이상 인구는 4,882명이었던 반면, 2019년 9월에 실시한 행정자치부의 조사에 따르면 100세 이상 인구는 19,876명이었습니다. 두 기관의 데이터가 큰 차이가 나는 이유는 거주지를 직접 방문해 확인하는 통계청과 달리 행정자치부는 분기마다 시행하는 주민등록 사실 조사 시 사망여부를 기준으로 하기 때문입니다. 아마도 약 15,000여 명의 100세 이상 어르신들은 거동이 불편하거나 질병 등으로 병원이나 요양시설에 입원 치료 중일 가능성이 높아 보입니다.

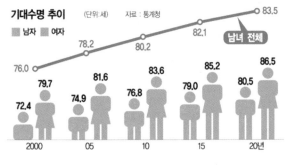

기대수명 추이 (단위:세) 자료 : 통계청
■ 남자 ■ 여자

76.0   78.2   80.2   82.1   83.5 남녀 전체

72.4 79.7   74.9 81.6   76.8 83.6   79.0 85.2   80.5 86.5

2000   05   10   15   20년

통계청 기대수명 데이터(2020년 기준)

  어쨌든 중요한 것은 인간의 물리적인 수명이 이제 90세를 넘어 100세도 가능하다는 것입니다. 기네스 기록에 의하면 세계 최고령자는 119세로 영면한 일본인 다나카 가네씨입니다. 물론 이렇게까지 장수하는 이들은 일부겠지만 인간이라면 이제 누구나 장수에 대한 가능성을 생각하지 않을 수 없는 시대란 것은 확실합니다. 저는 대학시절부터 이미 100세까지 살 수도 있다는 생각을 하면서 노후를 어떻게 준비해야 할지 고민해 왔는데 최근 들어서는 생각이 바뀌어 120세까지도 생각하고 있습니다. 그렇다면 왜 사람들마다 생각하는 기대수명이 차이가 날까요? 그리고 극소수지만 90~100세를 생각하는 분들이나 저처럼 100세 이상까지 생각하는 사람들은 왜 그런 생각을 하게 되었을까요? 앞에서 살펴보았던 이론물리학자 미치오 카쿠의 이론을 생각하면 쉽게 이해가 될 것 같습니다. 사람들마다 머릿속에 가지고 있는 지식과 정보, 경험의 데이터는 다를 수밖에 없는데 미래의 기대수명에 대한 생각이 다른 이유는 바로 이 데이터의 차이 때문일 겁니다. 가족 중에 장수한 사람이 있다면 아마도 그런 생각을 더 하게 될 것이고, 평소에 다른 사람들보다 고령화와 기술발전에 대해 관심을 가지고 있었다면 관련 데이터가 쌓이면서 세계의 모형이 바뀌었을 수도 있습니다. 중요한 것은 스스로 기대수명을 몇 살로 생각하느냐에 따라 미래를 준비하는 자세가 달라지고, 현재를 어떻

게 준비할지에 따라서 고령화 시대에 맞이할 각자의 노후도 달라질 수밖에 없다는 것입니다.

'직장인 74.1% '노후준비 잘 못하고 있다'

※ 30, 40대 직장인 2,385명 대상 조사, 자료: 잡코리아X알바몬

Q. 노후준비를 잘 못하는 이유는?

1위 현재 소득 자체가 적다, 51.1% *복수응답

2위 자녀 교육비 때문에, 25.3%

3위 전세 및 집 구매 대출금 때문에, 23.3%

4위 높은 물가 때문에, 19.6%

5위 현재를 즐기는 것이 더 중요해서, 11.9%

JOBKOREA × albamon

직장인 노후준비 설문결과(2020년)

그럼 이쯤에서 이런 상상을 해 봅시다. 만약 내가 90~100세까지 장수의 삶을 누리게 된다면 자신의 노후가 어떤 모습이면 좋을지 말입니다. 뭐가 제일 중요해 보이나요? 사람마다 다르긴 하겠지만 저의 경험데이터에 의하면 돈, 일, 건강 이 세 가지 중 하나가 가장 중요하다고 생각하는 경우가 많았습니다. 그렇다면 앞으로 누구나 장수할 수 있는 가능성을 가지고 있는 만큼 이 세 가지로 인해 힘든 노후를 맞이하지 않기 위해서는 젊을 때부터 철저한 준비가 필요할 겁니다. '어차피 오래 살 테니 느긋하게 생각하면서 은퇴 후에 준비하면 되겠지'라고 생각하면 그때는 이미 늦습니다. 그리고 은퇴시기 역시 스스로 정할 수 없는 시대인 만큼 젊을 때부터 소득이 있을 때 최대한 노후준비를 위해 노력해야 합니다.

다만 제가 고령화라는 메가트렌드를 생각하면서 경제금융 리터러시를 선택한 이유는 노후를 위해 돈, 일, 건강 모두 중요하지만 현실적으로 경제적인 여유가 가장 중요할 수 밖에 없기 때문입니다. 경제적으로 여유있는 노후를 위해서는 일찍부터 재테크를 통해 자산관리를 철저히 해 나갈 필요가 있습니다. 그런데 최근 코로나19 이후 무리하게 부동산, 주식, 가상화폐 등 자산시장에 투자를 했던 많은 분들이 고물가, 고금리, 고환율이라는 3고로 인해 힘들어하는 상황을 보게 되었고, 그중 2~30대의 비중이 큰 이유가 경제금융 리터러시의 부재라는 결론을 내렸습니다. 경제금융시장을 이해하고 적절한 투자를 한 것이 아니라 일시적인 자산시장의 폭등 속에서 분위기에 휩쓸려 기회주의적인 투기를 함으로써 고통스런 미래를 마주하게 된 것입니다. 그래서 100세 고령화 시대에 여유로운 노후를 위해서는 경제와 금융에 대한 기본 개념과 원리를 이해하고 가장 기본적인 경제금융지표인 물가, 금리, 환율의 변화에 따라 시장에 어떤 영향을 줄지 생각하면서 소비와 자산을 관리해야 합니다. 자본주의 사회를 살아가기 위해서든 앞으로 오래 살아야 하는 고령화 시대에 여유로운 노후를 위해서든 경제금융 리터러시는 필수입니다.

부디 이 책에서 다루는 경제금융 리터러시를 통해 경제와 금융이라는 기본적인 원리에 대한 이해는 물론이고 투자와 투기를 구분함으로써 한 방을 꿈꾸는 투기꾼이 아닌 장기적인 안목으로 안전하게 노후자산을 관리하는 현명한 투자자가 되길 바랍니다. 그리고 디지털 기술의 발전과 함께 새롭게 등장하고 있는 재테크의 기술과 든든한 노후를 위한 연금활용법에 고물가, 고금리 시대에 생존을 위한 짠테크의 기술까지 소개하고 있으니 노후를 위한 자산관리에 적극 활용해 보기 바랍니다.

"21세기 문맹은 읽고 쓸 줄 모르는 사람이 아니라 학습할 수 없거나, 기존에 학습한 것을 잊고 재학습할 수 없는 사람일 것이다"

미래학자 앨빈 토플러는 이렇게 말했습니다. 지금 우리가 글을 읽고 이해하기 위한 리터러시를 키우는 것보다 시대의 흐름에 맞는 다양한 리터러시를 학습해야 하는 이유 역시 21세기 문맹이 되지 않기 위해서 일겁니다. 물론 앞으로 함께 알아갈 다섯 가지 리터러시만으로는 부족할 수도 있지만 한 개인으로서 글로벌 메가트렌드인 복잡성, 4차 산업혁명, 고령화라는 시대의 흐름을 이해하고 다가올 미래에 대응하기에는 충분하다고 생각합니다. 그리고 이 책을 계기로 앞으로도 변화하는 리터러시를 놓치지 않고 스스로 평생학습을 게을리하지 않는다면 여러분이 21세기 문맹이 되는 일은 없을 것이라고 확신합니다.

2

미디어 리터러시

01

우리는 왜
SNS에 중독되는가?

과거보다 지식과 정보가 넘쳐나는 디지털 시대에 인간은 과연 훨씬 더 똑똑해졌을까요? 궁금하거나 모르는 것이 있으면 인터넷 검색을 통해 예전보다 빠르게 확인이 가능하고 SNS에 질문을 올려 집단지성을 통해 원하는 답을 찾을 수도 있으니 분명히 과거보다는 지금이 지식과 정보를 얻기 훨씬 수월해졌습니다. 하지만 한편으로는 인터넷과 SNS 플랫폼의 똑똑한 알고리즘 덕분에 인간은 오히려 멍청해지고 있는지도 모릅니다. 페이스북, 인스타그램, 유튜브 등과 같은 SNS 플랫폼은 이용자가 생산하고 소비하는 콘텐츠에 대해 빅데이터를 수집, 분석해 이용자가 좋아할 만한 콘텐츠를 계속해서 큐레이션해 제공해 줄 뿐만 아니라 맞춤형 광고를 지속적으로 띄워 충동적인 구매를 유도하기도 합니다. 사용자 입장에서는 맞춤형 서비스니까 좋을 법도 하지만 문제는 지금처럼 세상이 복잡해지고 보다 폭넓은 지식과 정보가 필요한 시대에는 결국 세상을 바라보는 시야를 더욱 좁아지게 만들 뿐입니다. 저역시 한때는 페이스북과 유튜브를 더 많이 사용하면 아는 것도 많아지고 다양한 사람들과 관계를 맺으면서 배우는 것이 더 많아질 거라고 생각했던 적이 있습니다. 하지만 어느 순간부터 평소에 보던 신문과 책을 보는 시간은 줄어 들었고 시간이 지나면서 제가 연결한 사람들의 다양성도 한계가 있다는 것을 느낀 후 SNS앱을 하나씩 삭제하기 시작했습니다. 그렇다고 SNS를 전혀 이용하지 않는 것은 아니지만 스마트폰에서 앱들을 삭제하고 나니 꼭 필요할 때만 PC로 활용하게 되어 이용시간이 크게 줄었습니다.

카지노에 있는 슬롯머신

SNS와의 결별을 선언하고 몇 년이 지난 어느 날, 강의장으로 가는 차 안에서 라디오를 들으며 우리가 SNS에 중독될 수밖에 없는 이유를 알게 되었습니다. 페이스북, 유튜브, 인스타그램 등 SNS 플랫폼의 공통점 중 하나가 새로운 콘텐츠를 보고 싶을 때는 손가락으로 스마트폰의 화면을 아래로 끌어당기는 것인데 이는 마치 도박의 원리와 같다는 것이었습니다. 흔히 카지노장에서 쉽게 할 수 있는 도박게임 중에 슬롯머신이라는 기계가 있는데 동전을 넣고 기계의 레버를 당긴 후 정해진 짝을 맞추면 일정 액수의 돈이 나옵니다. 문제는 원하는 짝이 나오지 않으면 그 다음을 기대하며 계속 동전을 넣다 보니 어느 순간 돈도 시간도 다 잃고 심하면 전 재산을 탕진할 수도 있습니다. SNS앱을 처음 열 때는 조금만 하고 다시 하던 일과 공부를 하거나 잠을 자야겠다고 생각하지만 어느 순간 30분, 1시간, 2시간이 훌쩍 흘러가

버린 적이 누구나 있을 겁니다. 그런데 이러한 SNS를 장시간 이용하다 보면 본인이 좋아하고 즐겨보거나 이미 봤던 콘텐츠가 반복해서 나오기 때문에 점점 지루해지고 재미도 없어집니다. 그럴 때 뭔가 새롭고 재밌는 것을 기대하면서 마치 슬롯머신을 하듯이 화면을 끌어내리게 되고, 새로 나온 콘텐츠가 재미없어도 다음에 나올 콘텐츠에 대한 기대감 때문에 화면 터치를 반복하게 되는 것입니다. 우리가 SNS 플랫폼에 직접 돈을 집어넣고 도박을 하는 것은 아니지만 대신 소중한 시간을 집어넣고 있는 것이며 끊임없는 광고의 유혹에 넘어가 충동구매까지 하게 된다면 결국 도박으로 시간과 돈을 잃는 것과 다르지 않은 것입니다. 덕분에 SNS 플랫폼 회사와 채널 운영자들은 많은 부를 창출하면서 어떻게든 사용자들을 유혹할 수 있는 자극적인 콘텐츠 생산에 집중하게 되는 악순환이 계속될 수밖에 없습니다.

SNS 중독으로부터 벗어날 수 있는 가장 좋은 방법은 뭘까요? 솔직히 특별한 방법은 없습니다. SNS 플랫폼으로 먹고 사는 게 아니라면 지금 당장 스마트폰에서 앱부터 삭제하면 됩니다. 하지만 이렇게 앱을 삭제해도 우리의 손은 앱 대신 웹사이트 주소를 이용해 어느 순간 또 SNS를 보고 있을지도 모릅니다. 이처럼 SNS 중독에서 벗어나는 것은 마치 오랫동안 흡연을 해 온 사람이 금연을 시작하면 금단현상이 나타나는 것만큼 힘든 일입니다. 저 역시 앱을 삭제하고도 한동안은 웹사이트를 통해 계속 SNS에 접속하는 등 완전히 벗어나는 것이 쉽지 않았는데 원천적인 차단을 위해 집에 있는 와이파이 공유기의 관리앱을 설치해서 어린이 보호 기능에 사용하는 디바이스를 등록하고 차단하고 싶은 웹사이트를 등록해 아예 접속을 막기도 했습니다. 유튜브는 프리미엄 서비스를 이용하면 광고를 제거할 수 있는데 비용은 들지만 그만큼 광고로 인해 낭비되는 시간을 절약할 수 있습니다. OTT서비스인 넷플릭스도 광고를 도입한 저렴한 요금제를 적용해 이용자 확보에 나서고 있는데, 단순히 요금이 저렴하다는 이유로 광고를 허용하는 순간 여러분의 소중한 시간을 더 뺏기게 될 겁니다. 경제학 용어 중 기회비용이란 말이 있습니다. 어떤 선택으로 인해 포기된 기회들 가운데 가장 큰 가치를 갖는 기회 또는 그러한 기회가 갖는 가치를 말하는데, 결국 하나를 얻으면 하나는 잃게 된다는 뜻이기도 합니다. 어쨌든 낭비되는 시간을 줄이고 싶다면 위와 같은 방법들을 추천합니다. 이제 SNS와 미디어 광고로 낭비되었던 수많은 시간들을 더 가치 있는 일과 다양한 경험을 하는 데 할애한다면 여러분의 미래는 달라질 겁니다.

처음에는 평소 SNS로 네트워킹 하던 사람들과 소통을 자주 하지 않으면 소외되는 게 아닌가 하고 걱정할 수도 있지만 제가 경험해 본 바로 진짜 인맥은 SNS로 연결되지 않아도 소통이 될 수 있는 인맥인 것 같습니다. 실질적으로 SNS에 연결된 수천 명의 소셜 인맥들이 현실에서 진짜 인맥이 되긴 어려우며, 그저 디지털 네트워크로 연결되었다고 인맥이 될 수 있는 것은 아닙니다. 그리고 그들이 나와 유사한 부류의 사람들이라면 수천 명과 연결되어도 오히려 생각의 폭이 좁아질 뿐이니 더 다양한 사람들과 소통하고 싶다면 현실에서의 직·간접적 소통을 늘리는 것이 더욱 바람직합니다. 여러분도 지금 당장 SNS앱을 스마트폰에서 삭제하고 딱 일주일만이라도 실천해 보기 바랍니다. SNS앱을 삭제하는 것만으로도 그 시간을 전과는 전혀 다르게 사용하고 있는 자신을 발견하게 될 겁니다.

02
정보과소비 시대, 정보다이어트가 먼저다!

『똑똑한 정보밥상(2012년, 에이콘출판)』의 저자인 클레이 존슨^{Clay Jhonson}은 '정보는 뇌가 먹는 음식'이므로 정보의 양도 중요하지만 정보의 질을 높이기 위한 정보다이어트의 필요성을 강조했습니다. 먹고 살기 힘들었던 시절에는 배부르게 먹을 수 있는 충분한 양의 음식이 중요했지만 기술발전으로 인한 생산성 향상으로 수많은 가공식품을 소비하면서 비만인구도 급증했습니다. 이제는 음식의 양만 따지기보다는 건강을 위해 음식의 질도 중요시하고 건강을 위해 다이어트를 하면서 먹는 음식을 조절하기도 합니다. 정보 역시 인터넷 이전 시대에는 일반인들이 접할 수 있는 정보가 제한적이었지만 인터넷 등장 이후 정보에 대한 접근성이 놀랍도록 좋아졌고 개개인이 소비하는 디지털 정보의 양은 기하급수적으로 늘어났습니다. 문제는 정보의 양이 늘어난만큼 이러한 정보 중에는 오로지 클릭만을 유도해 돈벌이에 급급한 언론사들의 정크정보와 선거 때마다 난무하는 가짜뉴스 그리고 온라인에서 이슈가 발생할 때마다 등장하는 사이버렉카^{Cyber Wrecker}가 만든 자극적인 콘텐츠 등의 질 낮은 정보들도 함께 급증하고 있다는 것입니다. 뿐만 아니라 예전 같으면 연결되지 않았을 낯선 이들의 일상을 관찰하거나 각종 단톡방 등을 통해 원하지 않는 정보들이 쏟아지는 등 그야말로 정보홍수의 시대이자 정보과소비의 시대가 되고 말았습니다. 물론 이러한 정보소비가 무조건 나쁘다는 것은 아닙니다. 다만 지금 내가 소비하고 있는 수많은 정보가 과연 내 시간을 들여서 꼭 봐야 할 만한 가치가 있는지 한 번쯤은 되돌아볼 필요가 있을 것 같습니다.

꼭두각시 인형

지금까지 흔히 대중미디어라고 하는 TV와 언론매체, 포털사이트 그리고 SNS 플랫폼들 모두 공급자 중심에서 정보를 생산하면서 오로지 광고 수익을 극대화시키기 위한 자극적이고 대중적인 정보, 콘텐츠, TV프로그램 등을 가장 좋은 위치와 좋은 시간대에 배치해 수많은 사람들의 정보과소비를 부추겨 왔습니다. 이러한 대중 미디어의 특성 때문에 정보를 소비하는 사람이 스스로 의식하면서 보지 않으면 미디어가 공급하는 대로 정보를 소비할 수밖에 없고 대중미디어에 대한 의존이 심할수록 한 사람의 가치관과 삶의 방식이 미디어에 의해 결정되는 결과를 초래할 수도 있습니다. 얼마 전 중학생 딸아이와 함께 시청한 넷플릭스의 다큐멘터리 '소셜딜레마'에는 SNS 플랫폼 기업들이 이용자 개개인에 대한 빅데이터 분석을 통해 인공지능이 알아서 실시간으로 그들의 상황에 맞는 콘텐츠와 광고를 띄우면서 사람들을 꼭두각시로 만드는 장면이 나옵니다. 다소 과장된 부분이 있을 수도 있겠지만 AI 기반의 SNS 플랫폼에 더욱 의존하는 미래사회를 상상하니 섬뜩한 생각이 들 정도였습니다. 결국 정보홍수의 시대에는 수많은 정보들을 소비하되 항상 비판적 사고를 통해 정보의 가치를 스스로 평가하고 가능하면 공급자 일방적인 정보 소비보다는 각자의 일과 삶에 가치 있는 양질의 정보들을 적극적으로 취사선택하려는 노력이 필요합니다.

2020년 전 세계 유튜브 사용현황(출처 : Social Media Today)

다이어트도 단순히 음식의 양을 줄이는 것보다 탄수화물, 단백질, 지방 등 영양분을 골고루 섭취하면서 건강한 다이어트를 하는 것이 좋은 것처럼 정보 다이어트 또한 크게 다르지 않습니다. 정보다이어트의 목적은 정크정보의 소비를 줄이는 것이 첫 번째지만 그렇게 확보한 시간을 좀 더 다양하고 폭넓은 지식과 정보, 경험으로 채우기 위함이기도 합니다. 그러니까 우리의 뇌도 평소에 수많은 정크정보로 인해 쌓인 기름기를 일단 걷어내고 내가 좋아하는 정보만 먹을 것이 아니라 단백질도 먹고 야채도 먹고 지방도 적당히 먹으면서 건강한 정보다이어트를 해야 합니다. 사람들이 가장 많이 하는 핑계가 바로 '시간이 없다'입니다. 운동할 시간이 없다, 책 읽을 시간이 없다, 공부할 시간이 없다고들 하죠. 과연 진짜 시간이 없는 것일까요 아니면 시간은 있는데 우리가 시간관리를 잘 못하고 있는 걸까요? 특히 디지털 미디어정보 소비로 너무 많은 시간을 낭비하고 있는 것은 아닌지 스스로 평가해보기 바랍니다. 지금처럼 변화의 속도가 빠르고 복잡성과 불확실성까지 더욱 확대되는 시대에 다가올 미래의 위기와 기회에 선제적으로 대응하기 위해서는 보기 편한 가벼운 정보만 소비해서는 안 됩니다. 정치, 사회, 기술, 환경, 경제 등 언뜻 보면 어렵고 지루하며 재미없을 것 같은 분야의 지식과 정보들도 늘려나가는 노력이 반드시 필요합니다. 이를 위해서는 누구나 동일한 조건인 24시간이라는 한정된 시간 속에서 평소에 보지 않던 분야를 바라볼 수 있는 여유시간을 확보해야 하고 가장 먼저 실천해야 하는 것이 바로 정보다이어트입니다. 흔히들 다이어트는 내일부터 하는 거라고 하지만 정보다이어트는 지금 당장 시작하는 게 어떨까요? 정크정보로 가득 쌓여 있던 여러분의 뇌는 가벼워지고 양질의 정보를 골고루 섭취할수록 보이지 않던 것이 보이는 기적 같은 경험을 하게 될 겁니다.

03
정보필터링의 기준,
메가트렌드

　지식정보화 시대에는 정보의 양극화가 곧 부의 양극화이며 정보를 소비하더라도 수많은 정보 중에서 옥석을 가려낼 수 있어야 합니다. 물론 앞에서 언급했던 것처럼 각종 정크정보를 걸러내는 1차 필터링이 가장 중요하지만 그 외에 수많은 정보 중에서도 시대의 흐름을 읽고 통찰력을 키울 수 있는 양질의 정보를 얻기 위해서는 2차 필터링이 필요합니다. 그래서 저는 뉴스를 보거나 정보를 소비할 때 메가트렌드를 기준으로 2차 필터링을 하고 있는데 이 책에서 다루는 다섯 가지 리터러시 역시 메가트렌드인 '복잡성', '4차 산업혁명', '고령화'를 기준으로 필터링한 것입니다. '메가트렌드'라는 용어는 미국의 미래학자 존 나이스비트^{John Naisbitt}가 1982년 출간한 저서『메가트렌드』에서 처음 언급했으며, '현대 사회에서 일어나는 거대한 시대적 조류'란 뜻입니다. 저는 고교 2학년 때 영어 선생님이 수업 중에 저자의 또 다른 저서인『메가트렌드 2000(1997년, 한국경제신문사)』을 소개해줘 이 단어를 처음 접하게 되었습니다. 그 이후 현대사회에서 일어나는 거대한 시대적 조류인 메가트렌드는 제가 정보를 필터링하는 기준이 되었고 자연스레 미래를 예측하고 의사결정을 할 때 바람직한 방향을 알려 주는 미래나침반 역할을 하고 있습니다. 예를 들면 '세계화', '저출산·고령화', '다문화', '개인화', '지구온난화',

'양극화', '과학기술의 융복합화' 등이 자본주의 사회를 움직이는 강력한 메가트렌드이며 저는 뉴스를 보거나 책을 읽을 때 또는 다큐멘터리나 유튜브로 콘텐츠를 보더라도 메가트렌드와 관련된 내용에 좀 더 선택과 집중을 하는 편입니다.

독일의 미래학자 마티아스 호르크스Matthias Horx는 저서 『미래, 진화의 코드를 읽어라(2004년, 넥서스)』를 통해 '메가트렌드는 트렌드계의 블록버스터'라고 표현하며, 미래를 예측하기 위해서는 반드시 메가트렌드를 알아야 한다고 강조했습니다. 일반적으로 트렌드하면 유행을 떠올리기 마련입니다. 유행도 물론 트렌드의 일부이긴 하지만 유행은 내가 직접 보고 들으려 하지 않아도 이미 유행하기 시작하면 여기저기서 보이고 들릴 수 밖에 없습니다. 그리고 유행은 대부분 소비트렌드와 관련이 깊은데 이러한 소비트렌드는 메가트렌드가 변하지 않는다면 비슷한 유행이 계속 반복되기 마련입니다. 예를 들어 친환경 소비트렌드는 이런 저런 형태로 이름만 바꿔 가면서 수십 년째 반복되고 있는데, 이는 '지구온난화', '기후변화'와 같은 자본주의 사회의 메가트렌드가 변하지 않았기 때문입니다. 한편 세계화라는 메가트렌드의 영향을 받던 자본주의 사회가 최근에는 여러 가지 이유로 탈세계화라는 새로운 변화의 조짐이 나타나고 있습니다. 만약 메가트렌드의 방향이 완전히 전환된다면 이로 인해 많은 것들이 변하게 될 겁니다.

> "시시가가 변하는 파도만 봤을 뿐 바람은 보지 못했다.
> 파도를 움직이는 것은 바람이거늘"

영화 '관상'에 나오는 명대사 중 하나로 여기서 파도가 유행이라면 바람이 바로 메가트렌드라고 볼 수 있습니다. 바람이 같은 방향으로 계속 분다면 파도는 멈추지 않고 계속 반복될 뿐이며, 파도를 만들어 내는 바람은 눈에 보이는 것이 아니라 온몸으로 느껴야 합니다. 대중들은 소비트렌드, 즉 유행을 쫓지만 성공한 사업가나 투자가들은 평소에 정치, 경제, 기술, 사회, 환경, 인구 등 다양한 영역에서 일어나는 변화를 관찰하면서 시대의 흐름인 메가트렌드를 감각적으로 읽기 위해 노력합니다. 그렇게 메가트렌드를 바탕으로 인간의 문제, 욕구, 결핍 등을 예측하면서 그에 맞는 기술, 상품, 서비스, 콘텐츠 등을 상상하고 만들어 내거나 관련 분야에 선제적 투자를 하면서 부를 창출하는 것입니다.

그렇다면 메가트렌드는 누구나 정치, 경제, 기술, 사회, 환경, 인구 등 다양한 영역의 트렌드를 열심히 관찰하면 읽을 수 있을까요? 사실 일반인이 직접 메가트렌드를 분석하기 위해서는 많은 시간을 투자해야 하기에 전문적으로 미래를 연구하는 기관이나 미래학자가 발표하는 메가트렌드 자료를 참고하는 것이 가장 좋습니다. 개인은 미래학자가 쓴 책이나 연구소에서 발표한 보고서 등을 통해서 메가트렌드를 학습하는 것만으로도 충분합니다. 국내에서는 유일하게 미래학 석·박사 학위과정을 운영하는 카이스트 문술미래전략대학원의 미래전략연구센터가 발표하는 메가트렌드 자료가 신뢰할 만합니다. 이 센터에서는 2015년부터 매년 1회 '대한민국 국가미래전략' 보고서를 작성하고 있으며 보고서 내에 한국에 가장 많은 영향을 미칠 글로벌 메가트렌드를 발표하고 있습니다. 물론 메가트렌드도 발표하는 기관이나 미래학자에 따라 차이가 있을 수 있으므로 다양한 자료를 참고하는 것이 바람직합니다. 이렇게 메가트렌드를 학습하고 머릿속에 어느 정도 숙지하고 있으면 뉴스를 보거나 정보를 볼 때도 자연스럽게 메가트렌드를 기준으로 스스로 필터링을 하게 되고 정크정보가 아닌 양질의 정보를 통해 시대의 흐름을 읽을 수 있는 통찰력을 키울 수 있습니다.

메가트렌드	세부트렌드	메가트렌드	세부트렌드
글로벌화 심화	세계의 시장 통합	문화적 다양성 증가	문화교류 증대와 다문화 사회화
	국제질서의 다극화		여성의 지위 향상
	인력 이동의 글로벌화	에너지자원 고갈	에너지자원 수요의 증가
	거버넌스 개념의 확대		물·식량부족 심화
	전염병의 급속한 확산		에너지자원 무기화
갈등 심화	민족, 종교, 국가간 갈등 심화	기후변화 및 환경문제 심화	온난화 심화로 이상기후 증가
	사이버테러의 증가		환경오염의 증가
	테러 위험의 증가		생태계의 변화
	양극화 심화	중국의 부상	중국의 경제적 영향력 증대
인구구조 변화	저출생 및 고령화의 지속		중국의 외교 문화적 영향력 증대
	세계도시인구의 증가	기술 발달과 융복합화	정보의 통신기술의 발달
			생명과학기술의 발달
	가족 개념의 변화		나노기술의 발달

문술미래전략대학원 대한민국 미래전략보고서 '글로벌 8대 메가트렌드'

자본주의 사회의 특성상 메가트렌드의 영향을 선진국보다 다소 늦게 받게 되는 개발도상국이나 중진국의 기업과 개인 입장에서는 이미 메가트렌드의 영향을 받고 있는 선진국들을 벤치마킹하면서 자국에서의 기회를 엿볼 수도 있습니다. 다만, 아무리 선진국에서 메가트렌드의 영향으로 부를 창출한 상품, 서비스, 기술이라 해도 국가마다 문화의 차이가 있기 때문에 무조건 벤치마킹을 한다고 해서 성공하는 것은 아니므로 반드시 해당 지역의 상황에 맞게 철저히 지역화해야 합니다. 그리고 메가트렌드가 각 국가에 영향을 주는 속도가 다르고 메가트렌드의 영향을 받는 시장이 형성되는 시기나 타이밍 역시 여러 가지 변수에 따라 차이가 날 수 밖에 없습니다. 예를 들어 선진국에서 1인 가구 증가로 반려동물산업이 잘 된다고 해도 국내에서 시장이 형성되기 위해서는 일정 규모의 1인 가구 수가 갖춰져야 하고 그에 따른 법, 제도 등의 인프라 환경이 형성되려면 분명 시간이 걸릴 수밖에 없습니다. 최근에는 한국도 1인 가구 비중이 20%를 넘어서면서 본격적인 반려동물산업 시장이 열리기 시작했고, 실버산업은 65세 이상 인구가 전체 인구의 20%를 넘은 초고령화 국가(일본, 이탈리아, 독일)와 비교했을 때 한국은 아직 65세 이상 인구가 14%를 넘은 고령사회 단계로 본격적으로 시장이 형성되기에는 이른 감이 있습니다. 이것이 무턱대고 실버산업에 투자하면 안 되는 이유이기도 합니다. 과거 2000년대가 시작될 때 한국도 65세 인구가 7%를 넘어가면서 고령화 사회로 진입했고 당시 실버산업은 골드산업이 될 거라며 투자자들을 유혹했지만 당시 투자했던 이들은 큰 재미를 못 봤을 가능성이 높습니다. 메가트렌드라는 방향도 중요하지만 비즈니스는 역시 타이밍이며 이러한 타이밍은 메가트렌드를 숙지하고 지속적으로 관찰하면서 스스로 판단할 수밖에 없습니다. 따라서 메가트렌드 역시 키워드를 아는 것이 중요한 게 아니라 지속적인 관심과 관찰이 필요합니다.

어떻습니까? 여러분도 메가트렌드의 개념과 특징을 확실히 알았다면 정보를 보더라도 왜 메가트렌드에 집중하면서 필터링해야 하는지는 이해했을 겁니다. 아무리 생각해 봐도 짧은 시간에 복잡한 세상의 맥락을 읽고 통찰력을 높이는 데 메가트렌드 학습만큼 유용한 것은 없는 것 같습니다. 그리고 메가트렌드는 장기적인 트렌드이기 때문에 유행처럼 자주 바뀌는 경우는 없겠지만 그래도 세상이 변하면 메가트렌드도 추가되거나 방향이 바뀔 수도 있기에 지속적인 관찰하고 알고자 하는 노력을 게을리하지 않아야 합니다. 영원히 변하지 않는 것은 이 세상은 늘 변한다는 사실 뿐이니까요.

04

아날로그 미디어, 신문의 반격

지금까지 정보필터링을 위한 정보다이어트와 메가트렌드의 중요성을 살펴 봤으니 이제 문제는 양질의 정보를 모니터링하기 위해 어떤 미디어 채널을 활용하느냐입니다. 여기서 미디어 채널이라고 하면 크게 아날로그와 디지털 로 구분이 되고 지금은 디지털 시대인 만큼 필요에 따라서는 포털사이트나 SNS 등 디지털 미디어채널도 적극적으로 활용할 필요가 있습니다. 하지만 제가 여전히 가장 선호하고 강력하게 추천하는 미디어 채널은 아날로그 형태 의 종이신문입니다. 아마도 요즘 같은 시대에 무슨 종이신문이냐고 이의를 제기하는 사람도 많을 것입니다. 제가 여러분에게 종이신문 읽기를 권하는 이유는 다음과 같습니다.

첫 번째, 신문은 폭넓은 사고를 도와줍니다. 앞에서도 계속 강조했지만 복 잡성 시대에 세상의 맥락을 읽기 위해서는 다양한 영역에 대한 관심을 가지 고 지식과 정보, 경험에 대한 데이터를 업데이트해 나가야 합니다. 그런 측 면에서 신문은 정치, 기술, 사회, 인구, 경제, 문화, 세계, 연예, 스포츠, 환 경 등 다양한 영역에 대한 최신 지식과 정보를 얻을 수도 있고 폭넓은 간접 경험이 가능한 미디어 매체임에 틀림없습니다. 물론 인터넷에서도 이런 다양한 영역을 모두 다루고 있지만 직접 찾아보지 않는 이상 세상을 전체적으로 보는 것은 쉽지 않습니다. 저는 고교시절부터 신문을 보기 시작했는데 대학에 입학해서도 매일 도서관 로비에 있는 신문을 보는 것으로 하루를 시작하곤 했습니다. 그렇게 시작된 신문읽기 습관은 지금도 매일 아침 경제지 1부와 중앙지 1부를 읽으면서 하루를 시작하는 습관으로 이어지고 있습니다. 물론 디지털 미디어 시대를 맞이하면서 저 역시도 종이신문을 잠시 손에서 놓은 적도 있었지만 결국 디지털과 아날로그를 적절하게 결합한 미디어 활용이 최고의 조합이라는 것을 깨달았습니다. 얼마 전 작고한 이어령 선생님의 저서 중에 『디지로그(2006년, 생각의나무)』라는 책이 있는데 디지털과 아날로그가 융합된 단어로 미디어 활용 역시 '디지로그Digilog'가 답입니다.

　두 번째, 신문은 팩트체크가 가능합니다. 인터넷과 SNS 시대가 되면서 관심을 받아야 돈을 버는 시스템 속에서 작은 이슈만 터져도 팩트체크 없이 자극적인 미디어 콘텐츠를 무리하게 생산하고 또 그것들을 열심히 퍼 나르는 이들 덕분에 온라인 세상은 확인되지 않은 가짜뉴스로 판을 치고 있습니다. 아무 생각 없이 온라인 상의 정보를 팩트로 받아들인다면 우리가 인식하는 세상이 그야말로 가짜세상이 되는 건 아닐까 하는 걱정이 들 정도입니다. 그리고 이런 정보들을 보고 팩트체크 없이 공유하고 댓글을 작성하는 행위가 결국에는 누군가에게 큰 피해를 준다면 이것은 분명 범죄임이 틀림없습니다. 여러분 중 자신이 공유한 정보가 사실이 아니라는 걸 뒤늦게 알아채거나 성급하게 동조하는 댓글을 달았다가 사실 확인 후 급하게 삭제한 적이 있을지도 모르겠습니다. 정보를 공유하고 댓글을 다는 것은 쉽지만 피해를 당하는 이들에겐 큰 고통이 될 수 있고, 언젠간 나 또한 그런 피해를 입을 수도 있다는 것을 잊어서는 안 됩니다. 반면에 신문은 인터넷보다 뉴스의 전달 속도는 다소 느릴지 모르지만 신문을 발행하기까지 어느 정도 팩트체크를 하는 과정을 거치는 만큼 온라인에서 마구잡이로 생산되는 정보들에 비해서는 객관적이라고 볼 수 있습니다. 아무리 빠르게 변화하는 세상이라고 하지만 새로운 소식을 하루 정도 늦게 접한다고 해서 큰 문제가 되는 것도 아니니 모든 정보를 실시간으로 확인하려고 애쓸 필요는 없습니다.

　세 번째, 신문보다 온라인이 더 편향적일 수도 있습니다. 가끔 신문을 읽자고 얘기하면 옛날 생각을 하면서 신문은 너무 편향적이라고 하는 분들이 있는 것 같습니다. 맞습니다. 과거보다는 덜 하지만 여전히 신문은 보수와 진보로 나뉘고 정권에 따라 편향적일 수밖에 없습니다. 하지만 오랫동안 신문을 읽어 온 필자가 보기에 어떤 신문도 100% 편향적인 기사와 칼럼만 담지는 않고 그럴 수도 없습니다. 오히려 극단적으로 편향되지 않기 위해 적절하게 비중을 맞추는 노력을 하는 것이 보일 정도입니다. 그리고 이 점이 걱정이라면 양쪽의 신문을 한 부씩 구독하면 됩니다. 오히려 온라인에서 정보를 소비하다 보면 똑똑한 인공지능기술 덕분에 각자의 입맛에 맞는 정보만 큐레이션해서 보여 주니 훨씬 더 편향된 사고를 할 수 밖에 없지 않을까하는 생각이 듭니다. 뿐만 아니라 SNS에서 서로 연결된 사람들 역시 평소에 알고 지내는 지인들과 친구들, 가족이라면 비슷한 생각을 하고 비슷한 정보를 공유할 가능성이 높기에 SNS로 정보를 소비하면 할수록 오히려 더 편향된 사고를 하게 될 수도 있습니다. 또한 신문을 읽을 때 기자나 전문가들의 의견도 참고할 필요는 있지만 중요한 것은 기사 안에 있는 팩트가 무엇이고 팩트를 뒷받침하는 데이터가 무엇인지 객관적인 정보에 집중하고 스스로 세상의 맥락을 읽을 수 있는 힘을 키워나가는 것이 중요합니다.

네 번째, 신문을 통해 생각할 여유를 가질 수 있습니다. 보통 온라인으로 미디어 정보를 소비할 때 우리의 눈을 현혹하는 것은 자극적인 헤드라인과 이미지들입니다. 온라인 미디어 정보는 PC나 모바일 화면으로 볼 수밖에 없으니 마우스로 빠르게 스크롤하거나 손가락으로 좌우 아래위로 화면을 넘기면서 수박 겉핥듯이 정보를 소비하는 경우가 많습니다. 즉, 많은 양의 정보를 소비는 하지만 정작 하나의 정보를 깊게 들여다보거나 스스로 생각하는 여유를 가지는 경우가 별로 없다는 것입니다. 물론 신문을 보더라도 헤드라인과 사진만 보거나 관심 없는 정치, 경제, 사회, 기술 등은 빠르게 뛰어 넘고 연예, 스포츠 기사만 본다면 큰 차이는 없을 겁니다. 하지만 제가 생각하는 '신문을 본다는 것'은 모든 기사를 완독하지 못해도 아침이든 저녁이든 신문을 보는 시간을 정해 두고 여유 있게 다양한 영역의 기사를 찬찬히 보는 것을 말합니다. 새로 알게 된 지식과 정보에 대한 내용이 있다면 줄을 긋거나 수첩에 메모도 하면서 내 생각을 기록하기도 하고 나중을 위해 사진을 찍거나 모바일에서 인터넷 기사를 찾아 따로 저장을 해 두는 등의 모든 행위를 포함합니다. 신문을 그냥 TV와 온라인에서 평소에 뉴스를 보고 정보를 소비하듯이 기계처럼 읽는 것을 뜻하는 것은 아닙니다.

최근에 알게 된 인스타그램 계정 중 6DP라는 계정이 있는데 매일 신문 지면을 읽고, 줄을 그은 이미지와 함께 짧은 의견 등을 공유하는 인스타그램 계정입니다. 6개월 만에 1만 2,000여 명의 팔로워를 모은 인기 인스타그래머로 종이신문이 외면 받는 시대에도 여전히 매일 아침 신문을 받아 보며 읽고 줄긋는 6DP 운영자의 행위를 좋아하는 사람들이 생각보다 많다는 걸 알 수 있습니다. 특히 2021년 11월 기준으로 6DP 팔로워 중 '18~24세' 비율이 37%, '25~34세' 비율이 47%나 된다고 합니다. 오히려 젊은 세대가 많이 사용하는 플랫폼인 인스타그램을 통해 종이신문의 매력을 전파하고 있는 셈입니다. 스스로도 20대 초반에 종이신문 매력에 빠졌다는 6DP 운영자는 현재 BTN라디오에서 라디오PD로 일하고 있는 진예정 PD로 그가 말하는 종이신문을 보는 이유는 두 가지입니다.

6DP의 인스타그램 피드 모습(@6days.paper)

첫째는 '물리적 실체가 부여된 콘텐츠'라는 점입니다. 영상, 오디오, 텍스트 할 것 없이 스마트폰이나 마우스로 스크롤을 슥슥 내리면서 기사를 읽고 있으면, 정보를 씹어 삼켰는지 그저 흘려보냈는지 분간할 수 없을 때가 많지만 종이신문은 물리적 실체가 있고 페이지를 넘길 때의 질감, 살랑거리는 소리, 갓 찍어낸 듯한 기름 냄새 같은 것들까지 느낄 수 있다고 말합니다. 밑줄을 그어가면서 기사를 읽고 있으면, 꼭 디저트를 먹을 때처럼 콘텐츠를 씹어 넘기고 있다는 감각을 갖게 되는 것도 좋다고 합니다.

두 번째는 '필터버블'에서 탈출이 가능하다는 점입니다. 6DP 구독자를 육디퍼라고 부르는데 한 육디퍼는 '정말 오랜만에 신문을 사봤다. 내가 읽고 싶은 것만 골라 읽는 게 아니라 배치된 의도대로 읽는 방식이 오히려 좋았다. 신문 읽게 하는 계정 6디피'라고 반응을 하기도 했습니다. 디지털을 매개로 뉴스를 읽게 되면 알고리즘이 추천하는 기사 위주로 보게 되고 관심사 중심적인, 혹은 자극적 내용의 기사를 주로 접하게 되는데 이와 달리 종이신문은 개인의 취향과 상관없이 다양한 섹션을 다루다 보니 필터버블 탈출에 도움이 된다고 합니다. 특히 자극적인 소식 위주로 접할 때 발현되는 특유의 염세주의에서도 벗어날 수 있게 되어 좋다고 전했습니다.

6DP 운영자님이 말하는 종이신문를 보는 이유 역시 제가 생각하는 바와 크게 다르지 않은 것 같습니다. 저는 언젠가 사람들이 디지털 미디어에 지치게 되면 다시 종이신문에 열광하게 되는 미래를 상상하곤 했는데 어쩌면 이미 시작된 미래인지도 모르겠습니다. 현재 제가 신문을 받아보는 비용은 월 2만 원입니다. 신문을 구독하는 비용이 부담이 될 수도 있지만 치킨 한 마리 또는 넷플릭스 한 달 요금과 비교하면 절대 비싼 금액도 아니며, 한 달에 책

한 권 값으로 매일 새로운 지식과 정보를 얻고 수많은 간접 경험을 할 수 있다고 생각하면 이만큼 가성비 좋은 학습도구는 없는 것 같습니다. 매월 2만 원 투자로 세상의 맥락을 읽고 더 나은 미래를 만들 수 있다면 절대 아깝지 않은 금액이니 1년만 종이신문에 투자해 보는 건 어떨까요? 절대 후회하지 않을 겁니다.

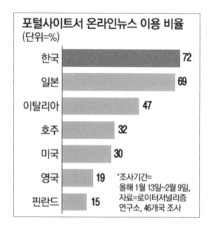

포털사이트서 온라인뉴스 이용 비율(출처 : 로이터저널리즘)

2021년 로이터저널리즘 연구소 조사에 따르면 한국인은 온라인뉴스를 볼 때 포털사이트^{검색 엔진과 뉴스 수집 사이트}를 이용하는 경우가 다른 나라보다 유독 많은 것으로 나타났습니다. 해당 조사에서 최근 일주일 동안 온라인뉴스를 이용하는 주된 경로를 물은 결과 46개국 전체 답변자 중 포털사이트를 이용한다고 답변한 비율은 33%였지만 한국인의 경우 그 비율이 72%에 달하는 것으로 집계되었습니다. 이처럼 한국의 포털사이트 이용 비율은 평균을 2배 이상 웃도는 것으로 전체 조사 대상국 중 가장 높은 수치였습니다. 그나마 2위인 일본^{69%}이 한국과 비슷한 수치를 나타냈고, 3위인 대만^{56%}부터는 크게 차이가 났습니다. 미국^{30%}, 독일^{33%}, 영국^{19%}, 스웨덴^{20%} 등 언론 선진국에서는 대체로 포털사이트 이용 비율이 매우 낮았습니다. 반면 언론사 자체 앱과 웹사이트를 이용하는 비율은 한국이 5%로 46개국 중 꼴찌를 기록했고 핀란드가 67%로 가장 높았으며 노르웨이, 영국, 덴마크, 스웨덴, 네덜란드 등 서구 선진국이 뒤를 이었습니다. 한국처럼 하위권에 포함된 국가로는 멕시코, 인도네시아, 페루, 필리핀, 태국 등 개발도상국이 대부분이었습니다.

이에 대해 주영기 한림대 미디어스쿨 교수는 "언론사는 단순히 기사를 생산하는 것을 넘어 뉴스 경중을 판단하고 사회현상 맥락을 독자에게 제시하는 역할도 한다"며 "포털에서 같은 크기로 단순 나열된 기사를 접하면 사회 현실 맥락을 제대로 이해하기 힘들고, 자칫 뉴스가 왜곡돼 전달될 소지가 있다"라고 설명했습니다. 온라인뉴스 이용 시 지난 1년간 디지털 구독, 단건 결제, 후원 등 방식으로 지불한 경험이 있다고 답한 한국인 응답자 비율은 13%로 34위에 머문 것을 보면 한국에서 온라인뉴스는 공짜라는 인식이 팽배하다는 얘기입니다. 아마도 종이신문을 보는 것 역시 '온라인에서 공짜로 볼 수 있는데 왜 돈을 주고 뉴스를 보지?'라고 생각할 이도 있을 겁니다. 하지만 앞으로 정말 가치 있는 정보와 세상의 맥락을 읽을 수 있게 도와주는 뉴스는 점차 유료화 될 가능성이 높은 만큼 이제 우리도 돈을 내고 정보를 소비하는 방식에 조금씩 익숙해질 필요가 있습니다. 물론 이를 위해서는 돈을 내고 볼 만한 가치 있는 뉴스를 생산하기 위한 언론사와 기자들의 노력도 반드시 필요할 것입니다.

05
뉴스레터를 활용한
정보수집법

복잡성 시대에 관심의 폭을 넓히는 것이 중요하지만 다양한 분야에 지속적으로 관심을 갖는 것은 쉽지 않습니다. 이런 경우 전문가들이 알짜 정보만 쏙쏙 골라서 보내주는 각종 뉴스레터를 적극적으로 활용하는 것을 추천합니다. 다양한 분야의 지식과 정보를 수집하는 데 많은 도움이 됩니다. 뉴스레터는 인터넷이 대중화되고 이메일 이용이 증가하면서 한때 마케팅, 홍보수단으로 꽤 많이 활용되었던 방법입니다. 하지만 정크메일이 증가하면서 이로 인한 스트레스로 한때 상당수가 사라졌다가 최근 분야별로 양질의 정보를 큐레이션해주는 전문 뉴스레터가 다시 인기를 끌면서 부활하기 시작했습니다. 뉴스레터는 이메일 등록만 하면 시사상식, 재테크, IT, 마케팅, 도서 정보 등 각 분야의 전문가가 엄선한 정보를 매일 또는 매주 정기적으로 발송해 주기 때문에 편리합니다. 제가 구독하고 있거나 유용한 분야별 뉴스레터를 소개하겠습니다.

① 뉴닉^{NEWNEEK}

뉴닉은 MZ세대 사이에서 가장 인기 있는 무료 뉴스레터로 필자가 다시 뉴스레터를 받아보면서 가장 먼저 구독한 뉴스레터기도 합니다. 뉴닉은 2~30대들이 좋아할 만한 문체와 어법으로 시사 이슈를 이해하기 쉽게 풀어주는데 가장 좋은 점은 계속 이슈가 되는 뉴스에 대해서는 지난 기사와 최근의 기사까지 연결해서 맥락을 읽을 수 있도록 도와준다는 것입니다. 즉, 현상만 이해하는 것이 아니라 맥락을 읽음으로써 상황을 좀 더 정확하게 이해할 수 있게 도와주는 것입니다. 원래는 직접 신문이나 뉴스를 매일 관찰하면서 해야 할 일을 대신해 주니 바쁜 현대인들에게 이만큼 좋은 뉴스레터는 없을 것입니다. 약 30만 명 구독자 가운데 20대가 80%이며 주5일(월·화·수·목·금요일 아침) 뉴스레터가 발송되는데 필자 역시 아침에 일어나면 카카오톡으로 온 뉴닉 메일을 먼저 본 후에 종이신문을 볼 정도로 애독하는 뉴스레터입니다.

② 어피티^{UPPITY}

어피티는 경제 및 재테크 전문 뉴스레터로 경제 뉴스 분석을 통한 유망 업종이나 종목 추천, 재테크 노하우, 또래 직장인들의 자산관리 비법 등을 보내 주는 무료서비스로 매일 오전 6시에 발송됩니다. 저는 사회생활을 시작하면서 재테크를 위해 직접 책과 경제신문을 열심히 읽으며 경제, 금융, 재테크 공부를 했었는데 최근에 어피티 뉴스레터를 받아보면서 세상 정말 좋아졌다는 생각이 많이 들었습니다. 결국 이제는 의지만 있으면 좋은 지식과 정보를 직접 고생해서 찾지 않아도 되는 시대가 되었습니다. 어피티는 시시각각 변화하는 글로벌 경제금융시장의 이슈에 대해 전문가들이 경제금융용어 설명은 물론이고 금리, 환율, 주가 등의 변화에 대한 맥락과 전망을 읽어 주니 자산관리에 매우 유용합니다. 이와 더불어 구독자의 자산관리 상태를 분석해 주고 조언까지 해주는 코너도 있어 자산관리에 도움이 많이 됩니다.

③ 캐릿^{CAREET}

캐릿은 'Z세대 유행템', '해외 Z세대가 쓰는 해시태그' 등 Z세대 트렌드를 발빠르게 분석해서 알려 주는 대학내일이 발행하는 뉴스레터로 유료서비스이지만 제한적으로 무료열람이 가능하고 매주 화요일마다 발송됩니다. 매주 유행템, 신조어, 해외트렌드 등 정말 신선한 내용들을 구독할 수 있으며 트렌드 모의고사 등을 통해 자신의 트렌드리딩력을 테스트해 볼 수도 있습니다. 자녀가 있거나 젊은 직원들과 일하면서 원활한 소통을 원한다면 돈을 투자해서라도 볼만한 가치가 있는 뉴스레터임에는 틀림없으니 무료로 체험하면서 유료구독도 고민해 보면 좋을 듯 합니다.

④ 미라클레터^{MIRAKLE LETTER}

미라클레터는 매경미디어그룹의 실리콘밸리 특파원들과 미라클랩 기자들이 글로벌 트렌드, 테크놀로지 소식, 빅테크 주식, HR · 리더십, 혁신 문화 스토리 등을 인사이트 있게 담아 주 3회 이상 새벽 시간대에 이메일로 보내주는 무료 뉴스레터입니다. 아침에 일어나면 시차가 있는 미국 실리콘밸리의 따끈따끈한 뉴스들이 도착해 있으니 미국까지 가지 않아도 글로벌 최신 트렌드들을 공부할 수 있어서 좋습니다. 단순히 기술트렌드와 빅테크기업에 대한 소식만 전하는 것이 아니라 스타트업, 경영, 혁신사례 등 수준 높은 해외 정보를 포함하고 있는 뉴스레터입니다. 대한민국 CEO들이 가장 좋아하는 교과서로 불릴만큼 내로라하는 CEO들을 포함해 6만 명 이상이 매일 아침 미라클레터로 미라클 모닝을 하고 있다고 하니 여러분도 동참해 보기 바랍니다.

5 부딩^{BOODING}

부딩은 부동산 정책, 주요 뉴스, 아파트 분양 일정, 부동산 용어 등을 쉽게 설명해주는 뉴스레터로 매주 화, 금 아침에 발행됩니다. 최근 고점에서 부동산을 매입한 젊은이들이 금리인상과 물가상승 등으로 하우스푸어^{집을 가지고 있지만 빈곤하게 사는 사람}로 전락하는 사례가 급증하고 있습니다. 평소에는 부동산에 관심도 없고 관련된 공부도 하지 않다가 분위기에 휩쓸려 무리한 투자를 할 것이 아니라 내 집 마련을 하고 싶다면 먼저 부동산 공부부터 해야 합니다. 어차피 부동산 역시 상승과 하락을 반복하므로 준비하고 있으면 기회가 오기 마련입니다. 일확천금을 노리는 무리한 투자보다는 본인의 상황에 맞는 부동산 투자가 바람직하며 꾸준히 부동산 시장을 관찰하면서 위기에 대비하고 기회를 선점하기 바랍니다.

6 기타 뉴스레터

'CNN 5 Things'는 CNN이 그날 꼭 알아야 하는 다섯 가지 뉴스를 짤막하게 정리해 보내 주는 뉴스레터로 뉴스와 함께 영상도 같이 보내 주기 때문에 영어 공부에도 도움이 됩니다. 더밀크^{The Milk}는 미라클레터와 유사한 뉴스레터로 실리콘밸리 테크놀로지와 경제 트렌드, 기업 정보를 알려 줍니다. 경제지, 전문지, 실리콘밸리 특파원 출신 기자들이 모여 만든 서비스로, 데이터 사이언티스트, 석·박사급 연구원들이 미 현지에서 직접 취재한 콘텐츠를 제공하며 매주 월, 수, 금 발행됩니다. 더밀크는 이메일만 등록하면 되는 뉴스레터와 달리 회원가입을 해야 받아 볼 수 있습니다. 그리고 모비인사이드는 마케팅 전문 미디어 모비인사이드^{MOBIINSIDE}가 제공하는 뉴스레터로 IT, 스타트업, 마케팅에 대한 정보 매주 월요일 발행하고 있습니다. 이외에도 각종 출판사들이 발행하는 책추천 뉴스레터로는 민음사의 '한편', 창비의 '고독단',

문학동네의 '문화다반사', 아트북스의 'Art한 레터' 등이 있는데 신간 정보는 물론이고 볼만한 전시정보 등도 담고 있으니 참고하기 바랍니다.

내가 원하는 키워드와 관련된 뉴스만 받아 보고 싶다면 구글 알리미 기능을 추천합니다. 구글 알리미를 활용하면 키워드뉴스를 구글 지메일로 무료구독할 수 있습니다. 사용 방법은 먼저 구글 크롬 브라우저에서 구글 아이디로 로그인을 한 다음 구글 검색창에서 '구글 알리미'를 검색한 후 구글 알리미로 이동합니다. 그러고 나서 구독을 희망하는 키워드를 검색하고 옵션을 설정하면 로그인한 해당 구글 지메일로 뉴스를 받아 볼 수 있습니다. 꾸준히 관찰이 필요한 분야이거나, 당장은 아니지만 미래를 위해 정보수집이 필요한 주제가 있다면 유용합니다.

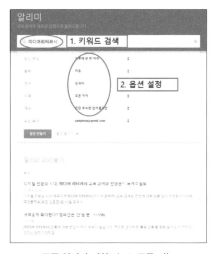

구글 알리미 키워드뉴스 구독 기능

구글 알리미 키워드뉴스 메일 수신 화면

06
Fact와 Data에
집중하는 정보해독법

　일반적으로 사람들은 뉴스나 책 등을 보면서 내심 전문가들이 미래에 대한 예측이나 구체적인 아이디어 또는 해결책 등을 제시해 주길 바라는 경향이 있습니다. 물론 일반인이 각 분야의 전문가가 생산하는 정보를 소비하는 이유는 그들이 내가 모르는 뭔가를 알고 있을 거라고 생각하기 때문이긴 하지만 아무리 전문가라고 해도 미래를 정확하게 맞출 수 있는 사람은 없습니다. 각자의 상황이 모두 다르기 때문에 모두가 원하는 정답을 제시하는 것은 더욱 어렵습니다. 그래서 전문가들의 말만 듣고 의사결정을 할 경우 좋은 결과가 나오면 역시 전문가라는 소리가 나오지만 결과가 좋지 못할 때도 책임을 전문가 탓으로 돌리기 바쁩니다. 하지만 좋은 결과든 나쁜 결과든 결국 의사결정을 한 것은 본인이므로 모든 결과에 대한 책임은 본인에게 있을 뿐, 어떤 전문가도 결과에 대해 책임을 져 주진 않습니다. 다시 말해 어떤 정보든 전문가들이 말하는 의견이나 전망은 그저 미래에 대한 수많은 가능성 중 하나일 뿐이며 그들의 의견이나 전망을 맹신해서는 안 된다는 것입니다. 정보를 볼 때는 전문가의 주관적인 의견이나 전망에 의존하기보다는 해당 정보 속에서 얻을 수 있는 객관적인 Fact^{사실 또는 현상}와 Data^{객관적이고 수치화된 정보}가 무엇인지 집중하는 것이 중요합니다. 그러한 Fact와 Data를 머릿속에 쌓아 나가다 보면 상황을 인식하고 미래를 예측할 수 있는 역량이 높아지면서 각자의 상황에 맞는 아이디어나 해결책을 스스로 찾아나갈 수 있습니다. 물론 모든 의사결정이 늘 좋은 결과로 이어지진 않겠지만 그래도 내가 한 의사결정인 만큼 실패하더라도 최소한 남 탓은 하지 않게 되고 더 나은 의사결정을 위해 스스로 더 노력하게 됩니다.

AI덕에 로보어드바이저 펀드 선방

코스피 22% 급락 때 14% 하락
AI가 실시간 분석, 보수도 저렴

인공지능(AI)이 자산 배분을 돕는 로보어드바이저 펀드가 올해 양호한 수익률을 기록하고 있다.

13일 금융정보 제공업체 에프앤가이드에 따르면 국내 로보어드바이저 펀드의 연초 이후 평균 수익률은 -14.21%를 기록했다. 같은 기간 코스피 변동률 -22.45%에 비해 선방하는 모습이다.

로보어드바이저 펀드가 코스피 대비 나은 수익률을 기록한 것은 자산 배분형 상품 비중이 높기 때문으로 풀이된다. 로보어드바이저의 AI 알고리즘은 방대한 시장 데이터를 실시간으로 분석할 수 있다는 특성상 자산 배분형 펀드 운용에 적합하다.

실제 연초 이후 수익률 상위권 로보어드바이저 펀드 다수가 자산 배분형 상품이었다. 올해 들어 수익률 -5.99%로 2위를 기록한 '대신로보어드바이저자산배분펀드'와 수익률 -7.47%로 3위에 오른 'KB올에셋AI솔루션펀드' 모두 자산 배분에 초점을 맞춘 상품이다.

다만 연초 이후 3.73% 정도 하락하는 데 그쳐 수익률 1위를 기록한 '에셋플러스알파로보글로벌인컴펀드'는 주식 비중이 87.10%에 이르는 주식형 펀드다. 업종별로 낮은 가격 대비 안정적인 수익성을 나타내는 '성숙형 기업'에 투자한다. 현재 보유 비중 상위 종목은 유나이티드헬스그룹(7.02%), 프랭클린템플턴(5.95%), 록히드마틴(5.52%) 등이다.

로보어드바이저 펀드는 통상 총보수가 저렴한 편이다. AI가 펀드매니저 역할을 해 인건비가 들지 않기 때문이다. 이 때문에 퇴직연금 등 장기 투자에 적합하다고 알려져 있다. 다만 상품마다 수수료가 상이해 주의가 필요하다. 예컨대 대신자산운용 펀드는 총보수가 0.36% 수준이나 KB자산운용 상품은 1.155%로 차이가 크다.

신화 기자

매일경제신문 신문기사(2022.7.13.)

신문기사 하나를 통해 기사에 담긴 Fact와 Data를 함께 찾아보는 연습을 해 보겠습니다. 먼저 기사의 제목만 보면 'AI덕에 로보어드바이저 펀드 선방' 이라고 나와 있으니 성급한 사람이라면 AI가 운영하는 로보어드바이저 펀드에 빨리 투자해야겠다고 생각할 수도 있습니다. 하지만 의사결정을 하기 전에 좀 더 여유를 가지고 먼저 기사가 담고 있는 Fact와 Data에 집중할 필요가 있습니다. AI덕에 로보어드바이저 펀드가 선방하고 있다는 근거로 어떤 Fact와 Data를 제시하고 있는지 말입니다. 먼저 헤드라인 아래에 보면 코스피가 22% 급락할 때 로보어드바이저 펀드는 14% 하락했다는 Fact이자 Data를 제시하고 있습니다. 두 번째 문단에 해당 Data의 출처가 금융정보 제공업체 에프앤가이드라고 나와 있는 만큼 나름 공신력 있는 Data로 볼 수 있을 것 같습니다. 세 번째 문단에는 로보어드바이저 펀드가 코스피 대비 나은 수익률을 기록한 것은 자산 배분형 상품 비중이 높기 때문이라고 제시하면서 로보어드바이저의 AI알고리즘은 방대한 시장 데이터를 실시간으로 분석할 수 있다는 특성상 자산 배분형 펀드 운용에 적합하다고 나와 있습니다. 기사의 마지막 부분에 보면 로보어드바이저 펀드는 통상 총보수가 저렴한 편이고 AI가 펀드매니저 역할을 해 인건비가 들지 않는다는 사실과 퇴직연금 등 장기투자에 적합하며 상품마다 수수료가 상이해 주의가 필요하다고 나와 있습니다.

어떻습니까? 짧은 신문기사 하나지만 그저 'AI덕에 로보어드바이저 펀드 선방'이라는 제목이 아닌 기사 속 Fact와 Data에 집중하면서 실제 어떤 일이 일어나고 있는지 확인하다 보면 로보어드바이저 펀드는 어떤 특징이 있는지 학습하게 되고 머릿속에서는 다양한 질문을 하게 됩니다. 예를 들면 '지금 가지고 있는 펀드는 모두 펀드매니저에게 맡기고 있는데 앞으로 노후를 위한 장기투자는 로보어드바이저 펀드로 갈아탄다면 수수료도 아끼고 분산투자로 하락장에서 방어도 잘해 조금은 안정적인 수익률을 낼 수 있지 않을까?'라는 질문을 할 수도 있겠죠. 그리고 이런 질문이 나왔다면 평소에는 관심이 없었던 로보어드바이저 펀드에 대해 추가로 관찰을 하고 금융사별로 비교도 해봄으로써 미래의 위기와 기회를 예측하고 스스로 최적의 의사결정을 할 수 있는 역량이 쌓이게 됩니다. 그저 포털사이트나 SNS에서 헤드라인만 보고 스쳐지나가듯이 정보를 소비하는 사람이나 소위 전문가라고 하는 사람들의 말만 믿고 무턱대고 투자한 사람들과 비교했을 때, 똑같은 정보라도 질적으로 다르게 활용할 수 있는 겁니다. 가장 중요한 것은 전문가의 의견, 전망에만 의존하지 않고 각자의 상황에 맞는 최대한 올바른 의사결정을 할 수 있다는 점입니다. 어떤 결과가 나오더라도 남 탓하지 않고 스스로 책임져야 하는 만큼 의사결정은 더욱 신중해질 수밖에 없습니다.

정보 독해를 위해 Fact와 Data를 찾는 것도 중요하지만 해당 정보에 영향을 주는 메가트렌드가 무엇인지 생각해 보는 것도 도움이 됩니다. 앞에서 살펴 본 신문기사의 경우 기존에 펀드매니저가 직접 운용하던 시대에서 AI가 펀드를 운용하는 로보어드바이저 펀드에 대한 추세를 보여주는 내용이기도 합니다. 앞에서 소개한 카이스트 대한민국미래전략보고서의 메가트렌드 키워드 중에서 이러한 추세에 영향을 주고 있는 메가트렌드를 고른다면 AI를 활용하는 변화인 만큼 '과학기술의 발달과 융복합화'를 떠올릴 수 있으며, 퇴직연금 등 장기투자에 적합하다는 내용을 보면서 생각해 볼 수 있는 메가트렌드로는 '고령화'를 선택할 수 있을 것입니다. 이미 메가트렌드에 대해 학습하고 어느 정도 숙지를 하고 있으면 정보해독을 하면서 자연스럽게 머릿속에서 메가트렌드 키워드가 떠오르게 되고 메가트렌드의 영향을 받는 정보라면 그 중요도가 크다는 것을 느낄 수 있습니다. 그러다 보면 해당 정보를 보면서 메가트렌드인 과학기술의 발달과 융복합화 그리고 고령화로 인해 투자의 방식에도 변화가 일어나고 있다는 것을 확인할 수 있고 의사결정에 참고할 수 있습니다. 변화의 시대에 정보가 필요한 이유는 정보를 맹신하고 정보에 내 미래를 맡기기 위함이 아니라 정보 속에 담긴 Fact와 Data를 기반으로 변화의 상황을 객관적으로 파악하고 숨어 있는 메가트렌드를 이해함으로써 개인의 미래예측력을 높여 스스로 책임 있는 의사결정을 하기 위한 것임을 절대 잊지 말기 바랍니다.

07
원페이지
미래비전노트 작성법

미디어 리터러시는 수많은 정보가 쏟아지는 정보홍수의 시대에 가치 있는 정보를 구분하고 변화가 빠른 시대에 꾸준한 정보모니터링을 통해 시대의 흐름을 정확하게 이해하는 데 도움이 되기 때문에 매우 중요합니다. 하지만 미디어 리터러시를 높이기 위한 스마트한 정보필터링과 정보모니터링 시스템 구축을 넘어 더 나은 미래를 만들기 위해서는 반드시 시대의 흐름에 맞는 각자가 원하는 미래비전과 바람직한 미래비전을 상상해 보고 지금 내게 필요한 변화와 혁신은 무엇일지 생각해 봐야 합니다. 이를 위해 제가 직장을 다닐 때부터 업무에 대한 미래비전을 그리거나 제 인생의 미래비전을 그리는 데 활용하면서 많은 도움을 받았던 미래비전노트 작성법을 공유하고자 합니다.

미래비전노트는 뉴스 기사를 활용해서 작성하는 것이 가장 좋으며 매일 1개의 미래비전노트를 작성하는 데는 15분 정도면 충분합니다. 매일 아침 또는 잠들기 전에 그날 읽었던 뉴스 기사 중에서 새로운 변화나 미래에 대한 내용이 담긴 기사를 하나 골라 스스로 미래를 상상해 보고 어떤 준비를 해야 할지 글로 작성해 보는 겁니다. 미래비전노트를 작성하는 목적은 뉴스나 정보를 스마트폰이나 SNS를 이용해서 보다 보면 손으로 슥슥 넘기면서 대충

보게 되는데, 수많은 정보 중에서 하나만이라도 제대로 들여다보면서 생각할 시간을 갖자는 데 의미가 있습니다. 겨우 하루 15분밖에 안 되는 시간이지만 이 시간들이 쌓이면 분명 더 나은 미래를 만드는 데 큰 도움이 될 것입니다.

제목	기사나 정보의 제목	카테고리	사회, 기술, 인구, 환경 등
자료출처	신문사, 보고서, 도서명 등	날짜	작성일
트렌드분석 (Fact&Data)	자료가 담고 있는 Fact(사실 또는 현상)와 Data(객관적이고 수치화된 정보)를 간략하게 요약		
미래가설 (위기&기회)	자료를 작성한 기자, 전문가, 저자가 제시하는 미래의 위기와 기회에 대한 의견이나 전망내용이 있다면 요약 작성		
나의 미래비전 (대안구상)	상기 두 가지 항목을 바탕으로 스스로 예측해 본 미래의 위기나 기회에 대한 가능성을 정리, 가능하면 자신의 일과 삶에 연결시켜서 예상되는 미래를 작성해 보고 어떤 준비를 해야 할지 대안까지 생각해 보면서 작성		

미래비전노트 작성양식

미래비전노트의 양식은 간단합니다. 먼저 매일 선별한 뉴스나 정보의 헤드라인 제목을 작성하고 출처를 명기한 후 카테고리와 작성일자를 기록합니다. 노트에 작성하는 내용은 트렌드분석(Fact&Data), 미래가설(위기&기회), 나의 미래비전(대안구상) 세 가지로 구성합니다. 첫 번째 트렌드분석란에는 앞에서 배운 것처럼 뉴스나 정보 속에 나와 있는 실제 일어난 사실이나 현상(Fact), 이를 뒷받침하는 객관적이고 수치화된 데이터(Data)를 요약해서 정리합니다. 물론 Data가 없다면 Fact만 작성해도 무방합니다. 미래가설(위기&기회)란에는 해당 글을 작성한 기자나 전문가의 미래에 대한 개인적인 의견이나 전망에 대한 내용을 요약해서 정리합니다. 마지막으로 앞의 두 내용을 참고하되 가능한 한 기사가 담고 있는 Fact와 Data를 기반으로 이러한 트렌드가 가속화된다면 앞으로 나의 일이나 삶에는 어떤 영향이 있을지 미래비전을 작성하고 나는 어떻게 변화하고 무엇을 실천해야 할지 대안을 작성합니다. 작성사례를 공유하니 참고하기 바랍니다.

제목	코딩 몰라도 앱 만들어 네이버 '노코드 플랫폼'에 600개 업체 몰려	카테고리	기술, 커리어
자료출처	동아일보	날짜	2022. 7. 20
트렌드분석 (Fact&Data)	– 정보기술(IT) 전문 지식 없이도 손쉽게 애플리케이션(앱)을 만들 수 있는 노코드(No-code)·로코드(Low-code) 서비스가 각광받고 있다. – 네이버는 19일 현재 베타 서비스 중인 노코드 플랫폼 클로바 스튜디오에 600여 개 업체가 참여 신청했다고 밝혔다. – 네이버 인공지능(AI) 플랫폼 '클로바 스튜디오'에서 텍스트로 설명하며 몇 가지 예시를 들어 학습시키면 AI가 맞춤형 프로그램을 뚝딱 만들어준다. – 자연어처리 기술로 AI 작문 보조 솔루션을 개발하는 뤼튼테크놀로지스는 18일 작문 연습 서비스 '뤼튼 트레이닝'을 출시했다. 사용자가 자신의 생각을 한 편의 글로 완성시키는 과정을 반복, 숙달할 수 있게 도와주는 서비스다.		
미래가설 (위기&기회)	– 노코드 분야 글로벌 IT기업들의 선점 경쟁이 치열해질 것이다. – 네이버, LG CNS 등 국내 IT대기업들도 뛰어들며 상용화 단계로 발전할 것이다.		
나의 미래비전 (대안구상)	앞으로 직접 코딩 없이도 노코드, 로우코드 플랫폼 서비스를 활용해 업무에 필요한 앱을 직접 개발하고 AI를 활용해 생산성을 끌어올리는 것이 가능해진다면 업무생산성을 크게 향상시킬 수 있을 것 같다. 최근까지도 코딩을 직접 배울까 고민했었는데 대부분 영어로 해야 해서 선뜻 배울 용기를 내지 못하고 있었다. 그런데 이제 누구나 쉽게 코딩이 가능한 플랫폼 서비스가 나오고 있고 업무에 활용할 수 있는 각종 AI서비스도 늘어나고 있어서 이러한 서비스들만 잘 활용해도 훨씬 스마트하게 일을 할 수 있을 것 같다. 앞으로 기술이 더 발전해서 한글로도 코딩이 가능하고 음성으로도 가능한 세상이 온다면 코딩실력보다는 아이디어가 더 중요한 세상이 되지 않을까 생각해 본다. 역시 기술은 도구일뿐이며 여전히 핵심은 세상과 사람을 읽고 새로운 문제, 욕구, 결핍을 해결할 수 있는 창의적 사고인 것 같다. 업무에 활용할 수 있는 편리한 스마트워킹 기술에 대한 공부도 게을리하지 않으면서 인문학적 통찰력을 키울 수 있도록 더 노력해야겠다.		

미래비전노트 작성사례

특히 미래비전을 작성할 때는 해당 내용뿐만 아니라 평소에 머릿속에 축적된 다양한 정보들을 융합하면서 작성해야 미래에 대한 가능성을 풍부하게 그려낼 수 있습니다. 결국 평소에 얼마나 폭넓은 지식과 정보를 입력해 두느냐에 따라 작성되는 미래비전노트의 결과물도 달라질 수밖에 없습니다. 미래비전노트를 작성하는 가장 좋은 방법은 노트양식을 인쇄해서 매일 빈 양식 종이에 펜으로 직접 작성하거나 엑셀을 이용해 PC로 매일 하나씩 작성하는 것입니다. 직장을 다니거나 비즈니스를 하는 사람이라면 자신의 일과 사업에 대한 미래비전노트를 작성해서 마치 아이디어 기획노트처럼 활용해도 좋습니다. 가끔 머릿속에 떠오르는 좋은 아이디어들도 글로 작성해 두지 않으면 시간이 지나 잊어버리는 경우가 많고 스마트폰으로 정보를 보면서 머릿속으로 생각하는 것보다 글로 작성하는 것이 아이디어를 더 구체화할 수 있습니다. 이렇게 미래비전노트를 작성해 두고 시간이 지나서 다시 들여다보면 내가 상상했거나 예측했던 미래가 현실이 되어 있는 모습에 가끔은 스스로 놀라게 될 겁니다.

고작 하루 15분이지만 평소에 하지 않던 미래비전노트를 작성한다는 것은 정말 어려운 일입니다. 마치 다이어트를 위해 평소에 안 하던 운동을 해야 하는 것처럼 말입니다. 하지만 미래비전노트를 쓰는 것이 중요한 이유는 세상은 계속 변하는데 현재만 열심히 산다고 더 나은 미래가 오진 않기 때문입니다. 눈앞의 현실에만 매몰되면 주변의 변화를 놓치게 되고 그러다 보면 미래의 위기와 기회에 대응하지 못해 원하지 않는 미래를 맞이하게 됩니다. 어린 시절 저희 집의 가훈은 '근면하고 성실하게'였습니다. 물론 근면하고 성실하게 사는 것도 분명 중요하지만 만약 제가 요즘처럼 변화가 빠른 시대에 근면하고 성실하게만 살았다면 지금 어떤 모습일지 상상만 해도 아찔합니다.

부디 현실에 충실하면서도 늘 생각은 미래에 초점을 맞추길 바랍니다. 대부분의 사람들은 현재가 미래를 창조한다고 생각하지만 미래비전에 따라 현재의 행동 방식이 달라질 수밖에 없습니다. 미래비전이 곧 새로운 현재를 만들고 변화한 현재가 여러분의 미래를 바꿀 것입니다.

제목		카테고리	
자료출처		날짜	

트렌드분석 (Fact&Data)	
미래가설 (위기&기회)	
나의 미래비전 (대안구상)	

미래비전노트 양식

3

디지털 리터러시

01
4차 산업혁명과
디지털 전환의 이해

디지털 리터러시를 높이기 위해서 실제 업무나 생활 속 디지털 기술 활용 능력을 갖추는 것도 중요하지만 아직 대부분의 사람들이 이해하지 못하는 차세대 정보혁명인 '4차 산업혁명'에 대해 제대로 아는 것이 먼저가 아닐까 생각됩니다. 코로나19 이후로 4차 산업혁명보다는 디지털 전환이라는 단어가 많이 언급되고 있는데 둘은 서로 비슷한 것 같지만 다른 개념으로 4차 산업혁명과 디지털 전환의 관계도 명확하게 구분할 필요가 있습니다. 만약 4차 산업혁명과 디지털 전환이 무엇인지는 확실히 모른 채 디지털 활용스킬만 높인다면 본질은 뒤로 하고 그저 기계처럼 현상만 따라가는 꼴이 될 것입니다.

4차 산업혁명은 흔히 컴퓨터와 인터넷으로 대표되는 3차 산업혁명에서 한 단계 더 진화한 혁명으로, 2016년 1월 세계 경제 포럼^{WEF; World Economic Forum}에서 본격적으로 언급되기 시작했습니다. 여기서 전문가들은 향후 모든 산업에 쓰나미와 같은 변화의 물결이 일어날 것을 예고했지요. 그리고 한국에서는 2016년 3월에 구글의 자회사인 딥마인드의 인공지능 알파고와 이세돌이 펼친 세기의 바둑 대결을 통해 4차 산업혁명다운 인공지능 기술의 발전을 눈앞에서 목격했습니다. 이후 치뤄진 대선과정에서도 모든 후보들이 4차 산업혁명을 반영한 국가 미래비전을 제시하면서 전 국민에게 많이 알려져 4차 산업 혁명이라는 말을 모르는 사람은 이제 거의 없을 정도가 되었습니다.

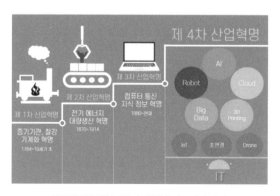

산업혁명별 핵심기술의 변화(출처 : 경남일보)

그렇다면 4차 산업혁명은 과연 지금 일어난 것일까요? 일반적으로 혁명이 일어나는 그 시점에 혁명이란 말을 붙이는 경우는 없습니다. 역사적인 모든 혁명을 봐도 시간이 지난 후 평가를 통해 혁명에 가까운 변화였다고 판단될 때 그제야 혁명이라는 단어를 붙이기 마련이죠. 그래서 저는 4차 산업혁명은 지금 일어난 것이 아니라 혁명에 가까운 변화가 일어날 것을 기대하며 자본 주의 사회가 꾸고 있는 새로운 꿈이자 미래비전이라고 보는 게 더 정확하다 고 생각합니다. 그렇다면 4차 산업혁명을 꿈꾸게 만든 기술은 도대체 어떤 기술일까요? 이전의 산업혁명은 1차 증기기관, 2차 전기과 내연기관, 3차 컴퓨터, 인터넷 등의 기술 발전으로 일어난 산업의 생산성 혁명이었다면 이 번 4차 산업혁명의 핵심기술은 뭐니 뭐니 해도 '인공지능'입니다. 물론 4차 산업혁명 하면 떠오르는 기술로 사물인터넷, 빅데이터, 로봇, 3D프린터도 있지만 궁극적으로 네 번째 산업혁명을 완성시켜 줄 핵심기술은 분명 '인공 지능'임에 틀림없습니다. 다만 인공지능을 다양한 산업에서 활용하기 위해서는 인공지능을 학습시킬 빅데이터가 필요합니다. 이러한 빅데이터 수집을 위해서는 인터넷, 컴퓨터 속에 있는 빅데이터만으로는 부족하기에 각종 사물에 센서를 장착한 사물인터넷 기술을 통해 현실세계에서 일어나는 상황에 대한 빅데이터 수집도 필요합니다. 그리고 빅데이터를 수집, 저장, 분석을 하기 위해서는 클라우드 컴퓨팅으로의 전환을 통해 저장 공간과 비용 문제를 해결하고 어디서나 필요한 시점에 인공지능 시스템이 빅데이터를 실시간으로 활용할 수 있도록 해 주어야 합니다. 뿐만 아니라 인공지능이 상황을 인지하고 학습된 알고리즘에 따라 스스로 의사결정을 해서 기존에 사람이 하던 일을 기계에게 명령을 내려 일을 시키려면 당연히 로봇도 필요합니다. 정리하자면 4차 산업혁명의 핵심기술은 인공지능이지만 이 기술 하나만으로 생산성 혁명은 불가능합니다. 그 외에 다양한 정보통신 기술이 필요한 것은 물론이고 각 산업이 기존에 가지고 있는 핵심기술과 기타 과학기술들이 융·복합될 때 우리가 꿈꾸는 4차 산업혁명도 가능한 것입니다. 하지만 4차 산업혁명 하면 일단 '인공지능'이 중심에 있다는 것을 꼭 기억하세요. '인공지능'에 대해서는 뒤에서 좀 더 자세히 다루도록 하겠습니다.

  인공지능과 기타 다양한 기술들을 활용해서 산업에 혁명을 일으킨다는 것은 도대체 어떤 혁명을 의미하는 걸까요? 아마도 제조업, 서비스업, 콘텐츠 산업 등 모든 산업에서 가장 중요한 것은 역시 생산일 겁니다. 하지만 생산된 제품, 서비스, 콘텐츠는 소비로 이어졌을 때 의미가 있으며 이를 위해서는 바로 생산자와 소비자를 연결해주는 유통이라는 단계가 필요합니다. 즉, 산업혁명은 절대 생산, 유통, 소비라는 개별 단계에서 가능한 것이 아니라 산업의 전 프로세스상의 시스템 혁신이 일어나야만 가능하다는 것을 알 수 있습니다. 그래서 이 모든 산업의 프로세스에 생산성 혁명이 일어나는 데는 시간이 걸릴 수밖에 없고 각 단계에서의 변화와 혁신의 시기도 다 다를 수밖에 없기에 4차 산업혁명이 한 순간에 일어날 수 있는 혁명은 아님을 알 수 있습니다. 그래서 4차 산업혁명의 개념을 정리하자면 '사물인터넷, 빅데이터, 클라우드컴퓨팅, 인공지능 등의 최신 정보통신기술과 기타 다양한 과학기술들의 융복합화를 통해 모든 산업의 생산, 유통, 소비라는 전 프로세스상의 생산성 향상이 가능한 시스템 혁명'이라고 할 수 있습니다. 그리고 이미 이러한 변화는 산업현장에서 조금씩 일어나고 있습니다.

2021년 AK플라자 분당점은 세계 최초 뷰티테크 스타트업인 릴리커버와 손잡고 '릴리커버' 팝업스토어를 선보였는데 11만 건의 데이터를 기반으로 9,000가지가 넘는 개인 커스텀 화장품을 만들 수 있었습니다. 주문을 하면 단 몇 분 만에 로봇이 즉석에서 화장품을 제조해 소비자에게 전달하면서 화제가 되었죠. 매장을 방문한 고객은 간단한 설문과 뷰티 디바이스로 피부 상태 검사를 받고 약 2분 정도를 기다리면 피부에 최적화된 제품을 받아 볼 수 있었습니다. 이뿐만이 아닙니다. 주식회사 콥틱이 2017년 런칭한 브리즘이라는 새로운 안경매장은 3D스캐닝과 3D프린팅, 빅데이터 기술로 고객에게 가장 잘 맞는 스타일, 사이즈, 색상의 아이웨어를 추천하는 것은 물론이고 고객의 코·귀 높이를 비롯한 얼굴의 불균형과 특징에 따라 안경을 편안하게 맞출 수 있는 커스터마이징 서비스를 제공하고 있는데 이는 3D커스텀 안경의 생산부터 판매까지 모두 가능한 세계 유일한 사례입니다. 금융산업은 어떤가요? 혹시 최근에 은행을 직접 방문해서 업무를 본 적이 있나요? 물론 경우에 따라 은행에 직접 방문해야 하는 경우가 있을 겁니다. 하지만 최근에는 웬만한 금융업무는 모바일뱅킹을 통해 가능한데다 카카오뱅크, 케이뱅크, 토스뱅크 같은 인터넷전문은행을 이용하는 20대는 은행을 가 본 적이 없을 수도 있습니다. 쉽게 말해 금융산업에서 생산한 금융상품, 대출상품, 투자상품 등을 이제 손 안에서 생산자와 소비자를 연결해 주는 핀테크 플랫폼을 통해 소비할 수 있는 세상입니다. 이런 핀테크 플랫폼의 장점은 소비자들의 금융데이터를 분석해 맞춤형 금융상품을 추천해 줌으로써 결과적으로 소비자의 시간과 돈을 절약시켜 준다는 것입니다. 어떻습니까? 앞의 사례 모두 기존의 생산, 유통, 소비의 방식을 혁신한 시스템 혁명에 가까운 변화가 일어나고 있음을 보여줍니다. 물론 아직 모든 화장품산업과 안경산업 그리고 금융산업에서의 생산, 유통, 소비의 방식이 이런 식으로 변화한 것은 아니지만 새로운 시스템에 만족하는 고객이 더 늘어날수록 점차 산업 전체의 판도를 바꿔 놓을지도 모릅니다. 혁명은 그렇게 서서히 진행되는 것입니다.

2011년 11월에 독일이 발표한 국가미래전략인 '인더스트리 4.0 구현 전략'에 따르면 "인더스트리 4.0은 '개인화된 고객의 요구사항'을 충족시키기 위해 생산 체계를 전면적으로 개편하고자 하는 것이다. 즉, 인더스트리 4.0은 기존의 대량생산이나 대량맞춤과는 달리 '개인 맞춤형 제품'을 고객이 수용할 만한 가격으로 제공하기 위한 것이다."라고 명시되어 있습니다. 이미 10여 년 전에 그린 비전인 걸 감안하면 지금 일어나고 있는 생산, 유통, 소비에서의 변화들이 전혀 놀랄만한 일도 아니라는 것을 알 수 있습니다. 1, 2, 3차 산업혁명까지 약 260년간은 대량생산, 대량서비스, 대량마케팅의 시대였지만 이제 4차 산업혁명은 맞춤형 생산, 맞춤형 서비스, 맞춤형 마케팅이 가능한 새로운 시스템으로의 전환입니다. 실로 엄청난 변화가 아닐 수 없습니다.

지금까지 내용을 정리하면 4차 산업혁명은 아직은 미래비전이며 인공지능을 중심으로 하는 산업의 생산, 유통, 소비의 시스템 혁신을 통해 대량 생산

시대에서 맞춤형 생산의 시대로 전환하는 혁명이라고 설명할 수 있습니다. 이 정도면 이제 누가 물어봐도 4차 산업혁명이 어떤 혁명인지 어느 정도는 설명할 수 있지 않을까요? 그렇다면 이제 4차 산업혁명이라는 미래비전, 그러니까 자본주의 사회의 목적지는 정해졌고 남은 것은 현실에서 실질적인 변화와 혁신을 통해 목적지를 향해 한걸음씩 내딛는 것입니다. 산업혁명은 기존의 산업시스템으로는 불가능하기에 새로운 시스템으로의 전환을 위한 변화와 혁신이 필요한데 그것이 바로 최근에 언급되고 있는 '디지털 전환'입니다.

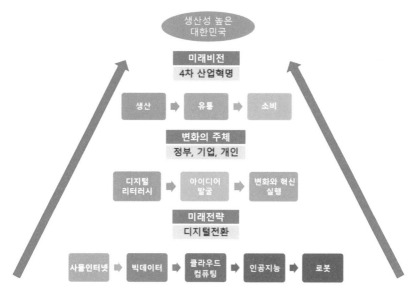

4차 산업혁명과 디지털 전환의 관계

디지털 전환은 영어로 디지털 트랜스포메이션^{Digital Transformation}이며, 줄여서 DT 또는 DX라고 합니다. 일반적으로 영어권에서 Trans를 X로 줄여서 표기하기 때문에 DT나 DX 모두 의미는 동일하며 최근에는 DT보다는 DX를 많이 사용하는 추세입니다. 한국정보통신기술협회 자료에 따르면 디지털 전환이란 '디지털 기술을 사회 전반에 적용하여 전통적인 사회 구조 즉 시스템을 혁신시키는 것'이라고 정의되어 있으며, 기업의 입장에서는 사물인터넷, 클라우드컴퓨팅, 인공지능, 빅데이터 솔루션 등 정보통신기술을 활용하여 기존의 전통적인 운영방식과 서비스방식 등을 혁신하는 것을 의미합니다. 앞에서 언급했던 4차 산업혁명을 위한 새로운 산업의 시스템과 크게 다르지 않을 겁니다. 그래서 4차 산업혁명과 디지털 전환은 비슷해 보이고 명확히 구분하기 쉽지 않은데, 단순하게 4차 산업혁명이 미래비전이라면 디지털 전환은 미래전략이라고 이해하면 됩니다. 이러한 4차 산업혁명이라는 미래비전을 달성하고 대한민국의 생산성을 향상시키기 위해서는 정부, 기업, 개인 할 것 없이 디지털 전환이라는 미래전략을 실행하기 위한 선택과 집중을 해야 합니다.

그런데 3차 산업혁명 때 주로 이용되던 디지털 기술과 4차 산업혁명을 위한 디지털 전환 과정에서 활용되는 디지털 기술의 차이가 매우 큽니다. 디지털 전환을 위해서는 단순히 컴퓨터, 인터넷, 모바일을 활용하는 것을 넘어서 사물인터넷, 빅데이터, 클라우드컴퓨팅, 인공지능, 로봇, 3D프린팅 등에 대한 이해가 필요합니다. 새로운 기술을 모르면 이러한 기술로 어떤 변화와 혁신을 할 수 있을지 아이디어를 낼 수도 없습니다. 그래서 4차 산업혁명 시대에 맞는 디지털 리터러시를 키워야 디지털 전환도 가능한 것입니다. 아마도 지금보다 디지털과 훨씬 더 친해져야 하며 기술에 대한 관심을 더 많이 가져야 할 겁니다. 왜냐하면 디지털 기술은 여러분이 이 글을 읽고 있는 순간에도 계속해서 진화하고 있고, 기존에 나왔던 기술이 아닌 또 다른 기술들이 계속 나올 테니까요. 물론 이런 변화를 따라가는 게 조금은 버거울 수도 있겠지만 어쩌겠습니까? 지금까지 인류가 진화해 온 것을 보면 더 좋은 도구를 개발하고 그 도구를 사용한 인류는 생산성을 향상시키면서 살아남았지만 그러지 못한 인류는 결국 도태되었으니 말입니다. 여러분도 이제 기존의 도구를 버리고 더 좋은 도구를 장착할 때입니다. 그게 미래 생존을 위한 게임에서 승리하는 유일한 방법입니다.

02
디지털 전환이
필요한 진짜 이유는?

앞에서 4차 산업혁명과 디지털 전환의 개념 및 관계에 대해 설명했는데 산업혁명을 위한 시스템 전환의 가장 큰 목표는 당연히 산업의 생산성 향상이라고 볼 수 있습니다. 하지만 과연 전 세계가 4차 산업혁명이라는 미래비전을 세우고 디지털 전환을 통해 자본주의 산업시스템의 근간을 바꾸려고 하는 이 어마어마한 변화가 일어나는 원인이 단지 생산성 향상 하나뿐일까요? 물론 지금까지도 그랬듯이 산업혁명의 첫번째 목표는 산업의 생산성 향상이 맞습니다. 하지만 이번 4차 산업혁명은 생산성 향상만을 위한 혁명이 되어서는 안 됩니다. 그 이유가 무엇인지 설명하기 전에 미디어 리터러시에서 언급했던 메가트렌드를 다시 소환하겠습니다.

메가트렌드를 설명하면서 카이스트 문술미래전략대학원의 대한민국 미래전략보고서에서 제시한 글로벌 메가트렌드 키워드를 소개했었는데 그 중에는 지금 전 세계가 겪고 있는 수많은 문제들이 포함되어 있습니다. 전염병의 확산, 양극화, 저출산·고령화, 다문화, 에너지무기화, 지구온난화 등 몇 가지 문제만 들여다봐도 이러한 인류의 문제들은 최근에 갑자기 수면 위로 올라온 것이 아니라 오래 전부터 계속 언급되어 왔던 문제들이며 이미 몇몇 문제들은 곪을 대로 곪아서 터져버린 상황이란 걸 알 수 있습니다. 그렇다면 이러한 일련의 문제들이 일어나고 있는 근본적인 원인은 과연 무엇일까요? 제 개인적인 의견일 수도 있겠지만 이 문제들의 시작은 바로 산업혁명이라고 볼 수 있습니다. 앞선 세 번의 산업혁명이 일어나는 동안 자본주의사회는 생산성 향상을 통해 지속적인 성장을 추구해 왔고 이를 통해 과거 어느 때보다도 많은 부를 창출함과 동시에 전 세계 인류도 훨씬 편리한 삶을 살게 되었지만 결국 개발과 성장 중심의 시스템이 현재 인류가 겪고 있는 수많은 문제를 낳았습니다. 하지만 전 세계가 이러한 문제들의 심각성을 알면서도 지금 당장의 편리함을 위해 개발과 성장을 멈추지 않았고 문제해결을 위한 노력을 게을리한 결과 지금의 상황에 이르게 되었다고 볼 수 있습니다. 간단하게 설명하자면 지금 우리에게 닥친 수많은 문제들은 기존의 기술을 활용한 시스템으로 인해 일어난 문제들임에 틀림없습니다. 그렇다면 이 문제들을 해결하는 가장 간단하고 쉬운 방법은 무엇일까요? 바로 기존의 기술과 시스템을 버리면 됩니다. 하지만 과연 그렇게 문제를 해결할 수 있을까요? 아니요. 아마도 절대 불가능할 겁니다. 불가능한 이유에 대해서 몇 가지 예를 들어 설명해 보겠습니다.

지금 우리가 겪고 있는 전염병 문제의 근본적인 원인은 조금만 공부해 보면 인간의 육식 때문이라는 것을 알 수 있습니다. 도서 『총, 균, 쇠(2005년, 문학사상)』에 따르면 인간이 정착생활을 시작하면서 야생동물들이 가축화되었고 인간을 숙주로 하는 균에 감염되기 시작하였습니다. 그리고 끊임없는 개발로 인해 야생동물들의 터전이 파괴되고 먹이가 부족해지면서 인간과 접촉이 드물었던 야생동물들까지 먹이를 찾아 이동하면서 인간과 가축 등에 균을 옮기게 된 것입니다. 문제는 공장식 축산으로 인해 좋지 못한 환경에서 길러지는 가축들의 면역력이 좋을 리 없으니 야생동물들과의 접촉이 늘수록 감염이 쉽게 진행될 수밖에 없는 것은 당연한 일입니다. 자, 그렇다면 지금 당장 전염병을 예방하기 위해 가장 간단한 방법은 육식을 중단하는 것입니다. 하지만 코로나19로 지급받은 재난지원금으로 우리는 과연 무엇을 했을까요? 물론 모든 사람들이 그렇다는 건 아니지만 많은 사람들이 한우플렉스를 한다고 평소에 한 번 먹을 고기를 두 번 먹거나, 평소에는 자주 못 갔던 고깃집에서 외식도 했을 겁니다. 실제로 농촌진흥청이 2020년 2월과 4월, 5월 총 3차에 걸쳐 약 1,000명의 소비자패널 대상으로 온라인 설문조사를 한 결과 역시 다르지 않았습니다.

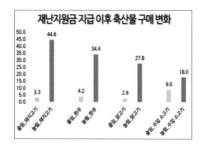

재난지원금 지급 이후 축산물 구매 변화(출처 : 농촌진흥청)

코로나19 이전부터 이미 마스크를 쓰게 만들었던 미세먼지나 지구온난화와 같은 기후변화 문제는 어떤가요? 이 문제 역시 근본적인 원인이 화석연료 에너지의 사용이라는 것은 모르는 사람이 없을 겁니다. 다만 조금 더 구체적으로 살펴보면 이산화탄소는 강철과 플라스틱 제조과정, 우리가 사용하는 전기에너지 발전을 하는 과정, 농사를 짓고 가축을 기르는 과정 및 화석연료에너지를 이용하는 각종 교통 및 운송수단 등에서도 배출됩니다. 그렇다면 지금 당장 할 수 있는 가장 손쉬운 방법은 플라스틱 사용을 줄이고 전기에너지를 절약하며 친환경 농축산물을 소비하거나 친환경 교통 및 운송수단을 이용하는 것입니다. 하지만 과연 우리의 모습은 어떤지 스스로 평가해 보기 바랍니다. 기존의 기술과 시스템으로 일어난 문제를 해결하기 위해서 인간이 편리한 기술과 시스템을 완전히 버리는 것은 어렵습니다. 그렇다면 이제 남은 방법은 하나밖에 없습니다. 바로 더 나은 기술과 시스템으로 문제를 해결하는 것입니다.

인간은 육식을 완전히 포기하는 대신 육식을 대체할 수 있는 식물성 대체육 또는 세포배양육 기술개발에 오랫동안 투자해 왔고, 코로나19 이후 그 심각성을 느낀 세대들을 중심으로 채식주의자 또는 플렉시테리언Flexitarian, 채식을 하지만 아주 가끔 육식을 겸하는 준채식주의자을 선언하는 사람들이 늘어났습니다. 지금은 어느 정도의 수요가 형성되면서 전 세계 식품기업들이 미래 시장을 선점하기 위해 앞다투어 관련 투자를 늘리고 있는 상황입니다. 식물성 대체육이나 세포배양육 외에도 식용곤충을 활용한 가공식품이나 식물성 액상형 대체계란 또는 아몬드, 귀리 등으로 만든 식물성 우유 등과 같은 다양한 상품이 출시되고 있습니다. 참고로 이러한 식품시장을 일컬어 '푸드테크FoodTech' 산업이라고 하며 기존의 식품산업이 가지고 있는 기술역량에 디지털기술 및 다양한 기술들이 융복합된 새로운 시스템이 필요한 산업입니다. 그리고 이산화탄소 배출 문제 역시 기존의 기술을 버리는 대신 생분해 플라스틱을 개발하고 신재생에너지 발전을 위한 기술에 투자하거나 친환경 농축산업을 위한 스마트팜을 구축하고 친환경 교통수단 개발에 많은 투자를 하는 방식으로 문제해결을 위해 노력하고 있습니다. 이 과정에서도 대부분 디지털 기술의 도움 없이는 불가능하며 기존의 생산, 유통, 소비 시스템을 전환해야 하는 경우가 많습니다. 그래서 이번 디지털 기술을 통한 시스템 전환과 산업혁명은 단순히 생산성 향상만을 위해서가 아니라 이제 한계에 봉착한 자본주의 사회의 수많은 문제를 해결하기 위해서도 불가피한 것입니다.

ESG경영의 3요소

최근에 기업들에게 요구하고 있는 'ESG경영' 역시 내용을 들여다보면 이전의 '지속가능경영'과 크게 다르지 않습니다. 이제 수많은 인류의 문제를 정부가 혼자서 해결하기는 어려운 상황이 되었으니 자본주의 사회에서 이미 정부보다도 더 강력한 힘을 가진 기업이 적극적으로 나서야 한다는 것을 다시 한 번 강조하고 있는 것뿐입니다. 그리고 기업들의 디지털 전환 과정에서 이제는 과거 1, 2, 3차 산업혁명 때처럼 오로지 성장만을 위한 시스템이 아닌 인류의 문제해결에 도움이 되는 시스템으로의 전환을 요구하고 있는 것입니다. 예를 들어 과거에는 새로운 기술을 활용해 생산, 유통, 소비 단계에서 생산성을 향상시킬 수 있는 방법이라면 무조건 환영받았겠지만 이제는 생산성을 향상시킨다고 해도 환경에 좋지 않다면 채택될 수 없는 것입니다. 2022년에는 국내 굴지의 식품기업 제조현장에서 젊은 노동자가 작업 중 사고를 당하는 일이 있었고 결국 소비자 불매운동으로까지 이어지기도 했습니다. 앞으로는 이러한 노동 인권이 보장되지 않는 환경에서 생산된 제품을 소비자들은 원하지 않을 것입니다. 최근에는 중대재해처벌법이 시행되면서 이미 일부 기업들은 산업현장에 디지털 기술을 적용해 안전사고예방을 위한 시스템 전환 노력을 하고 있기도 합니다. 이처럼 디지털 전환은 생산성 향상뿐만 아니라 인류의 문제 해결을 위해서도 반드시 필요한 것입니다.

디지털 전환이 필요한 세 가지 이유

디지털 전환이 생산성 향상에 도움이 된다면 기업에겐 이득이 될 것이고 인류의 문제를 해결하는 데도 도움이 되므로 정부 입장에서 나쁠 게 없을 겁니다. 하지만 여전히 노동자 또는 개인 입장에서는 일만 늘어날 뿐 얻을 수 있는 이득이나 혜택은 특별히 보이지 않는 것 같습니다. 다시 말해 굳이 노동자 또는 개인이 기업의 생산성 향상과 인류의 문제해결을 위해 스스로 적극적인 변화를 할 이유가 있느냐 말입니다. 디지털 전환은 결국 산업의 모든 영역에서 일하는 사람들의 변화와 혁신 노력에 달렸는데 이를 위한 동기부여가 되지 않는다면 변하는 척만 할 뿐 진정한 시스템 변화는 쉽지 않을 것입니다. 그러나 디지털 전환이 필요한 가장 중요한 이유가 결국 인간의 행복을 위한 것이라면 이야기는 달라집니다.

  영국의 철학자이자 사회학자인 버트런드 러셀Bertrand Russell이 쓴 수많은 명저 중에 『행복의 정복(2005년, 사회평론)』이 있습니다. 이 책이 나온 1930년 당시는 영국의 산업혁명 이후 과잉생산에 따른 전 세계적인 경제 대공황이 발생한 시점으로, 제목을 보면 알겠지만 인간이 행복을 정복하기 위해서 반드시 필요한 것이 무엇인가를 얘기하고 있는 책입니다. 이 책을 읽다 보면 "기계 생산의 궁극적인 목표는 아직 우리가 완전히 도달하지 못한 상태이긴 하지만 재미없는 일들은 모두 기계가 대신하고 인간은 다양성, 창조성과 관련된 일들만 감당할 수 있는 체제를 만드는 것이다"라는 대목이 나옵니다. 4차 산업혁명 역시 디지털 전환을 통해 더욱 자동화·지능화되는 시스템 혁신을 꿈꾸고 있는데 지금까지 세 번의 산업혁명을 거치면서 인간은 과연 어떤 일들을 기계에게 맡겨 왔을까요? 아마도 위험한 일, 더러운 일, 시간이 많이 걸리는 일, 단순 반복적이고 재미없는 일 등 우리가 하기 싫은 일을 주로 맡겨 왔을 겁니다. 그렇다면 100여 년이 지난 지금 버트런드 러셀이 말한 '인간은 다양성, 창조성과 관련된 일들만 감당할 수 있는 세상'은 현실이 되었을까요? 제 생각에는 이미 그런 세상은 현실이 되었습니다. 다만 새로운 기술을 활용한 시스템을 일과 삶에 적극적으로 도입한 이들은 그런 세상을 이미

누리고 있지만 그러지 못한 사람들은 전혀 누리지 못하고 있을 뿐입니다. 그렇다면 버트런드 러셀이 말한 '인간은 다양성과 창의성과 관련된 일들만 감당한다'는 말은 과연 무슨 뜻일까요? 다양성이란 '다양한 일을 할 수 있다'를 의미하기도 하지만 '하고 싶은 일을 할 수 있다'란 의미도 담겨 있다고 볼 수 있습니다. 한 사회의 다양성이 확대되기 위해서는 모두가 비슷한 직업과 일을 목표로 하지 않고 각자가 원하는 일을 하면서도 먹고 살 수 있는 세상이 되어야 하기 때문입니다.

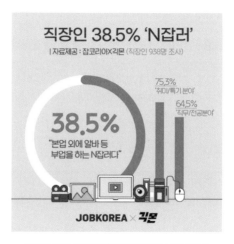

N잡러 여부 설문조사(2021년)(출처 : 잡코리아)

  가정에서 흔히 사용하는 세탁기, 청소기만 생각해 봐도 과거에는 직접 손빨래를 하고 손걸레로 청소를 해야 했는데 지금은 이런 일들을 세탁기가 대신해 주고 로봇청소기가 대신해 주고 있습니다. 건조기, 정수기, 식기세척기 등은 어떤가요? 아마 이런 기계가 나오면서 절약된 시간에 인간은 본인이 하고 싶은 일, 좋아하는 일 등을 다양하게 할 수 있을 겁니다. 3차 산업혁명 시대의 산물인 인터넷만 생각해 봐도 과거보다 적은 비용을 들여서 각자가 하고 싶은 일을 온라인을 통해 누구나 할 수 있는 시대가 되었습니다. 유튜브, 인스타그램, 블로그, 쇼핑몰은 물론이고 웹툰, 웹소설, 온라인강의 등도 가능하고 본업은 따로 두고 부캐를 만들어 활동하거나, 디지털 플랫폼을 활용해 원하는 시간에 원하는 만큼만 일을 하면서 N잡러가 될 수도 있는 세상입니다. 코로나19로 재택근무가 늘어나면서 N잡러에 도전한 이들이 많았으리라 생각되는데 이게 가능한 이유 역시 원격업무를 가능하게 해 준 각종 디지털 플랫폼들 덕분입니다. 이처럼 100여 년 전 어느 철학자의 말처럼 인간이 과거보다 하고 싶은 일을 훨씬 다양하게 할 수 있는 세상은 이미 와 있다고 봐야 합니다. 다만 이러한 새로운 시스템을 적극적으로 활용하는 이들에겐 이미 현실이지만 그렇지 않은 이들에겐 먼 미래일 뿐입니다.

그렇다면 창의성은 어떨까요? 창의創意란 '새로운 의견을 생각하여 냄 또는 그 의견'이란 뜻으로 결국 창의성과 관련된 일이란 '새로운 일'이며, 단순 반복적인 일과 대비된다고 볼 수 있습니다. 그렇다면 4차 산업혁명도 결국 단순 반복적이고 재미없는 일들은 기계에게 맡기고 인간은 보다 창의적인 일에 더 집중하는 시스템이 된다면 좋은 일이 아닐까요? 흔히 직장에서 단순 반복적인 일이 아닌 새로운 일을 한다고 하면 기획업무 또는 업무개선, 업무혁신 그리고 그때그때 새로운 상황에 따라 사람들과 커뮤니케이션이 필요하고 협상이 필요한 일들이 대부분일 겁니다. 하지만 이런 창의적인 일을 인간이 더 많이 할 수 있다면 모든 이들이 과연 박수를 치면서 환영할까요? 아마 그렇지 않을 겁니다. 몇 년 전에 서울의 어느 대학교 교수님이 연구를 위해 공무원들을 대상으로 설문조사를 한 적이 있습니다. 앞으로 4차 산업혁명으로 단순 반복적인 행정업무들이 자동화된다면 이제 창의적인 업무만 하면 될 테니 좋을 것 같은데 어떻게 생각하느냐는 질문에 많은 공무원들은 이렇게 대답을 했다고 합니다.

"그냥 단순 반복적인 일을 우리가 계속하고 창의적인 일을 기계가 대신해 주면 안 될까요?"

의외의 결과에 놀라셨나요? 그런데 아마도 많은 직장인들이 비슷한 심정이 아닐까 생각됩니다. 그동안 창의적인 일보다는 단순 반복적이고 기계적인 일을 주로 해 왔던 이들이라면 창의성을 발휘할 일도 없었고 창의성을 위해 스스로 노력할 필요도 없었는데 갑자기 창의성과 관련된 일만 하라니 이건 뭐 마른하늘에 날벼락이 아닐 수가 없습니다. 그렇다면 인간은 과연 창의성과 관련된 일, 그러니까 '새로운 일' 또는 '새로운 것'을 하는 걸 싫어할까요? 혹시 여러분이 매일 똑같은 음식을 먹는다면 어떨 것 같습니까? 아마 새로운 음식이 먹고 싶을 겁니다. 매번 똑같은 이야기만 하는 사람과의 만남이 계속되면 다른 만남을 원할 겁니다. 뿐만 아니라 유튜브, 페이스북, 인스타그램을 할 때도 새로운 콘텐츠가 나오길 기대하며 스마트폰 화면을 손가락으로 끌어내리게 됩니다. 즉, 인간은 지루하고 재미없는 것은 절대 참지 못한다는 것입니다. 그렇다면 일을 할 때는 단순 반복적인 일이 재밌어서 계속 하는 것일까요? 아마도 먹고 살아야 하니 재미없어도 참고 하는 거라고 이해하는 게 맞을 것 같습니다.

원래 인간은 창의적이고 새로운 일을 좋아하지만 산업주의 시대를 거치면서 각자가 맡은 일만 기계처럼 하는 시스템에 익숙해지며 창의성을 잃어버린 건지도 모릅니다. 앞으로 4차 산업혁명 과정에서 디지털 전환이 진행된다면 단순 반복적이고 기계적인 일은 기계가 더 잘할 가능성이 높기 때문에 기계와 차별화할 수 있는 인간만의 창의성을 높이기 위해 노력해야 합니다. 그래서 '창의'의 의미가 '새로운 의견을 생각하여 낸다'라는 측면에서 보면 미디어 리터러시를 높여 다양하고 새로운 지식과 정보를 꾸준히 학습하고, 디지털 리터러시를 통해 새로운 기술에 대한 역량을 늘려 나가는 것이 개인의 창의성 향상을 위해 얼마나 중요한지 다시 한 번 확인할 수 있습니다. 어쨌든 지금 인류가 4차 산업혁명을 위한 디지털 전환이 필요한 이유는 산업의 생산성 향상은 물론이고 인류의 문제해결뿐만 아니라 궁극적으로는 개인의 행복을 위해서라는 것을 잊지 않았으면 합니다. 과연 인류는 이 세 가지 토끼를 모두 잡을 수 있는 시스템으로의 전환에 성공할 수 있을까요? 그건 앞으로 우리가 어떻게 하느냐에 달려 있을 겁니다.

03
디지털 전환,
이미 시작된 미래!

　여러 산업 중에서 디지털 전환 노력을 가장 적극적으로 하고 있는 산업을 하나 꼽으라고 한다면 아마도 자동차 산업일 겁니다. 자동차 산업은 최근 인건비 상승과 저출산·고령화는 물론이고 코로나19와 전쟁 등으로 인한 공급망의 붕괴로 인해 변화와 혁신의 필요성을 절실하게 느끼고 있는 대표적인 산업입니다. 뿐만 아니라 자동차 산업은 지구온난화, 미세먼지 등 환경오염과 관련이 깊은 산업이다 보니 ESG경영을 위해서도 산업의 시스템 전환이 불가피한 상황입니다. 그래서 산업혁명 때마다 가장 선두에서 변화를 이끄는 제조업 중 하나인 자동차 산업의 변화를 보면 전체적인 산업의 변화와 미래까지도 예측해 볼 수 있습니다. 특히 미래 자동차 산업을 주도하고 있고 결과적으로 기존 전통적 자동차기업들이 모두 벤치마킹하고 있는 테슬라Tesla를 주목할 필요가 있습니다.

　일론 머스크가 이끄는 전기차 회사 테슬라는 2020년 전통의 강자 도요타를 제치고 시가총액 기준 세계 1위 자동차 회사에 등극했는데, 테슬라가 도요타를 제친 것을 '내연기관 자동차 시대가 가고 전기자동차 시대가 왔다'는 상징적 사건으로 받아들여지기도 했습니다. 그런데 지금까지 자동차 산업은 제조업이었고 자동차 기업의 핵심경쟁력은 자동차를 잘 만드는 것이며 수익모델은 당연히 자동차를 팔아서 이익을 많이 내는 것이었습니다. 하지만 테슬라는 조금 다른 것 같습니다. 일단 테슬라도 전기자동차를 제조해서 판매하는 제조업임에는 틀림없지만 단순히 차만 팔아서 수익을 내는 비즈니스 모델은 아닌 것 같습니다. 일단 기존 화석연료자동차와 달리 테슬라의 전기자동차는 차를 판매한 이후에도 꾸준히 수익을 낼 수 있는 구조입니다. 예를 들어 테슬라는 현재 전기자동차를 판매하면서 FSD^{Full Self Driving}라고 해서 주행보조시스템을 옵션으로 판매하고 있는데, 이 서비스의 경우 한국에서는 약 900만 원에 구입이 가능합니다. 차량 구입 시 적용을 하지 않아도 언제든지 원하는 시점에 서비스 이용이 가능하고 미국에서는 이미 2021년부터 월 구독료 약 22만 7,000원^{199달러}에 사용이 가능한 구독서비스 형태로 제공하기 시작했습니다. 그리고 테슬라의 자회사인 솔라시티^{SolarCity}는 태양광 에너지 서비스에 특화된 기업으로 앞으로 테슬라의 전기자동차 이용자가 늘어날수록 전기충전 서비스사업을 통해 지속적인 수익을 창출하게 될 것입니다.

게다가 테슬라는 배터리를 직접 생산하기 위해서 전 세계 곳곳에 메가팩토리^{Mega Factory}라는 배터리 생산공장을 짓고 있는데 전기자동차는 화석연료 자동차와 달리 수리하거나 교체해야 할 부품이 적은 편인 반면 배터리는 수명이 다하면 교환해 줘야 하기에 지속적인 수익창출이 가능합니다. 지금은 테슬라도 전 세계의 배터리 제조기업으로부터 공급을 받기도 하지만 배터리 생산량이 늘어나고 전기자동차 시장이 더욱 커지면 배터리를 다른 자동차 기업에 팔수도 있겠죠. 향후 신재생에너지산업이 확대됨에 따라 에너지저장시스템의 수요 증가로 배터리산업은 더욱 커질 가능성이 높기 때문에 미래가치가 높다고 볼 수 있습니다. 뿐만 아니라 테슬라는 미국에서 자동차 보험 사업을 키우고 있는데 주행 데이터를 바탕으로 한 맞춤형 보험 사업이 텍사스주에서 성공을 거뒀고, 테슬라의 잭 커크혼 CFO^{최고재무책임자}는 2022년 2월 실적 콘퍼런스에서 올해 말까지 미국 고객 10명 중 8명에게 보험을 제공하고 보험 서비스 지역을 현재의 텍사스 등 5개 주에서 45개주로 넓힐 계획이라고 발표하기도 했습니다. 이러한 테슬라의 자동차 보험은 테슬라와 운전자가 주행 데이터를 실시간으로 주고받으므로 안전운전을 유도합니다. 안전운전을 할수록 보험료는 낮아지는데 전통 보험사의 전기차 보험료가 높은 편이라 테슬라가 데이터를 바탕으로 낮은 보험료를 책정하는 금융서비스를 확대하면 테슬라 차량을 구매하도록 소비자를 유인할 수도 있습니다. 이 외에도 테슬라의 CEO인 일론 머스크가 경영하고 있는 스페이스X라는 우주탐사기업은 스타링크사업을 통해 수만 개의 소형 위성을 띄워 전 세계 어디서나 끊김없는 초고속 광대역 인터넷망을 구현하는 것을 꿈꾸고 있기도 합니다. 이는 앞으로 자율주행 전기자동차 시대가 되면 테슬라의 전기자동차가 전 세계 어디서든 끊김없이 GPS와 연결이 되어야 하기 때문에 자율주행 전기자동차 판매와 함께 위성인터넷서비스를 통해 전 세계에서 수익을 창출하게 될 것입니다. 참고로 스페이스X는 2023년 한국에서 스타링크를 출시하겠다고 선언한 상태입니다. 마지막으로 아직은 다소 먼 미래이긴 하지만 완전자율주행 전기자동차의 시대가 열리면 자동차를 소유하고 있는 사람들이 자동차를 타지 않는 시간에도 자동차 스스로 택시서비스나 택배서비스를 할 수 있기 때문에 자동차와 이용자를 연결해 주는 플랫폼 역할까지도 테슬라가 할 가능성이 높아 보입니다.

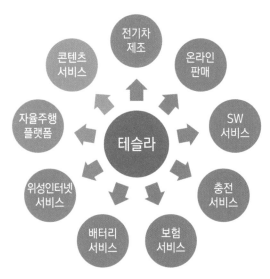

테슬라의 미래 비즈니스모델 예상도

어떻습니까? 원래 자동차 산업은 차를 팔아서 돈을 버는 전통적 제조업이었지만 테슬라를 보면 단순한 자동차 제조기업을 넘어 각종 서비스를 통해 지속적인 수익을 창출하는 새로운 비즈니스 모델을 꿈꾸고 있는 것 같습니다. 완전자율주행이 가능한 미래가 오면 핸들로부터 자유로워진 사람들은 이제 자동차라는 새로운 공간에서 이동하는 시간동안 각종 콘텐츠를 이용할 수도 있습니다. 그런데 이러한 자동차 산업의 비즈니스 모델의 전환을 위해 반드시 필요한 것 또한 바로 디지털 기술이므로, 어떻게 보면 이제 자동차 산업의 핵심역량은 제조가 아닌 디지털 역량이라고 해도 과언이 아닐 정도입니다.

한편 국내 자동차기업인 현대자동차도 2020년 새해에 회사의 2025년 미래전략을 발표하면서 대대적인 비즈니스 모델의 변화를 선언했습니다. 특히 자동차 제조기업이 아닌 스마트 모빌리티 솔루션 기업을 표방하며 사업구조는 지능형 모빌리티 제품 중심에서 지능형 모빌리티 서비스가 추가되었고 전략방향은 내연기관 고수익화에서 플랫폼 사업기반 구축으로 전환되었습니다. 이를 통해 궁극적으로 제품과 서비스 결합을 통해 통합 모빌리티 플랫폼 기업으로 도약하겠다는 미래비전을 제시했는데 테슬라의 비즈니스 모델을 많이 닮아 있는 모습입니다. 그리고 다음 해인 2021년에 기아자동차는 기존 사명이었던 기아자동차(Kia Motors)에서 '자동차(Motors)'를 떼어 냈는데 자동차업계 관계자는 "사명을 바꾸는 건 기업이 완전 다시 태어난다는 의미"라고 평가하기도 했습니다. 테슬라도 원래 기업명은 테슬라 모터스였던 걸 생각하면 앞으로 자동차 제조기업이라는 이미지만으로는 경쟁력을 갖출 수 없으며 디지털 전환을 통해 4차 산업혁명 시대에 맞는 비즈니스 모델 구축은 물론이고 업의 본질까지 바꿔야 하는 딥체인지^{DeepChange}가 불가피한 상황입니다.

현대자동차 2025 전략(출처 : 머니투데이)

자동차 산업을 필두로 한 산업의 디지털 전환은 우리 생활 주변 곳곳에서 가속화되고 있습니다. 많은 사람들은 코로나19로 인해 언택트 서비스가 확산되면서 디지털 전환이 시작되었다고 생각합니다. 하지만 이미 코로나19 이전부터 최저임금의 급격한 인상으로 자영업자들은 비용절감을 위한 대책 중 하나로 디지털 전환을 단행하고 있었습니다. 즉, 코로나19 이전에는 체감을 하지 못하다가 코로나19 이후로 디지털 전환이 확대되면서 이제는 누구나 체감할 수 있을 정도가 된 것입니다.

슈퍼나 마트, 그리고 각종 소매점을 방문해 보면 계산원이 사라지고 셀프 계산대만 있는 매장을 흔하게 보실 수 있을 겁니다. 사실 셀프 계산대는 이미 10여 년 전부터 일부 매장에서 선보이기 시작했고 그때나 지금이나 시스템의 큰 변화는 없습니다. 다만 달라진 게 있다면 그때는 셀프 계산대가 있더라도 계산원이 더 많았다면 지금은 아예 셀프 계산대만 설치되어 있는 매장도 많이 늘어나고 있다는 것입니다. 그리고 코로나19 이전까지는 무인매장이라고 해 봐야 코인노래방이나 코인빨래방 정도가 전부였고 편의점들도 시범적으로 일부 매장에서만 적용되었지만 최근 들어 야간에는 무인매장으로 전환되는 편의점도 늘어나고 있고 24시간 운영되는 무인카페부터 아이스크림 할인점이나 밀키트 판매점은 곳곳에서 쉽게 발견될 정도입니다. 이처럼 점차 무인화 되는 매장들뿐만 아니라 식당이나 카페, 패스트푸드점 등에서도 주문을 받던 종업원은 사라지고 이제 키오스크가 당연한 세상이 되었으며, 식당에서 서빙로봇을 만나는 일은 더 이상 놀랍지도 않습니다. 일부 식당 중에는 매장에 들어가서 주문을 하고 음식을 먹고 나올 때까지 사람을 만날 일이 전혀 없는 곳도 있을 정도니 말입니다. 동네 영화관은 어떤가요? CGV, 롯데시네마, 메가박스 등의 영화관들은 키오스크를 활용한 셀프 발권을 확대했고 최근에는 '자율 입장 제도'를 도입해 검표 작업까지 생략하고 있습니다. 이제는 영화관 역시 티켓을 구입하고 영화를 관람한 뒤 극장을 나설 때까지 영화관 직원을 마주칠 일은 거의 없고 그나마 팝콘, 음료 코너에 가면 한두 명 정도의 직원들을 볼 수는 있지만 이 또한 언제 무인화될지 모를 일입니다. 어르신들이나 이러한 시스템에 익숙하지 않은 사람들에겐 다소 불편할 수도 있겠지만 생산성과 편리함을 추구하는 자본주의 사회에서 다시 과거의 시스템으로 돌아갈 일은 없을 것 같습니다.

스마트 메뉴판 및 주문기기

국내 외식산업에서도 디지털 전환은 빠르게 진행되고 있는데 피자브랜드 '고피자GOPIZZA'는 AI, 로봇 등 푸드 테크 기술을 활용해 차별화된 스마트 화덕을 개발했습니다. 보통 화덕은 불이 한쪽 면에만 있어 피자를 골고루 익히기 위해서는 사람이 직접 화덕 안에 있는 피자를 돌려 줘야 했는데 이러한 문제를 해결하기 위해 고피자는 자동으로 회전하면서 온도를 조절하는 화덕인 '고븐GOVEN'을 개발했습니다. 뿐만 아니라 각 매장의 피자품질에 차이가 나는 문제를 해결하기 위해 피자가 고객에게 나가기 전 AI가 한 차례 품질을 검수해 사람의 힘을 빌리지 않고 일정한 품질을 유지하도록 하고 있습니다. 이를 위해 고피자는 2020년 머신러닝 연구원을 영입하고 미래기술연구소를 설립하는 등 많은 투자를 단행했고, 아이디어에서 시작했던 제품 품질 감독용 AI 카메라뿐 아니라 도우를 자르는 로봇 팔 등 다양한 솔루션을 개발함으로써 최소한의 인력으로도 매장을 운영할 수 있는 시스템을 구축하게 되었습니다. 그야말로 피자매장의 환골탈태가 아닐 수 없습니다.

고피자 외에도 스타트업 로보아르테는 로봇이 튀기는 치킨점인 '롸버트 치킨'이라는 브랜드 사업을 펼치고 있는데 롸버트 치킨은 현재 서울 강남권을 중심으로 7개 지점과 최근 오픈한 성수 가맹점까지 총 8개 점포를 보유하고 있습니다. 175도의 기름에서 닭을 튀기는 힘든 노동을 로봇이 대신해 준다는 장점 덕분에 인력 효율성이 매우 좋고 배달 위주 가맹점으로 1인 창업을 할 수 있어 가맹점 문의가 늘어나고 있습니다. 뿐만 아니라 CJ푸드빌의 빕스 프리미어 목동41타워점은 총 다섯 대의 로봇을 사용하고 있는데, 네 대는 손님 안내와 서빙, 퇴식을 담당하고 한 대는 쌀국수와 우동을 조리하는 역할을 맡고 있습니다. 이곳은 1,110㎡$^{약 336평}$ 규모의 초대형 매장으로, 로봇이 도입되기 전에는 근무하는 직원의 스마트 워치에 하루 3만 보가 찍힐 정도로 온종일 바삐 움직여야 했지만 최근에는 하루 1만 5,000보로 이동이 절반이나 줄었다고 합니다. 오랜 시간 서 있어야 하고 뜨거운 열기 때문에 직원들이 기피하던 '우동 · 쌀국수 코너'도 이제는 고객이 재료를 그릇에 담아 조리 공간에 올리면 로봇이 가져가 1분 30초 만에 요리를 완성해 냅니다. 물론 쌀국수의 맛은 그대로입니다.

롸버트 치킨의 치킨로봇(출처 : 구글 이미지)

이렇게 생활 속 곳곳에서 무인화되는 모습들을 보면서 기존에 일하던 종업원들이 걱정하는 이도 있으리라 생각됩니다. 물론 디지털 전환으로 사라지는 일자리가 꽤 많을 겁니다. 하지만 분명한 것은 무인화된다고 해도 여전히 사람의 도움은 필요하며 보통 사람을 대신해 일하는 시스템과 로봇들이 하는 일은 대부분 우리가 하기 싫고 힘들어하는 일이라는 사실입니다. 치킨집에서 제일 힘든 일은 아마도 뜨거운 기름 앞에서 한 여름에도 화상을 입어 가면서 치킨을 튀기는 일일 겁니다. 이 일을 로봇이 대신해 준다면 이제 사람은 튀기는 일 대신 맛있는 레시피를 연구하고 고객을 위한 마케팅과 서비스를 고민하는 등 단순 반복적인 일이 아닌 새로운 생각을 요하는 창의적인 일에 집중할 수 있을 겁니다. 또한 식당에서 로봇이 서빙을 대신해 준다면 사람은 무거운 음식을 들고 나르는 대신 고객이 필요한 것은 없는지 좀 더 세심하게 살피며 서비스 만족도를 높일 수도 있습니다. 앞으로 여러분의 생활 주변에서 디지털 전환은 멈추지 않고 계속 확대되겠지만, 기계가 인간의 일자리를 뺏는다는 생각에 불편해 하기 보다는 앞으로 인간이 보다 창의적이고 가치 있는 일에 몰두할 수 있는 미래를 상상해 보기 바랍니다.

설립된 지 100년이 넘은 세계적인 제조기업인 제너럴 일렉트릭^{GE}의 전 CEO인 제프 이멜트^{Jeff Immelt}는 어느 날 직원들에게 "어제까지는 제조산업 기반의 회사였지만 이제는 데이터 및 분석회사로 거듭나야 한다"라고 말하며 "내가 회사에 들어왔을 때와 지금은 완전히 다른 세상이다. 신입사원은 영업이든 재무든 어느 부서에 배치를 받든 (컴퓨터) 코딩을 배워야 한다. 모든 직원이 프로그래머가 돼야 한다는 얘기는 아니다. 이제는 어느 일을 하든 소프트웨어를 알아야 하기 때문이다"라고 강조하기도 했습니다. 이러한 상황은 제조산업에만 국한된 것이 아니라 유통산업, 금융산업, 농축산업, 헬스케어산업, 교육산업, 공공행정산업 등 현존하는 모든 산업 역시 마찬가지일 것입니다. 이제 해당 산업에서 필요로 하는 역량은 기본이고 디지털 전환의 시대에 요구되는 디지털 리터러시를 키우기 위해 조직과 개인 모두 끊임없이 리스킬링^{Reskilling}과 업스킬링^{Upskilling}을 해 나가야 합니다. 디지털 전환은 다가올 미래가 아닌 이미 시작된 미래입니다.

04

진짜 사무 자동화, RPA

3차 산업혁명으로 공장의 자동화뿐만 아니라 사무 자동화의 시대도 열렸는데 흔히 사무 자동화, OA^{Office Automation}라고 하면 다양한 기능을 갖춘 컴퓨터, 팩시밀리, 워드프로세서, 복사기 등 사무기기 및 소프트웨어, 인터넷을 활용해 기존의 사무업무를 한층 간편하고 편리하게 만들어 주는 것을 뜻합니다. 제가 대학을 다니던 1990년대, 2000년대만 해도 취준생들이 사무 자동화 능력을 높이기 위해 꼭 취득해야 했던 자격증이 워드프로세서와 컴퓨터 활용 능력이었습니다. 그런데 사무 자동화 시대가 되면서 각종 사무기기와 소프트웨어들 덕분에 직접 전표를 작성하고 종이로 보고서를 작성하던 시절보다는 사무업무가 간편하고 편리해졌습니다. 하지만 여전히 사무업무와 관련된 대부분의 노동은 사람이 하고 있죠. 아무리 컴퓨터와 인터넷, 각종 시스템이 있다고 해도 자료를 검색하고 수집해서 보고서 및 기획서를 작성하고 각종 내부 시스템에 입력하는 업무 등 사람의 손을 거치지 않고 할 수 있는 사무업무는 거의 없습니다. 그래서 3차 산업혁명 이후가 과연 진짜 사무 자동화 시대였는지는 생각해 볼 필요가 있을 것 같습니다. 하지만 4차 산업혁명 시대는 드디어 진짜 사무 자동화가 가능해지고 있습니다. 바로 RPA^{Robotic Process Automation} 덕분입니다.

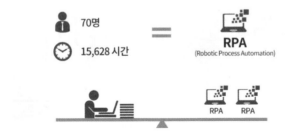

RPA 도입 주요 효과(출처 : 현대카드)

RPA는 '로봇 업무 자동화'로 표현하기도 하며 각종 데이터의 수집, 입력, 비교 등 단순하고 반복적으로 처리해야 하는 업무를 기계가 자동으로 할 수 있도록 프로세스를 자동화하여 비용과 시간을 대폭 줄이고 생산성을 높이는 업무 혁신기술입니다. 하지만 RPA가 로봇 업무 자동화라고 해서 우리가 흔히 머릿속에 떠올리는 공장의 로봇이나 만화 속에서 보던 로봇을 의미하는 것은 아니며 RPA는 하드웨어가 아닌 소프트웨어입니다. 참고로 로봇^{Robot}은 체코어 Robota$^{일하다, 노동하다}$의 명사형으로 '강제노동' 또는 '노예'라는 의미임을 감안하면 하드웨어든 소프트웨어든 사람의 노동을 대신해 주는 모든 기술적 수단은 로봇이라고 볼 수 있습니다. 그래서 RPA는 소프트웨어지만 로봇의 개념이 들어가 있고 이제 RPA를 이용하면 사람이 직접 하고 있는 명확하고 규칙적이며 단순 반복적인 사무업무를 로봇 같은 사무 자동화 프로그램에게 맡길 수가 있습니다. 그렇다면 이러한 RPA는 어떻게 활용할 수 있을까요?

일단 RPA 역시 사무 자동화 프로그램이기 때문에 기존 오피스 프로그램을 이용하는 것처럼 소프트웨어 상품을 구입해서 활용해야 합니다. 물론 직장에서는 조직 차원에서 구입해 사용하면 되지만 개인이 이용하기 위해서는 비용이 든다는 단점이 있습니다. 그러나 희망하는 기간에만 요금을 지불하는 구독방식이므로 크게 부담되지는 않을 겁니다. 그리고 대부분의 RPA 서비스들이 한 달 정도는 무료로 체험해 볼 수 있게 되어 있으니 사용해 본 후 서비스이용을 결정해도 됩니다. 대표적인 국내외 RPA 서비스로는 외국계인 UiPath^{루마니아}, BluePrism^{영국}, MS Automate^{미국} 등이 있고 국내 기업으로는 Brity RPA^{삼성SDS}, 에이웍스^{포스코ICT} 등이 있습니다. 그러면 구입한 RPA 프로그램을 이용해서 어떻게 사무업무를 자동화할 수 있을까요? 일반적인 오피스 프로그램에 보면 '매크로'라는 기능이 있는데, 이 기능은 한글이나 엑셀 같은 프로그램 내에서 동일한 작업을 반복적으로 수행할 때 작업자의 수고를 덜기 위해서 녹화 기능을 이용해 편집, 입력, 서식 등의 업무를 일부 자동화하는 기능입니다. 이 '매크로' 기능은 원래 하나의 프로그램 내에서만 가능한데 RPA는 여러 프로그램을 넘나들면서 하는 반복 작업에 대해서도 매크로 기능을 적용할 수 있다고 생각하면 됩니다.

예전에 제가 직장에 다닐 때 전략기획실에서 매일 아침 반복적으로 했던 업무 중 하나가 최신 유통산업 트렌드 뉴스기사를 모아서 엑셀로 정리하고 인터넷 기사 링크를 연결한 후 해당 파일을 팀장 및 임원들에게 이메일로 발송하는 일이었습니다. 당시엔 이 모든 작업을 직접 다 해야 했기에 최소 30분 정도는 걸렸는데 최근에 직접 RPA를 배워 동일한 작업을 시켜 보니 30초도 걸리지 않았습니다. 물론 이렇게 업무를 자동화하기 위해서는 RPA를 활용해 제가 하던 업무를 가르치는 과정이 필요하지만 이 또한 프로그램 사용법을 숙지하면 10분이면 가능합니다. 개인적으로 제가 직장생활을 할 때 이런 기술이 없었다는 것이 아쉬울 뿐입니다. 그러나 아무리 좋은 도구가 있어도 적극적으로 활용하지 않는다면 달라지는 것은 없을 것입니다. 다행히 RPA는 이용자가 직접 코딩을 하는 것이 아니라 이미 프로그램 내에 사용자가 자주 활용할 만한 기능들을 블록처럼 만들어 두었으므로 사용자는 원하는 기능들을 업무 순서에 맞춰서 알고리즘을 짜 주기만 하면 됩니다. 예를 들어 앞에서 제가 했던 업무를 RPA에게 가르쳐서 시키고 싶다면 프로그램 내에서 '포털사이트 열기 → 원하는 키워드 검색하기 → 헤드라인과 링크주소 복사하기 → 엑셀 프로그램 열기 → 복사한 내용 엑셀에 정리하기 → 정리한 엑셀파일 저장하기 → 이메일 프로그램 열기 → ○○에게 저장한 파일 첨부해서 내일 아침 8시에 메일 발송하기'와 같은 순으로 알고리즘을 짜 주고 이를 녹화해서 저장한 후 원하는 시간에 이 업무를 하도록 예약을 걸어 두면 매일 직접 하던 일을 이제 RPA가 알아서 처리해 주는 것입니다. 이처럼 RPA로 대체되고 있는 사무업무 사례들은 기업, 공공기관 할 것 없이 빠르게 늘어나고 있습니다.

고객사	주요 내용
금융	– 비대면 계좌 개설 승인 및 거부 처리 자동화 – 신분증 진위 여부 판단 자동화 – 외부 사이트에서 신용등급 조회 및 엑셀 보고서 작성 자동화 – 펀드 매매 기준 데이터 시스템 업로드 자동화 – 투자 분석 정보 취합, 분석 및 보고서 작성 업무 자동화 – 전자 공시 정보 조회 및 DART 편집기 또는 엑셀 보고서 작성 자동화 – 카드 발급 승인 및 거부 처리 자동화 – 다량의 고객 등기우편 발송 결과 정보 취합 및 시스템 등록 자동화 – 법인카드 · 출장비 · 매입 세금계산서 처리 자동화
제조	– 자재 · 생산관리를 위한 물자표(BOM) 데이터 조회 및 ERP 입력 자동화 – 물품 대금 및 작업비 청구서 프로세스 자동화 – 재고 및 순출고 금액 확인 업무 자동화 – 판매코드 기준 데이터 집계 자동화 – 중간관리자 수수료 계산서 승인 요청 업무 자동화 – 선적 문서 데이터 조회 및 ERP 입력 자동화 – 법인카드 · 출장비 · 매입 세금계산서 처리 자동화
유통	– 재고관리 입력 및 승인 프로세스 자동화 – POS 데이터 입력 · 작업 · 보고 프로세스 자동화 – 제품 수출입 선적 서류 처리 자동화 – 월 마감 업무 처리 자동화 – 법인카드 · 출장비 · 매입 세금계산서 처리 자동화

RPA 적용 사례(출처 : 월간기술동향)

농협중앙회는 2022년 2월 농축협 RPA포털을 오픈한 이래 44개 자동화
과제를 선정하고 사용자 친화적인 인터페이스를 적용하여 현장의 업무효율
성을 제고하였으며, 2022년 5월말 기준 1,116개 농축협 중 87%인 971개
농축협에서 RPA포털을 사용하고 있습니다. 보험업계에서도 적극적으로
RPA을 도입해 왔는데 삼성생명은 도입 6개월 만에 총 50여 개 업무에 적용
해 아파트 담보대출 기준시가 조회 및 입력에 연 1천 800시간을, 콜센터 상

담사별 고객만족도 결과 전달에 연 1천 700시간을, 단체보험 추가가입에 1천 500시간을 줄여 연간 2만 4천 시간을 절약했습니다. 그 외에도 보고서 작성과 계약 관리, 전자문서 관리, 모니터링, 첨부서류 확인 및 서류 다운로드 등의 업무를 자동화하기도 했고, 은행, 카드사 같은 금융권에서도 여신관리, 외환업무와 카드 가맹점 계좌검증, 비대면 카드심사, 가입자 휴폐업 정보조회 등의 업무를 자동화했습니다. 공공기관 역시 최근 RPA 도입이 활발한데 2022년 5월 기준 전국 52곳, 공공기관 265곳에서 RPA를 활용해 업무처리를 자동화하고 있습니다. 대표적인 예로 출장영수증 정산업무, 예산사업 자료취합 및 정리업무, 신고/허가/설치 심의업무, 차량정기점검 안내업무 등이 있습니다. 이처럼 사무업무 자동화를 시도하는 공공행정업무는 앞으로 더욱 늘어날 수밖에 없습니다. 이미 2020년 정부혁신 종합 추진계획에서는 RPA 도입을 통해 단순 반복업무 비중 감소를 통한 구성원 만족도 제고 및 업무효율성 증진은 물론이고 이를 통해 기획, 서비스 등 창의적이고 고부가가치 업무에 인간은 더욱 집중하도록 하겠다는 미래비전을 제시하기도 했습니다.

특히 은행, 보험, 카드 등 금융권과 공공기관의 RPA 도입이 다른 곳보다 빠르게 적용되는 이유는 특성상 업무가 매뉴얼화 되어 있고 규칙이 명확하며 단순 반복적인 업무가 많은 업종이기 때문입니다. 그리고 RPA는 업무담당자가 어떤 업무를 자동화하면 본인만 사용하는 것이 아니라 해당 알고리즘을 탬플릿처럼 활용해서 동일한 업무를 하는 담당자가 바로 활용하거나 유사한 업무를 하는 담당자가 알고리즘을 다소 변형해 최대한 빠르게 활용할 수 있습니다. 그래서 산업이 서로 다르거나 업종이 달라도 이미 누군가가 개발한 RPA 알고리즘이 있다면 마치 기존에 파워포인트에서 제공하는 디자인 템플릿 등을 이용하듯이 이미 나와 있는 다양한 RPA 업무자동화 템플릿을 활용하면 손쉽게 자신의 업무를 자동화할 수가 있습니다. RPA는 한글, 파워포인트, 엑셀, 인터넷을 활용할 수 있는 정도면 누구나 배워서 활용할 수 있으니 새로운 기술에 대해 너무 두려워할 필요는 없습니다. 여러분이 두려워해야 하는 것은 공장 노동자들의 단순 반복적인 육체노동이 인공지능, 로봇 등의 기술로 대체되듯이 사무직 근로자들도 창의적인 사고 없이 단순 반복적이고 그저 기계적으로 하고 있는 일에 한해서는 앞으로 소프트웨어에 의해 대체될 수도 있다는 사실입니다. 다만 RPA가 모든 일을 대체하는 건 아니므로 적극적으로 업무에 활용한다면 업무생산성을 극대화할 수 있을 것입니다.

05

RPA 시대,
미래인재의 조건

RPA를 처음 접하거나 앞에서 언급한 사례들을 보고도 RPA가 어떻게 사무업무를 자동화해 준다는 건지 아직도 믿기지 않는 사람은 지금 바로 유튜브에 검색해 보기 바랍니다. 수많은 사례들을 직접 확인할 수 있으며 각종 RPA 프로그램 사용법도 무료로 학습할 수 있습니다. 그럼 이쯤에서 여러분들은 앞으로 RPA가 더욱 고도화되면 훨씬 많은 사무업무를 대체할 수도 있기에 걱정할 수도 있을 겁니다. 실제로 RPA 서비스기업인 유아이패스 창업자 겸 CEO인 다니엘 디네스Daniel Dines는 이렇게 말했습니다.

"로봇사원은 하루가 다르게 발전하고 있습니다.
조만간 사람처럼 업무를 이해하고 처리할 수 있게 될 겁니다"

디네스 CEO는 사람의 업무 과정과 이를 모방하려는 로봇사원 사이의 간극을 최대한 좁히기 위해 '시맨틱 오토메이션Semantic Automation'에 주목하고 있다고 말하며, "인공지능을 RPA 플랫폼에 광범위하게 적용하는 접근 방식을 시맨틱 오토메이션이라고 부른다"며 "시맨틱 오토메이션을 적용하면 로봇사원에 데이터를 이해할 수 있는 능력을 주는 것과 같다"라고 말했습니다. 이는 현재의 로봇사원인 RPA는 이른바 '백지상태'에서 사람의 명령어에 의존해 시키는 일만 하지만, 앞으로는 사람처럼 데이터를 다루면서 스스로 판단해 업무를 해낼 수 있게 된다는 의미입니다. 예를 들어 로봇사원에게 송장 업무를 한 번 가르쳐주면 다른 형태의 송장이 와도 고객 이름, 가격, 제품 수량 등 정보를 활용해 빈칸을 입력하는 등 사람처럼 처리할 수 있을 거라는 겁니다. 서당개 삼 년이면 풍월을 읊는 것처럼 말입니다.

하지만 걱정할 필요는 없습니다. 앞에서 말했듯이 RPA가 대신하는 일은 우리가 기계적으로 하는 일들일 뿐 기계가 대신할 수 없는 업무는 여전히 인간을 필요로 할 것입니다. 대신 앞으로 인간은 기계가 할 수 없는 업무를 더 잘해야 하겠죠. 디네스 CEO 역시 RPA가 근로자에게 필수품이 될 것으로 전망하면서도 "반복적인 업무를 자동화하면 창의적인 일에 집중하거나 사람들과 협업하며 성과를 올릴 수 있다" 그리고 "일하는 방식에서 획기적인 혁신이 일어날 것이며 많은 근로자가 로봇사원의 슈퍼바이저(관리자)가 될 것"이라고 설명했습니다. 변화가 일어날 때는 분명 미래의 위기와 기회가 상존하기 마련입니다. 이때 변화를 제대로 활용하는 사람은 위기를 걱정하며 미래를 부정적으로만 보는 사람이 아니라 기회에 더욱 집중하며 남들보다 먼저 준비를 하는 사람입니다. 부디 여러분은 위기가 아닌 기회에 집중하기 바랍니다.

그렇다면 RPA를 활용한 진짜 사무 자동화 시대의 인간에게 요구되는 미래인재의 조건은 무엇일까요? 바로 학습, 질문, 실험, 협업 이 네 가지 역량입니다. 모두 기계가 대신할 수 없는 창의적인 기획업무나 연구개발, 협상, 영업 등의 업무에 반드시 필요한 역량들입니다. 그런데 여러분은 학습, 질문, 실험, 협업을 좋아하나요? 그리고 자신 있게 나는 이러한 역량이 뛰어나다고 스스로 말할 수 있나요? 그럼 창의적인 일을 잘하기 위해서는 왜 이런 네 가지 역량이 중요한 걸까요? 아무래도 단순 반복적인 업무는 상황이 크게 바뀔 일이 없고 그냥 때가 되면 빠르고 실수 없이 할 수 있으면 되는 일들입니다. 하지만 기획, 연구개발, 협상, 영업 등과 같은 업무는 세상이 변함에 따라, 그리고 상대하는 사람이 변함에 따라 각각의 상황에 맞게 해 나가야 하기 때문에 늘 똑같이 반복해서 하는 일이 거의 없습니다. 상황에 맞게 일을 하기 위해서는 변화하는 세상의 상황이든 그때그때 현장의 상황이든 관찰과 학습을 통해 기존과는 다른 질문, 가설, 예측, 상상을 통해 각 상황에 맞는 아이디어가 필요합니다. 기존에 하던 방식이 아니니 어떻게 보면 이러한 일들은 모두 해 봐야 결과를 알 수 있는 실험과도 같은 일입니다. 협업 역량이 중요한 이유는 단순 반복적인 일은 누구의 도움 없이도 스스로 할 수 있는 일이지만 기획, 연구개발, 협상, 영업 등의 업무는 그때그때 원하는 결과물을 도출하기 위해서 다른 누군가의 도움이 필요할 수도 있는 일이기 때문입니다. 그리고 반드시 RPA 때문이 아니라도 디지털 전환의 시대에 발전하는 다양한 기술들을 활용해서 스마트하게 문제를 해결해 나가기 위해서는 새로운 학습을 통해 지식과 정보, 경험을 업데이트해야 합니다. 점점 변화가 빨라지는 세상 속에서 끊임없는 평생학습을 통한 새로운 질문과 새로운 실험이 일어나지 않는다면 개인도 조직도 도태될 뿐입니다. 또한 이제는 이과·문과 어느 한쪽의 역량만으로 세상을 이해하고 문제를 해결할 수 없는 복잡성 시대이므로 내가 부족하다면 언제든지 타인 또는 타 조직과 협업을 할 수도 있어야 합니다.

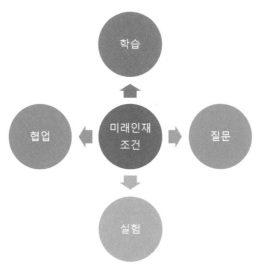

RPA 시대 미래인재의 조건

    다행인 것은 인간이 학습, 질문, 실험, 협업이라는 네 가지를 원래부터 싫어하거나 못하는 것이 아니라 오랫동안 자본주의 사회의 산업주의 시스템에 의해 분업화되고 기계적으로 하는 일을 반복하면서 이런 역량을 키울 기회가 적었을 뿐이라는 것입니다. 제 말이 틀린지 맞는지는 어린 아이들을 보면 알 수 있는데 자녀가 있다면 아마도 더 공감하지 않을까 생각됩니다. 저 역시 결혼을 하고 아이를 키우고 있습니다만 어린 아이들은 학교에 들어가기 전까지는 호기심이 참 많습니다. 호기심이 많다는 것은 뭔가 새로운 것을 접하고 배우고 학습하는 것을 즐긴다는 것입니다. 하지만 학교에 입학을 하면서부터 챗바퀴처럼 반복되는 학교와 학원 그리고 문제풀이와 시험의 연속으로 그렇게 좋았던 학습은 점점 스트레스가 되고 억지로 하게 되는 경향이 있습니다. 그렇게 힘들게 공부해서 대학을 가고 취업을 하고 나면 이제 지긋지긋한 공부에서 벗어나고 싶어질 테니 점점 학습과는 멀어지게 됩니다. 하지만 어릴 때부터 억지로 공부를 하고 학습을 강요당한 이들과 달리 호기심을 유지하면서 수동적인 학습이 아닌 자기주도학습을 해 온 사람들은 성인이 되어서도 학습의 즐거움을 잃지 않고 평생학습을 게을리하지 않을 가능성이 높습니다. 결국 인간이 학습을 싫어하는 것이 아니라 환경이 그렇게 만든 것인지도 모릅니다.

　그렇다면 질문은 어떨까요? 어린 아이들은 모르는 게 많으니 질문이 많을 수밖에 없습니다. 아이를 키우다 보면 쏟아지는 질문에 가끔은 지칠 때도 있지만 그렇다고 아이의 질문에 핀잔을 주거나 부정적인 반응을 보이면 과연 그 아이는 계속 편하게 질문을 할 수 있을까요? 직장에서도 열정 넘치는 신입사원들이 회의시간에 질문도 많이 하고 의견도 적극적으로 내지만 조직 분위기가 그런 질문을 환영하지 않는 분위기라면 점점 신입사원들도 질문하지 않는 평범한 사원이 되기 마련입니다. 이처럼 인간이 질문을 싫어하거나 못하는 것이 아니라 질문을 할 수 없게 만드는 환경이 문제일지도 모릅니다. 그리고 아이들은 자라면서 끊임없이 새로운 상황에 맞닥뜨리고 새로운 경험을 하기 때문에 질문이 많을 수 밖에 없지만 이미 어느 정도 학습된 성인들은 지속적인 새로운 지식과 정보, 그리고 경험을 하지 않으면 질문이 나오기 어려울 수밖에 없습니다. 질문이란 기존에 알고 있는 사실과 충돌되는 새로운 사실이 뇌에 들어왔을 때 생기기 때문입니다. 그래서 새롭고 창의적인 질문을 위해서라도 평생학습과 새로운 경험이 반드시 필요한 것입니다.

　실험 역시 마찬가지입니다. 어린 아이들이 부모님 없을 때 실험을 하다가 수많은 사고를 치기도 합니다. 그럴 수밖에 없는 것이 아이들이라면 새로운 학습을 통해 떠오르는 질문의 답을 어른들에게 물어볼 수도 있겠지만 직접 실험을 통해 결과를 확인하고 싶을 때도 있기 때문입니다. 아이들이 실험을 하는 것에 대해 부모들은 뒤처리하느라 피곤해진다는 이유로 아이들의 실험을 통제하고 혼내기 시작하면 아이의 실험정신 역시 점점 사라질지도 모릅니다. 학교나 조직에서도 남들과 다른 생각으로 튀는 행동을 하거나 기존 틀에서 벗어나는 생각을 하는 사람들을 아웃사이더^{Outsider} 또는 아싸라고 하죠. 비록 사람들은 대중적인 인싸가 되고 싶어 하지만 세상을 바꾸는 건 주로 수많은 인싸가 아니라 소수의 아싸라는 사실입니다. 실험 역시 실험정신이 뛰어날수록 주변으로부터 통제받는 환경이 문제 아닐까요? 세상은 늘 새로운 학습과 질문을 통해 실험에 도전하는 누군가가 있기에 발전해 나가지만 기존의 방식과 시스템으로 이득을 보는 이들과 기존의 방식과 시스템을 고수하고자 하는 이들이 실험정신이 뛰어난 이들을 어떻게든 막으려고 한다면 더 나은 미래는 그만큼 늦어질 뿐입니다. 개인용 PC도, 스마트폰도 스티브 잡스의 실험정신이 없었다면 불가능했을 것이고, 테슬라의 전기자동차도, 아마존의 온라인쇼핑도 창업자의 실험정신이 만들어 낸 변화와 혁신임에 틀림없습니다.

마지막으로 협업의 경우에도 어린 아이들은 놀이터나 낯선 장소에서 모르는 아이들을 만나도 쉽게 친해지고 서로 다투더라도 금방 잊어버리고 사이좋게 지내곤 합니다. 그리고 놀다가 혼자서 해결하기 힘든 일이 있을 때 서로 협동해서 어른들 도움 없이도 알아서 해결할 때도 많습니다. 하지만 경쟁이 치열한 교육시스템 속에서 커 가면서 협업을 배울 수 있는 기회는 점점 줄어드는 것은 아닐까요? 물론 예전보다 학교가 많이 달라졌다고는 하지만 여전히 대입중심의 교육시스템 속에서 크게 달라진 건 없는 것 같습니다. 그리고 사회에 나가 조직생활을 하면서도 분업이 확실한 시스템 속에서 각자의 성과만 생각하다 보면 협업이 쉽지 않은 경우가 많습니다. 그래도 최근에는 융합

교육을 위해 대학에서는 학제 간 벽을 없애기도 하고 기업에서도 수평적 조직을 외치며 협업의 중요성을 강조하며 정부에서는 정부3.0이라는 이름하에 각 부처의 공공데이터를 개방하고 공유하고 있습니다. 하지만 여전히 학과 이기주의, 부서 이기주의, 부처 이기주의로 인해 협업이 어려운 경우도 적지 않습니다. 물론 모든 사람들이 그렇다는 것은 아니지만 어쨌든 인간의 협업 능력 역시 각자의 이익을 더욱 중요시하는 환경에 의해 점점 도태되어 가는 것이지 원래부터 싫어하거나 못하는 것은 아니라는 것입니다.

인간의 타고난 능력인 학습, 질문, 실험, 협업 능력을 4차 산업혁명과 디지털 전환의 시대 그리고 RPA의 시대에 다시 회복하는 것은 시간문제이자 의지의 문제입니다. 어쩌면 피할 수 없는 과제일지도 모르겠습니다. 점점 발전하는 기술을 보면 인간이 해야 할 일은 더욱 명확해지고 있으며 기계보다 더 잘 할 수 있는 일 역시 무엇인지 확실해지고 있으니까요. 누구나 할 수 있는 능력으로는 차별화할 수 없습니다. 남들이 하기 힘들어 하고 어려워하는 일을 할 수 있어야 생존할 수 있는 법입니다. 이제 미래는 인간과 인간의 대결을 넘어 인간과 기계와의 대결이 시작되는 만큼 기계가 할 수 없는 인간만의 차별화된 능력인 학습, 질문, 실험, 협업의 본능을 깨워야 할 때입니다.

06

AI 시대,
스마트워크의 기술

4차 산업혁명은 궁극적으로 인공지능[AI] 기술을 기반으로 하는 지능화된 생산성 혁명으로 우리가 사용하고 있는 스마트폰 또는 각종 가전에도 이미 이러한 인공지능 기술은 대부분 적용되어 있습니다. 그러나 사실 내가 사용하고 있는 서비스가 인공지능 서비스인지도 모르고 그냥 편하니까 사용하는 경우도 많습니다. 인공지능의 사전적 정의를 살펴보면 AI[Artifcial Intelligence] 즉, 인공지능[人工知能]이란 일반적으로 인간의 학습능력, 추론능력, 지각능력이 필요한 작업을 할 수 있도록 컴퓨터시스템을 구현하려는 컴퓨터과학의 세부분야 중 하나입니다. 인간의 지능을 닮은 인공지능은 디지털화된 빅데이터를 머신러닝, 딥러닝과 같은 기술을 활용해 학습한 후 각종 시스템에 탑재되어 현실세계의 실시간 데이터를 스스로 인지하고 분석하거나 미래를 예측하기도 합니다. 이를 통해 원래는 직접 인간이 해야 할 일을 대체하거나 의사결정에 도움을 주기도 하고 일부 영역에서는 인공지능이 스스로 의사결정을 통해 로봇 또는 시스템에 명령을 내려 일을 시키기도 합니다. 예를 들면 자율주행차, 스마트팜, 스마트공장 등이 가능한 것도 바로 이러한 인공지능 기술 덕분입니다.

최근에는 인공지능 기술이 산업현장뿐만 아니라 개인의 업무를 위한 스마트워크 도구로도 적극적으로 활용되고 있습니다. 3차 산업혁명 시대에 사용되었던 컴퓨터, 인터넷, 오피스프로그램 그리고 앞에서 언급한 RPA 등과 달리 4차 산업혁명 시대에 AI를 적용한 스마트워크 서비스들에는 어떤 것들이 있는지 알아 두면 유용한 툴들을 지금부터 몇 가지 소개하겠습니다.

① 명함관리

비즈니스의 기본 중 하나인 명함관리의 가장 대표적인 서비스인 '리멤버' 앱을 추천합니다. 리멤버는 명함을 받은 후 스캔을 하면 인공지능이 자동으로 문자를 인식해서 앱에 저장을 해 주고 상대방에게 전화가 오면 저장된 명함을 화면에 띄워서 누구인지 알려 주기도 합니다. 서비스 이용은 무료이며 최근에는 경력 채용 비즈니스 플랫폼인 '리멤버 커리어'도 출시했는데 기업 인사 담당자나 헤드헌터가 직접 인재를 찾고 스카우트 제안을 보낼 수 있는 서비스로 검색 및 인공지능을 활용해 기업에 맞는 최적의 인재를 추천해 주기도 합니다. 이처럼 리멤버는 단순한 명함관리 앱을 넘어 개인의 커리어관리를 도와주는 지능형 비서이기도 한 셈이니 적극적으로 활용해 보기 바랍니다.

명함관리앱 '리멤버'

② 회의기록

요즘 직장인들 사이에서 없어서는 안 될 서비스 중 하나가 바로 인공지능을 활용해 음성녹음파일을 텍스트로 변환 및 요약해 주는 서비스들입니다. 대표적인 서비스로는 네이버의 클로바노트가 있으며, 비토[VITO], 다글로[Daglo], 오터[Otter] 등의 서비스도 있습니다. 이 서비스들은 인공지능 음성인식 기술을 이용해 회의내용을 녹음하면 텍스트로 변환은 물론이고 요약까지 해 주는데 회의뿐만 아니라 전화통화 녹음파일도 가능합니다. 코로나19 팬데믹 이후 영상 회의와 전화 업무가 늘어나면서 직장인들 사이에서는 '내 삶에 가장 도움 되는 AI'라는 말이 나올 정도로 유용한 서비스들입니다. 꼭 업무를 위해서가 아니라 강의나 세미나 등도 녹음 후 텍스트로 변환해서 노트정리에 활용할 수도 있어서 좋습니다.

네이버의 '클로바노트'

최대 녹음시간은 180분으로 장시간 회의를 하지 않는 한 어떤 회의라도 끊김 없이 녹음이 가능하며 네이버 계정만 있으면 사용할 수 있는 무료앱입니다. 그리고 음성녹음 중 북마크 기능이 있어서 회의 중간에도 중요한 포인트 또는 기억해야 하는 순간을 표시해 둘 수 있어서 좋은데, 이 기능은 텍스트 변환 이후에도 그대로 유지되므로 회의록 작성 시 중요한 내용을 기록하는데 도움이 됩니다. 현재 클로바노트에서 제공하는 음성인식 언어는 한국어, 한국어＋영어, 영어, 일본어, 중국어^{간체, 번체}입니다. 그리고 인식언어가 한국어로 변환된 노트에서는 AI요약 기능도 있어서 AI가 자동으로 대화 주제별로 문단을 나눠 주고 문단에서 중요한 내용을 요약해 줄뿐만 아니라 요약된 구간의 음성기록도 찾아 줘서 상세한 내용도 바로 확인이 가능합니다. AI 요약 기능은 매달 최대 10회까지 지원되고 횟수는 사용시간 갱신일에 같이 갱신됩니다. 요약된 내용은 편집할 수 있고, 요약내용을 모두 삭제하더라도 다시 불러올 수도 있으므로 앞으로 회의나 전화통화를 많이 하는 비즈니스맨들에게 AI 음성인식 서비스는 없어서는 안 될 스마트워크 도구가 아닐까 생각됩니다. 스마트폰이 나온 지 이제 10여 년이 지났지만 과거의 AI 음성인식 기술 수준과 비교를 하면 인식속도뿐만 아니라 정확도까지 일취월장했습니다. 이제 인간이 직접 회의내용을 메모하고 기록하는 일은 점차 사라질 수도 있습니다. 인간은 그 시간에 더 가치 있고 창의적인 일을 할 수 있을 테니 이러한 일은 기계에게 맡기는 것이 바람직합니다.

③ 교정업무

비즈니스를 위한 업무용 문서라면 탈고 작업이 매우 중요한데 특히 영어문서일 경우에는 매번 전문 업체에 맡길 수도 없고 직접 하기에는 시간이 많이 걸리는 작업입니다. 이럴 때는 인공지능을 활용한 문법 교정 및 문장 톤 추천 서비스인 Grammarly^{그래머리} 서비스가 유용합니다. 기본 서비스는 무료이며 그래머리를 사용하려면 앱을 설치하거나 그래머리 홈페이지에서 검사를 받는 방법이 있는데 크롬 브라우저 확장프로그램을 통해서도 웹브라우저 상에서 즉시 활용할 수 있어서 영어로 이메일을 쓸 때에 자동으로 문법이나 스펠링 체크와 적절한 표현들을 추천해 줘서 편리합니다. 유료 사용자들을 바탕으로 상당한 양의 빅데이터를 확보해 자연어 처리와 머신러닝을 고도화한 것이 특징이며 단순한 맞춤법 검사가 아닌 문장 및 스타일을 조합하는 형태로 영어 문장을 제시합니다. 유사한 국내 서비스로는 Wordvice^{워드바이스}가 있는데, 이 서비스는 1억 6,000만 건의 영문 빅데이터를 학습한 AI가 오탈자는 물론이고 잘못된 표현도 수정해 줍니다. 문법과 구두점을 자동으로 검사해 주고, 사용자에게 교정 사유도 알려 주는 친절한 서비스입니다. 또한 학술이나 기술적 분야에 특화된 교정이라면 크림슨 인터랙티브 코리의 Trinka^{트링카} 서비스가 있으니 참고하기 바랍니다.

영어 교정서비스 '그래머리'

④ 자동글쓰기

최근에는 원하는 내용이 무엇이든 글로 작성해 주는 인공지능 서비스도 등장했습니다. '노션 AI'가 대표적이며, AI를 사용해 블로그 게시물이나 문학 작품 또는 보도자료에 이르기까지 용도를 설명하면 이를 토대로 맞춤형 콘텐츠를 생성해 줍니다. 노션 AI는 최근 챗GPT로 화제가 되고 있는 오픈 AI의 대규모 언어모델 'GPT-3'을 기반으로 사용자가 작성하고자 하는 글을 설명하면, AI가 사용자의 요구에 따라 초안을 생성해 줍니다. 블로그, 소셜 미디어 게시물 회의 안건, 보도 자료, 브레인스토밍, 시 등을 생성할 수 있고, 작가의 연구 및 편집 프로세스도 가속화할 수 있습니다. 기사를 분석하고 요약해 중요한 요점과 조치 항목을 끌어낼 수 있으며 고급 맞춤법 및 문법 교정과 번역 기능도 갖췄습니다. 노션 AI가 제공하는 '빈 페이지', '블로그 게시물', '장·단점 목록', '개요', '할 일 목록', '회의 의제', '판매 이메일' 등 옵션 가운데 하나를 선택하면 '블로그 게시물은 무엇에 관한 것이어야 합니까?'라거나 '무엇에 대한 장·단점 목록을 만들고 싶습니까?'와 같은 질문을 합니다. 프롬프트에 원하는 내용을 입력하면 노션 AI가 생성한 글로 페이지를 채우기 시작하며 사용자가 만족하면 그것을 유지하고 그렇지 않은 경우에는 새 프롬프트를 시도하거나 재시도할 수 있습니다. 노션 AI 외에도 유사한 해외 서비스로는 재스퍼Jasper, 라이터Rytr가 있으며 국내에는 AI 콘텐츠 생성플랫폼인 뤼튼이 있습니다.

자동글쓰기서비스 노션 AI

⑤ 동영상 편집

이번에는 AI음성인식 기술을 활용해 편리하게 동영상 편집이 가능한 서비스 두 가지를 소개하겠습니다. 바로 클로바더빙과 브루^{Vrew}입니다. 먼저 클로바더빙은 클로바노트와 마찬가지로 네이버의 AI음성인식 기술이 적용된 무료 동영상 음성더빙 편집서비스입니다. 현재까지는 비영리목적이라면 누구나 무료로 사용이 가능하고 AI음성더빙을 위해 업로드 가능한 동영상은 최대 20분, 500MB까지만 가능합니다. 사용방법은 아주 간단합니다. 동영상을 업로드한 후 원하는 AI음성을 선택하고 원하는 구간에 텍스트를 입력하면 선택한 AI음성이 자동으로 더빙을 해주는 방식입니다. AI음성은 남·여 다양한 캐릭터의 음성이 지원되고 미리듣기를 통해 확인이 가능한 만큼 취향대로 고를 수 있습니다. 이러한 AI음성더빙 서비스는 촬영한 동영상에 직접 자신의 목소리를 넣는 것이 부담스럽거나 반복된 녹음으로 지친 이들에게 희소식일 수밖에 없습니다.

AI더빙 서비스 '클로바더빙'

클로바더빙이 텍스트를 음성더빙으로 변환해 주는 서비스라면 브루는 반대로 음성을 텍스트 자막으로 자동변환해 주는 편리한 영상편집 서비스입니다. 저도 유튜브 채널을 운영하면서 동영상 편집을 여러 차례 해 본 적이 있지만 자막을 입력하는 일이 가장 귀찮았던 것 같습니다. 그러던 중 알게 된 서비스가 바로 브루였는데, 혁명에 가까운 서비스란 생각이 들 정도로 너무나 편리했습니다. 이 서비스를 활용하면 영상 속에 녹음된 음성을 AI가 자동으로 텍스트 자막으로 변환을 해 주는데 음성이 잘 안 들리거나 애매한 부분은 직접 수정편집해서 자막을 생성할 수 있어서 매우 편리합니다. 그리고 한국어뿐만 아니라 영어, 일본어 등 외국어 자동자막 생성도 가능하고 최근에는 클로바더빙처럼 AI목소리 기능까지 추가되었습니다. 이외에도 자막번역에 무음구간 줄이기 등과 같은 기능이 보다 쉬운 동영상 편집을 도와 주고 있습니다. 혹시 유튜브 채널운영을 생각하고 있거나 업무상 동영상 편집을 할 일이 많은 사람이라면 적극 추천합니다. 한 번 이용해 보면 브루 없는 동영상 편집은 이제 상상도 못 할 겁니다.

자동자막 생성을 도와주는 브루

⑥ 정보검색 및 문서작업

MS AI 서비스 코파일럿(Copilot)

　대표적인 생성형 AI 서비스인 챗GPT는 영어에 최적화되어 있는 모델이며, 2021년까지의 데이터만 사전학습된 서비스라 최신 정보를 필요로 하는 업무에 활용하기는 어렵습니다. 하지만 최근 오픈AI의 투자자이기도 한 마이크로소프트가 자사의 검색사이트 '빙Bing'에 챗GPT를 적용한 지능협 웹서비스인 코파일럿Copilot을 공개했고 최신 정보를 반영한 대화형 AI 서비스를 통해 구글, 네이버 등과의 차별화를 꾀하고 있습니다. MS엣지브라우저에도 코파일럿 기능이 추가되어 글쓰기, 아이디어 발굴, 이메일 작성 등과 같은 생성형 AI 서비스를 누구나 무료로 사용할 수 있으며 향후 MS 365 서비스에도 코파일럿 탑재를 예고하면서 엑셀, 파워포인트, 워드 등에서도 업무생산성을 높일 수 있을 것입니다. 예를 들어 MS 365 코파일럿은 코파일럿에게 질문하거나 복사본을 생성하라는 등의 명령을 내릴 수 있고, 워드에서는 코파일럿으로 일정 텍스트를 복사하여 그 내용을 길게 다시 쓰거나 어조를 바꿀 수도 있습니다. 그리고 사용자의 작업과 어떤 문서가 사용자에게 필요한지를 이해해 적절한 관련 자료를 제안하는 것도 가능합니다. 파워포인트에서는 슬라이드를 디자인하고, 애니메이션이나 이미지를 추가하며 발표자 노트를 생성할 수도 있습니다. 또한 엑셀에서는 데이터에 대해 질문하고, 자유롭게 데이터와 상호작용하며 특정 셀을 이름으로 참조하지 않아도 자연어를 사용할 수도 있고 데이터에 그래프를 추가하라고 요청할 수도 있습니다. 현재는 일부 사용자를 대상으로만 시범 테스트 중이지만 오피스 프로그램을 많이 사용하는 직장인이라면 앞으로 가장 기대되는 스마트워크 툴이 아닐까 생각됩니다.

07
스마트라이프를 위한 디지털활용법

디지털 리터러시와 관련된 강의를 시작할 때 교육생들에게 제가 자주 하는 말이 있습니다. 강의를 들으면서 업무에 어떻게 적용할 건지 생각하면 스트레스만 쌓이고 흥미도 안 생기니 강의에서 배운 새로운 기술과 도구를 내 삶에 어떻게 적용해서 스마트하게 살 것인지를 먼저 고민하라고 말입니다. 내 인생의 기획력이 없는데 업무에서 기획력이 생길 리 없고, 내 삶의 문제를 제대로 해결하지 못하는데 업무에서 문제해결력이 생길 리가 없습니다. 디지털 활용능력 역시 평소에는 디지털 기술에 관심도 없고 적극적으로 활용하지도 않는데 업무를 하면서 갑자기 그런 능력이 생길 수는 없을 겁니다. 그러니 일단 유용한 디지털 기술이 있으면 내 삶을 더 스마트하게 만들기 위해 노력해야 하고 그러다 보면 업무에도 적극적으로 활용할 수밖에 없을 겁니다. 그럼 100세 고령화 시대에 스마트라이프를 위해 디지털 기술을 어떻게 활용하면 좋을까요? 아마도 행복한 노후를 위해 가장 중요한 것 세 가지를 뽑는다면 돈, 일, 건강이 아닐까 생각됩니다. 그래서 젊을 때부터 이 세 가지를 잘 관리해야 하는데 디지털 전환의 시대인 만큼 좀 더 스마트하게 관리할 필요가 있습니다.

아무래도 돈에 대한 관심이 가장 클 거란 생각이 들기에 스마트하게 자산을 관리할 수 있는 방법에 대해서 먼저 살펴보겠습니다. 일단 자산관리를 위해 가장 중요한 것이 무엇일까요? 제 생각에는 먼저 자신의 자산상태를 제대로 파악할 수 있어야 한다고 생각합니다. 상황을 어떻게 인지하느냐에 따라 미래예측과 의사결정은 달라지니까요. 그래서 여러분께 추천하는 방법이 바로 '마이데이터 서비스'를 활용한 자산관리입니다. 마이데이터는 개인이 행정, 금융거래, 의료, 통신, 교육 등의 서비스를 이용하면서 만들어진 정보에 대하여 정보주체가 접근, 저장, 활용하는 등의 능동적인 의사결정을 할 수 있도록 도와주는 서비스입니다. 이 중에서 특히 금융거래와 관련된 마이데이터를 활용하면 은행, 증권사의 앱 또는 각종 핀테크 앱 등을 활용해 한 곳에서 내 자산의 상태를 확인하고 관리할 수가 있습니다. 사실 개인이 자신의 모든 자산을 실시간으로 확인해 머릿속에서 관리하는 것은 거의 불가능합니다. 그렇다고 각각의 금융사 앱을 하나하나 들어가서 확인하는 것도 쉽지 않습니다. 그래서 앞으로는 '마이데이터 서비스'를 활용하지 않는다면 자산관리를 하지 않는 것이나 다름 없다고 볼 수 있습니다. 마이데이터 서비스를 이용하기 위해서는 자산관리를 원하는 금융사 또는 페이 앱을 하나 선택해서 마이데이터 서비스를 신청하고 여러분의 금융거래 정보 활용에 동의를 해야 가능합니다. 최근에는 복잡한 절차 없이 생각보다 편리하게 마이데이터를 각각의 회사에서 끌어 올 수 있기 때문에 누구나 집에서 스마트폰으로 바로 가능합니다. 제가 추천하는 자산관리 서비스 앱은 '뱅크샐러드'인데, 이 서비스는 처음부터 자산관리에 특화된 핀테크 서비스로 출발했고 다른 곳들보다 마이데이터 서비스에 있어서는 노하우가 많이 쌓여 있습니다.

뱅크샐러드 서비스는 현재 무료로 이용이 가능하고 아이폰, 안드로이드폰에서 앱 설치를 통해 누구나 활용이 가능합니다. 앱을 통해 마이데이터 서비스를 신청하면 여러분이 이용 중인 은행, 카드, 증권, 보험과 관련된 금융거래 데이터를 대부분 끌어와서 한 곳에서 볼 수 있고 실시간 연동이 불가능한 현금, 기타 자산 등에 대해서는 직접 수기로 입력해 관리도 가능합니다. 부동산이나 자동차도 본인 소유일 경우 정보를 입력하면 최신 시세와 연동되며 암호화폐 자산까지도 실시간 시세와 연동이 가능합니다. 최근에는 카카오페이나 네이버페이 등의 충전잔액이나 금융사에 적립된 포인트까지 연동되었으며 뱅크샐러드 앱에서 무료송금과 같은 금융업무도 가능해졌습니다. 이 외에 가계부 기능도 있는데 카드지출내역이나 소비지출 비중도 항목별로 정리되는 것은 물론이고 월지출한도를 설정해 두면 주단위로 지출속도를 분석해 줘서 지출금액을 조절할 수 있도록 도와줍니다. 마이데이터는 내 자산현황과 지출현황 등을 한눈에 볼 수 있기 때문에 자산의 증감, 지출의 증감 상태에 따라 미래를 예측하면서 올바른 의사결정을 할 수 있도록 도와준다는 점에서 매우 편리한 서비스가 아닐까 생각됩니다. 이러한 마이데이터 서비스를 아직 적극적으로 활용하고 있지 않다면 꼭 활용해 보기 바랍니다. 여러분의 노후가 달라질지도 모릅니다.

자산관리 앱 뱅크샐러드

그리고 자산관리도 중요하지만 고령화 시대인 만큼 재테크 투자를 통해 최대한 자산을 증식시켜 나가는 것도 중요합니다. 다양한 재테크 방법이 있겠지만 그 중에서 AI를 활용한 로보어드바이저$^{Robo-Advisor}$ 금융서비스를 추천합니다. 로보어드바이저는 인간의 간섭을 최소한으로 하여 금융 서비스나 투자관리를 온라인으로 제공하는 투자 자문역의 일종이며 수리적 규칙이나 알고리즘에 기반을 둔 디지털 금융 서비스를 제공합니다. 좀 더 쉽게 설명하자면 기존의 인간 펀드매니저 역할을 대신하는 AI펀드매니저라고 생각하면 됩니다. 로보어드바이저를 추천하는 이유는 두 가지입니다. 첫 번째는 최근 글로벌 금융시장은 과거 어느 때보다 복잡하고 불확실성이 커진 만큼 이제 사람이 실시간으로 상황을 파악하고 추세를 분석하고 올바른 의사결정을 하는 것은 점점 어려워지고 있습니다. 하지만 AI는 수많은 경제금융과 관련된 빅데이터를 실시간으로 분석하면서 빠르게 변화를 인지하므로 미래예측을 보다 객관적으로 할 수 있도록 도와주기 때문입니다. 두 번째는 직접 금융상품을 선택해서 투자하게 되면 밤낮으로 주식창을 들여다보면서 스트레스를 받아야 하지만 로보어드바이저에게 맡기면 그런 수고를 조금은 덜 수 있습니다. 물론 직접 투자를 해서 운 좋게 많은 수익을 낼 수도 있지만, 로보어드바이저의 경우에는 무리한 투자보다 매년 일정한 수익률을 목표로 최대한 보수적으로 포트폴리오를 구성해 자산을 관리해 주기 때문에 손실을 최소화해 주는 효과도 있습니다. 그리고 과거로 치면 VIP고객들만 받을 수 있었던 PB^{Private} ^{Banking}관리를 AI를 통해 저렴한 비용에 누구나 받을 수 있게 되었는데 이 또한 디지털 기술의 발전이 없었다면 불가능했을 겁니다. 이러한 로보어드바이저 서비스는 은행이나 증권사 또는 전문 로보어드바이저 기업에서 제공하는 서비스를 이용할 수도 있습니다. 국내 대표적인 로보어드바이저 기업으로는 에임, 파운트, 핀트 등이 있으며 최근 젊은 층을 중심으로 수요가 빠르게 증가하고 있습니다. 서비스 기업마다 이용 수수료에는 차이가 있는데 대체로 투자금액에서 일정 비율로 부과하는 경우와 수익금에서 일정 비율로 부과하는 경우가 있습니다. 어느 것이 더 이득이라고 확실히 말씀드리긴 어렵지만 전자의 경우 수익이 나지 않더라도 수수료를 내야 하지만 후자의 경우 수익이 나지 않으면 수수료가 부과되지 않는 대신에 수익이 많이 나면 그만큼 많은 수수료를 지불해야 합니다. 어쨌든 마이데이터 서비스와 로보어드바이저 서비스를 활용해서 여러분의 노후자금을 스마트하고 안정적으로 살 관리해서 여유있는 노후를 맞이하길 바랍니다.

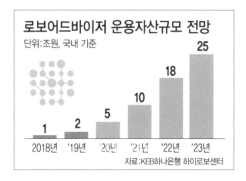

국내 로보어드바이저 시장규모

다음은 스마트라이프를 위한 일 관리입니다. 사실 젊을 때 자산관리를 잘해서 여유로운 노후자금을 마련할 수 있다면 제일 좋겠지만 현역에서 은퇴를 한 이후에도 지속적으로 수입을 창출할 수 있다면 더욱 좋지 않을까요? 그렇다면 훨씬 더 여유로운 노후생활을 즐길 수 있을 테니까요. 게다가 은퇴하고 집에만 있기 보다는 어떤 일이든 지속적으로 사회활동을 하다보면 사람들과 계속 만나게 되고 자존감도 떨어지지 않을 테니 이보다 좋을 순 없을 겁니다. 문제는 은퇴 이후에 재취업이 쉽지 않을 뿐만 아니라 많은 사람들이 퇴직금을 받아서 쉽게 선택하는 것이 편의점이나 치킨집, 카페, 식당 등과 같은 자영업 창업이고 막대한 돈을 투입해 좋은 결과를 얻지 못하면 소중한 노후자금을 잃는 경우도 많다는 것입니다. 특히 평생 직장생활만 하다가 은퇴를 하신 분들이 안 그래도 치열한 자영업 시장에 뛰어 들어서 살아남을 수 있는 확률이 얼마나 될까요? 정말 장사수완이 좋거나 아이템이 독보적이지 않는 이상 유행을 타는 자영업 시장에서 오랫동안 살아남기는 정말 어렵다고 봐야 합니다. 하지만 이런 현실을 알면서도 마땅한 대안이 없다 보니 여전히 불속으로 뛰어드는 나방처럼 너도나도 뛰어드는 게 현실입니다. 그래서 저는 최대한 젊을 때 스마트한 자산관리를 통해 노후자금을 어느 정도 마련해 둔 사람이라면 무리한 투자를 하기 보다는 쌓아 온 지식과 경험을 기반으로 하는 재능을 팔아서 지속적인 수입을 창출하길 추천합니다.

현재는 수요자와 공급자를 연결해 주는 수많은 플랫폼서비스가 늘어나면서 재능만 있으면 어떤 식으로든 일을 할 수 있는 시대입니다. 특히 기업에서 오랫동안 근무하면서 한 분야에 있어 전문가 수준의 역량을 갖춘 사람이라면 기업ㆍ전문가 매칭 플랫폼인 '탤런트뱅크'를 이용하여 전문가를 필요로 하는 기업들에게 지식서비스를 제공하고 부를 창출할 수 있습니다. 탤런트뱅크는 경영전략ㆍ신사업ㆍ인사ㆍ재무ㆍIT·디자인 등 비즈니스 영역별 전문역량을 갖춘 1만 6,000명의 검증된 전문가가 활동하고 있으며 탤런트뱅크에 전문가로 가입하면 5,000여 개에 달하는 기업 고객의 프로젝트 의뢰 분야에 따라 인공지능 매칭으로 맞춤형 프로젝트를 손쉽게 받아볼 수 있습니다. 탤런트뱅크의 공장환 대표는 "탤런트뱅크는 사람과 일을 연결함에 있어서 고용 형태가 아닌 '해결할 문제'에 초점을 맞추는 것에서 시작했다"며 "앞으로 전문가 네트워크를 활용한 비즈니스 솔루션 시장은 매우 의미 있는 규모로

성장할 것으로 전망되는 가운데, 탤런트뱅크 전문가님들이 더 나은 경제적
이익을 얻고, 보람과 성취감도 느낄 수 있도록 더욱 힘쓰겠다"라고 말했습
니다.

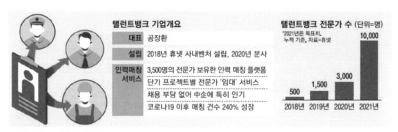

기업 · 전문가 매칭 플랫폼 탤런트뱅크

그리고 예전에는 내가 재능이 있어도 사람들에게 알리기 위해서는 직접 영
업을 하거나 제안을 해야 하는 활동이 반드시 필요했지만 최근에는 다양한
플랫폼들을 잘 활용하면 콘텐츠 생산에만 집중할 수 있는 시대입니다. 국내
최대 프리랜서 마켓인 크몽을 시작으로 금손들을 위한 오픈마켓인 아이디어
스, 그리고 지식을 기반으로 하는 전자책과 온라인강의 등을 팔수도 있는 탈
잉, 에어클래스와 같은 플랫폼도 있습니다. 수요자를 찾기 위한 마켓은 널려
있으니 이제 필요한 건 여러분의 재능입니다.

각종 재능마켓 플랫폼들

뿐만 아니라 본인이 가지고 있는 지식, 경험, 재능을 기반으로 출판 등에 관심이 있는 분이라면 직접 출판사를 통하지 않아도 다양한 방식으로 출판의 기회를 얻을 수 있습니다. 저 역시 '브런치'라는 플랫폼에 작가신청을 해서 꾸준히 글을 쓴 덕분에 출판사의 제안을 받고 첫 단행본을 출판하기도 했고 이 책 역시 브런치를 통해 출판사와 연결된 것입니다. 그리고 출판비용없이 누구나 나만의 책을 출판할 수 있는 POD^{Publish On Demand, 맞춤형 소량 출판은 미리 종이책을 찍지 않고, 주문이 들어올 때마다 레이저 프린터 등으로 종이책을 인쇄하는 방식의 주문형 출판} 출판 플랫폼인 '부크크'를 활용할 수도 있으며 웹툰, 웹소설에 관심이 있는 분이라면 '포스타입'을 통해 콘텐츠를 생산하고 수익을 창출할 수도 있습니다.

각종 셀프 출판 플랫폼들

　물론 재능을 파는 것 역시 돈을 받고 하는 일인만큼 반드시 전문성을 갖추기 위한 노력이 필요합니다. 예를 들어 전문가임을 나타낼 수 있는 실무경력이나 자격증, 학위 등과 같은 형식적인 부분도 은퇴하기 전에 틈틈이 준비해둘 필요가 있습니다. 물론 은퇴 이후에 나는 일은 절대 하지 않고 그냥 즐기면서 살겠다는 분도 계실 겁니다. 하지만 과연 100세 고령화 시대에 수십 년을 놀기만 할 수 있을까요? 아마 1년만 놀아도 이건 아니다 싶을 겁니다. 그리고 대부분의 재능마켓 플랫폼이 디지털화 되어 있기 때문에 은퇴 이후에도 디지털 리터러시는 정말 중요하고, 나이가 들고 조직에서 관리자급이 될수록 디지털과 더 친해져야 하는 이유이기도 합니다. 부디 여러분은 디지털 리터러시를 높여 은퇴 이후에도 오랫동안 다양한 방식으로 일할 수 있는 분들이 되길 바랍니다.

　스마트라이프를 위한 마지막 세 번째는 건강입니다. 행복한 노후를 위해서 여유 있는 돈도 중요하고 꾸준히 일을 하면서 돈도 벌고 자존감을 높이는 것도 중요하지만 이 모든 것도 건강이 없으면 아무 의미가 없습니다. 그래서 제일 중요하지만 어찌 보면 노후준비에 있어서 돈, 일보다는 우선순위에서 밀려나 있을 지도 모르는 건강을 스마트하게 관리하는 방법도 함께 알아보도록 하겠습니다. 건강을 잘 관리하기 위해서는 자산관리와 마찬가지로 나의 건강상태를 먼저 제대로 알아야 하는데 최근에는 디지털 헬스케어 기기의 발전으로 누구나 스스로 집에서 건강상태를 확인하는 것이 가능해졌습니다. 저 역시 헬스케어 웨어러블 기기가 나오기 시작한 초창기부터 구입해서 매일 착용하고 생활하면서 하루하루 활동량걸음 수이나 칼로리 소모량을 데이터로 확인한 후 적정 데이터를 유지하기 위해 노력하고 있습니다. 또한 수면습관에 대한 데이터를 보면서는 어떻게 숙면시간을 늘릴지 고민하며 수면건강을 챙기기도 합니다. 최근에는 혈압을 재거나 심전도까지 측정이 가능한 웨어러블 기기도 출시되고 있습니다.

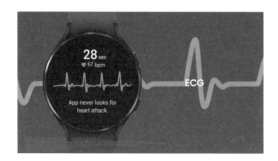

삼성 갤럭시 스마트워치

웨어러블 기기 외에도 저는 기존에 체중만 잴 수 있었던 체중계를 중고거래 앱을 통해 처분하고 몇 년 전부터 스마트체중계를 사용하고 있습니다. 사실 체중만 봐서는 진짜 내 몸의 상태를 제대로 알 수는 없습니다. 건강검진을 하러 가면 흔히 인바디라고 해서 체중뿐만 아니라 체지방, 근육량, 단백질,

수분량, 골격량 등 각종 건강데이터를 측정하는데 스마트체중계를 이용하면 이제 집에서도 언제든지 확인이 가능합니다. 이런 세부적인 데이터를 확인함으로써 내가 부족한 부분을 중심으로 보완할 수 있는 운동법이나 음식을 적절하게 선택할 수 있으니 건강관리에 도움이 많이 될 것입니다. 이미 대중화되고 있는 스마트체중계의 구입비용은 1~2만 원이면 충분하니 치킨, 피자, 술 한 번 안 먹으면 스마트하게 건강을 관리할 수 있습니다. 다만 웨어러블 기기든, 스마트체중계든 매일 착용해야 하는 불편함과 체중계 위에 올라서야 하는 귀찮음으로 제대로 활용을 못하는 분들도 많습니다. 그래서 맹목적인 기기활용 이전에 100세 고령화 시대에 누구나 오래 살 수도 있다는 것을 인정하고 스스로 정말 건강하게 오래 살고 싶다는 의지를 가지는 것이 더 중요합니다.

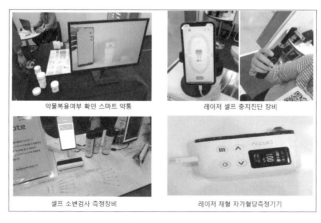

약물복용여부 확인 스마트 약통

레이저 셀프 충치진단 장비

셀프 소변검사 측정장비

레이저 채혈 자가혈당측정기기

홈헬스케어 장비 사례

웨어러블 기기와 스마트체중계 외에도 요즘은 스스로 건강을 관리할 수 있는 스마트한 디바이스들도 다양하게 출시되고 있습니다. 예를 들어 매일 약을 복용해야 할 경우 가끔은 약을 복용했는지 안 했는지 헷갈릴 때가 있을 텐데 이럴 때 스마트 약통을 이용하면 약이 통에서 배출되는 것을 센서가 인지해서 스마트폰 앱에 약을 복용했다고 기록해 줍니다. 그리고 최근에는 소변검사를 집에서 셀프로 측정할 수도 있고, 직접 레이저를 이용해 충치진단이 가능한 장비도 있으며, 바늘이 아닌 레이저로 채혈해서 고통없이 자가혈당측정이 가능한 홈헬스케어 장비도 나와 있습니다. 물론 이러한 스마트한 의료기기를 구비하기 위해서는 여전히 비용부담이 있을 수는 있지만 지속적으로 관리해야 할 지병이 있을 경우에는 적극적으로 활용해 볼 만한 시대입니다.

이처럼 스마트 헬스케어 기기를 통해 내 몸의 상태를 객관적으로 잘 관리하는 것도 중요하지만 건강관리를 위해 꾸준한 운동 역시 빼놓을 순 없겠죠. 그런데 최근 몇 년간 미세먼지로 인해 야외 운동이 힘들기도 했고 코로나19 이후에는 야외는 물론이고 실내에서도 감염위험 때문에 운동이 쉽지 않았습니다. 결국 안전하게 할 수 있는 운동이 집에서 혼자 하는 홈트레이닝이다 보니 이와 관련된 서비스나 기술 역시 빠르게 발전하고 있습니다. 최근에는 실내바이크를 혼자 타는 것이 아니라 많은 사람들과 게임하듯이 탈 수 있는 제품이 나와 인기를 끌고 있습니다. 해외에서는 펠로톤이라는 기업이 유명하고 국내 서비스 중에서는 야핏 사이클이 대표적인데 종합교육기업인 야나두가 운영하고 있으며 게임하듯 운동할 수 있는 홈트레이닝 서비스입니다. 태블릿 PC나 스마트폰에 야핏 사이클 앱을 다운받아 연동하기만 하면 집에서도 다른 사람들과 국내외 주요 도시들을 달리면서 재밌게 운동도 하고 현금처럼 사용할 수 있는 적립금도 받을 수 있습니다.

야핏 사이클(출처 : 구글 이미지)

사이클은 비용부담도 있어 그냥 맨몸으로 하는 홈트레이닝을 원하는 분이라면 유튜브 채널과 피트니스 앱만 잘 활용해도 지루하지 않고 재밌게 혼자서도 운동을 하실 수 있습니다. 코로나19 이후 건강에 대한 관심이 높아지고 실내활동이 늘어나면서 유튜브 채널 중에도 홈트레이닝을 도와주는 콘텐츠들이 정말 많습니다. 그 중에서 제가 자주 이용하는 채널은 '땅끄부부'입니다. 우연히 유튜브 알고리즘에 의해 보게 되었는데 누구나 쉽게 따라할 수 있는 운동들을 소개해 주는 채널로 동작 하나하나 자세하게 알려 주고 화면을 보면서 따라만 하면 되기 때문에 너무 좋습니다. 그리고 운동 중간중간 응원도 해주기 때문에 혼자 운동하는 것이 아니라 함께 하는 느낌이 나기도 합니다. 유튜브 채널 외에도 피트니스 앱 '마이 보이스 카운터'는 말 그대로 운동 횟수를 세어주는 앱으로 운동 종류별로 운동 시간 및 세트, 세트 간 휴식 시간 등을 입력하면 AI가 속도를 자동으로 조정해 규칙적으로 숫자를 세며 운동 템포를 잡아 주기 때문에 혼자 운동을 하다 자꾸 횟수를 잊는다거나, 동작 습득보다 단순한 운동 횟수 카운팅이 필요한 운동 마니아들에게 적합합니다. 뿐만 아니라 인공지능기술을 활용해 운동 자세를 정확히 인식하고 코치해주는 앱인 '라이크핏'은 운동을 시작하면 인공지능 트레이너가 스마트폰 카메라로 자세를 인식해 코칭 해주고 수업료를 지불하면 전문 트레이너의 강의를 화상으로 들을 수 있는 서비스도 제공합니다. '요기파이'는 요가를 체계적으로 할 수 있는 스마트 요가 매트로 강사의 지도 없이도 바른 자세를 구사하도록 돕습니다. 단순히 요가 동작을 따라하도록 하는 것만이 아니라 매트 어느 지점에 손과 발을 두어야 하는지 상세히 알려주며, 매트에 내장된 센서가 매트에 닿지 않는 손과 팔의 동작을 체크해 끊임없는 피드백을 제공합니다. 기기와 연동하는 스마트폰의 전용 앱에서는 운동 시간과 평균 심박수, 칼로리 소모량 등의 정보를 확인할 수도 있습니다. 그야말로 집에서 웬만한 운동이 다 가능한 홈트레이닝 전성 시대이니 이제 헬스장 갈 시간이 없어서 운동 못한다는 소리는 할 수 없을 것 같습니다. 홈트레이닝은 선택하기에 따라 돈도 장비도 필요 없으니 필요한 건 운동을 위한 의지와 시간뿐입니다.

라이크핏의 인공지능 트레이너(출처 : 구글 이미지)

제일 좋은 건강관리는 질병을 예방하는 것이겠지만 질병을 스마트하게 치료하는 것도 중요합니다. 최근에는 국내에서도 원격의료가 일부 허용되면서 꼭 병원을 가지 않아도 진료를 받고 약 처방을 받을 수 있게 되었습니다. 모든 질병을 원격의료로 대체할 수는 없겠지만 감기나 간단한 질병은 비대면 진료를 받는 것이 가능합니다. 특히 만성질환으로 꾸준히 약을 처방받아서 먹어야 하는 경우, 정기적으로 하는 짧은 진료를 위해 병원에 직접 가서 긴 시간을 기다려야 하는 것은 많은 불편함이 있습니다. 이때 원격의료 플랫폼을 이용하면 아주 편합니다. 저도 몇 년째 탈모약을 복용하고 있는데 3개월에 한 번씩 피부과에 가면 5분도 안 되는 진료와 처방전을 받기 위해 이동시간에 기다리는 시간까지 하면 최소 1시간을 할애해야 했습니다. 그런데 얼마 전 원격의료 플랫폼인 굿닥을 이용해 처음으로 원격진료를 통해 탈모약 처방을 받아 봤는데 정말 획기적이었습니다. 의사와 화상으로 진료를 받고 처방전을 받기까지 걸린 시간은 10분 정도였습니다. 비록 원격진료 가능한 병원이 거주지 인근에 없어서 타지역의 병원을 이용했지만 처방전을 집 근처 약국으로 발송해 주기 때문에 직접 약국에 가서 약만 구입하면 되는 방식이라 정말 편리했습니다. 대면을 통해 의사의 정확한 진료가 요구되는 경우가 아니라 간단한 감기나 정기적인 약 처방이 목적이라면 원격의료는 바쁜 현대인들에게 많은 도움이 될 것입니다. 참고로 처방약 배달도 가능하니 이제 아까운 시간 낭비하지 말고 집과 사무실에서 병원 예약부터 진료, 처방, 약 수령까지 스마트하게 진료받아 보기 바랍니다. 한 번 이용해 보면 이제 웬만해선 병원갈 일이 없어질지도 모릅니다. 이미 우리가 은행갈 일이 거의 없어진 것처럼 말입니다.

국내 원격의료 주도하는 3대 플랫폼		
서비스명	월간 활성 사용자(MAU)	사업모델
goodoc 굿닥	150만명	병원 · 약국 찾기 및 비대면 예약 · 접수 · 진료
똑닥 똑닥	95만명	전자의무기록(EMR)과 연동한 진료예약
닥터나우 닥터나우	10만명	모바일 진료 및 처방약 배달

국내 3대 원격의료 플랫폼(출처 : 머니투데이)

4

데이터 리터러시

01

인간은 왜
빅데이터를 원하는가?

    각종 리터러시 중에서 최근 들어 가장 많이 언급되는 리터러시라고 하면 바로 '데이터 리터러시'일 겁니다. 요즘 취준생이나 직장인의 자기계발 분야 중에서 가장 인기가 높은 것 또한 데이터분석 분야입니다. 하지만 리터러시는 스킬을 키우기 이전에 반드시 왜 이런 스킬이 필요한지 시대의 흐름이자 그 맥락을 이해하는 것이 더 중요합니다. 그래서 빅데이터의 개념을 이해하고 관련 기술을 공부하기 전에 반드시 알아야 하는 것이 '왜 인간은 빅데이터를 원하는가?'입니다. 이를 이해하기 위해서는 먼저 인간의 지능에 대한 이해가 필수입니다. 혹시 여러분은 '지능'이 무엇인지 설명할 수 있나요? '지능'은 도대체 인간의 삶에서 어떤 역할을 하는 걸까요? 제가 강의할 때 이런 질문을 하면 몇몇 교육생들이 '지적 능력', '학습 능력', '사고 능력', '판단 능력'과 같이 간단하게 답하곤 합니다. 물론 이런 답들이 틀린 것은 아니지만 지능이 무엇인지 충분히 설명하기에는 다소 부족해 보입니다.

    먼저 인간이 동물과 구분되는 능력 중 하나가 지능입니다. 동물도 지능이 있기는 하지만 인간의 지능이 더 높다고 할 수 있습니다. 그렇다면 인간과 동물의 지능에는 어떤 차이가 있는 것일까요? 이해를 위해서 음식을 예로 들어 보겠습니다. 동물은 기르는 동물이 아닌 이상 음식을 날로 먹을 수밖에 없습니다. 그것이 동물의 본능이죠. 하지만 인간은 음식을 날로도 먹고, 익혀도 먹고, 볶아도 먹고, 삶아도 먹습니다. 레시피에 따라 양식, 일식, 중식, 한식 중에서 골라 먹을 수도 있고 날씨에 따라 국물이 있거나 면이 있는 요리를 먹을 수도 있습니다. 여기서 인간과 동물의 가장 큰 차이는 바로 인간은 스스로 원하는 미래를 만들 수 있는 능력이 있다는 것입니다. 원하는 미래를 만들기 위해서는 먼저 각자가 원하는 미래가 무엇인지 머릿속에 그려야 하고 그 미래를 생각하면서 적절한 의사결정을 하게 됩니다. 하지만 그렇게 한다고 해서 모든 미래가 원하는 대로 만들어지면 얼마나 좋겠습니까? 여러분도 수많은 의사결정을 해 봤겠지만 모든 미래가 원하는 대로 만들어지지는 않았을 겁니다. 과연 왜 그런 걸까요?

집에 손님을 초대해서 음식을 준비한다고 생각해 보겠습니다. 인터넷 검색을 통해 손님 접대하기 좋은 음식 레시피도 찾아보면서 나름 정성을 들여 준비했습니다. 직접 차린 음식을 먹으면서 행복해 할 손님을 상상하면서 정성껏 준비했지만 막상 손님이 음식을 제대로 먹지 못하고 있습니다. 알고보니 손님은 채식주의자인데 준비한 대부분의 음식이 육류였던 겁니다. 초대한 손님이 채식주의자라는 사실을 미리 알았더라면 아마도 머릿속에 그린 상차림의 모습은 달라졌을 것이고 메뉴에 대한 의사결정도 달라져서 더 나은 상차림을 준비할 수 있었겠죠. 물론 손님이 채식주의자라는 사실을 알고 있어도 요리를 할 줄 모르거나 채식요리에 대한 레시피나 정보가 없다면 당연히 손님에게 맞는 상차림을 직접 준비할 수는 없을 겁니다. 쉽게 말해 인간이 원하는 미래를 만들기 위해서는 먼저 상황을 파악해 원하는 미래를 예측하고 그에 맞는 의사결정을 해야 합니다. 그리고 미래를 예측하고 의사결정을 하기 위해서는 반드시 데이터가 필요합니다. 이때 데이터가 많을수록 좋겠지만 아무리 데이터가 많아도 질이 떨어진다면 무용지물일 것입니다. 뿐만 아니라 미디어 리터러시에서 소개했던 이론물리학자 미치오 카쿠의 시공간 의식이론에서도 인간은 시간의 흐름에 따른 미래를 예측할 수 있지만 이를 위해서는 다양한 피드백을 통해 새로운 상황에 맞는 데이터를 업데이트할 수 있어야 한다고 했습니다.

각종 데이터　➡　미래예측　➡　의사결정　➡　원하는 미래

인간지능의 의사결정 프로세스

결국 우리는 미래를 예측하고 의사결정을 하는 것이 자기 자신이라고 생각하지만 엄밀하게 말하자면 내가 아니라 뇌이며, 우리가 해 줄 수 있는 일은 바로 뇌에 데이터를 입력해 주는 것 밖에 없습니다. 그래서 각자의 머릿속에 직·간접적인 학습을 통해 쌓여 있는 지식과 정보, 경험이라는 데이터에 따라 어떤 상황에 닥쳤을 때 미래를 예측하고 의사결정하는 능력은 달라질 수밖에 없습니다. 그리고 기존에 학습된 데이터뿐만 아니라 각 상황에 맞는 데이터의 양 역시 많으면 많을수록 원하는 미래를 만들 가능성은 높아집니다. 하지만 학습된 데이터든 실시간 상황 데이터든 아무리 데이터의 양이 많아도 데이터의 정확도가 떨어진다면 원하는 미래를 만드는 것은 불가능합니다. 여러분이 지금까지 했던 수많은 미래예측과 의사결정 속에서 원하는 미래가 오지 않았다면 그 이유를 한 번 생각해 보기 바랍니다. 투자나 진로를 위한 의사결정이든 업무나 인간관계에서의 의사결정이든 그 이유는 데이터의 양이 부족했거나 데이터가 틀렸거나 둘 중에 하나일 겁니다.

정리하자면 지능이란 어떤 상황이 닥쳤을 때 각자의 머릿속에 확보된 데이터의 범위 내에서 뇌가 바람직하다고 생각하는 미래의 모습을 예측하고 해당 미래가 현실이 되도록 최적의 의사결정을 하는 능력입니다. 결국 지능의 높고 낮음은 학력, 나이, 직위 등으로 판단할 수 없으며 각자가 뇌에 입력하는 데이터의 양과 질에 따라 결정되는 것입니다. 그래서 인간은 끊임없는 평생학습을 통해 다양하고 정확한 지식과 정보, 경험을 업데이트하기 위한 노력이 반드시 필요한 것이죠. 자, 그런데 지금까지 언급한 데이터는 어디까지나 인간의 오감을 통해 뇌에 입력해 주는 데이터에 한정된 것입니다. 하지만 최근에 중요해지고 있는 빅데이터는 디지털화된 데이터를 말하며 이러한 빅데이터를 활용해서 궁극적으로 4차 산업혁명과 디지털 전환의 시대에 활용하고자 하는 기술이 바로 인공지능입니다. 인공지능이라는 인간의 지능을 닮은 기술을 만든 이유는 아마 초변화, 복잡성, 불확실성 시대에 이제는 인간의 지능만으로 우리가 원하는 미래를 만드는 것이 점점 어려워지고 있기 때문일 겁니다. 그리고 지금까지 그래 왔듯이 인간은 스스로 하기 힘들고 어려운 일은 기계에게 맡기려고 하죠. 물론 인공지능에게 모든 의사결정을 맡긴다기보다는 기술의 도움을 받아 인간의 상황 파악과 미래예측, 그리고 의사결정 능력을 더욱 향상시키고자 하는 것입니다. 어차피 기술은 도구일 뿐이니까요.

인간오감 VS 빅데이터

　미래를 예측하고 의사결정을 하는 것은 뇌가 가지고 있는 기본적인 능력이고, 인간이 원하는 미래를 만들 수 있느냐 없느냐를 결정하는 것은 결국 데이터입니다. 인간이 스스로 충분한 데이터를 확보하고 실시간으로 상황 데이터를 업데이트하는 것이 완벽하다면 아마도 우리는 모두 원하는 미래를 만들면서 살아갈 수 있을 겁니다. 하지만 이를 대신해 줄 기술을 원한다는 것은 바로 인간의 그러한 능력에 한계가 왔기 때문입니다. 디지털 기술이 발달하기 전에는 원하는 미래를 만들기 위해 인간이 오감으로 데이터를 확보하는 방법 외에는 다른 방법이 없었습니다. 하지만 이제 디지털 기술의 발달로 그전에 인간의 오감으로 확보할 수 없었던 지식과 정보, 경험에 대한 데이터 확보가 가능해졌습니다. 게다가 인간의 오감을 대신하는 각종 센서 등의 발달로 24시간 내내 실시간으로 상황 데이터까지 디지털로 수집할 수 있게 되면서 이러한 빅데이터를 얼마나 많이 수집하고 분석해서 상황을 최대한 객관적이고 정확하게 이해할 수 있느냐가 인간의 미래예측과 의사결정능력, 즉 지능의 차이를 가져올 수밖에 없는 것입니다. 그래서 미래에는 디지털화된 빅데이터를 수집하고 분석해서 빅데이터 속에 숨어 있는 패턴, 가치, 의미를 해석하거나 빅데이터를 학습시킨 인공지능을 활용해 문제해결 또는 다양한 의사결정에 활용할 수 있는 데이터 리터러시가 정말 중요할 수밖에 없습니다. 이제 인간의 오감에 의존한 경험과 직감을 기반으로 하는 주관적인 의사결정이 아닌 세상과 사람을 보다 잘 이해할 수 있게 도와주는 빅데이터를 활용한 객관적이고 과학적인 의사결정이 가능한 시대입니다. 여러분은 어떤 의사결정방식으로 자신의 일과 삶의 미래를 만들어 가겠습니까?

02
데이터 기반
의사결정의 시대

인간 지능의 역할과 의사결정 프로세스를 알았다면 왜 디지털 전환의 시대에 인간의 오감만을 통한 학습과 경험을 바탕으로 하는 의사결정이 아닌 객관적인 데이터를 기반으로 하는 의사결정이 중요한지도 잘 이해했을 겁니다. 물론 모든 인간의 의사결정을 디지털화된 시스템에 맡긴다기보다는 인간의 오감으로는 파악할 수 없거나 실시간으로 파악하기 힘든 경우, 기술의 도움을 받으면 의사결정을 더 잘 할 수 있는 것입니다. 그렇다면 어떤 상황에서 데이터 기반 의사결정이 활용되고 어떤 장점이 있는지 사례를 통해 확인해 보겠습니다.

가장 일반적인 예로 자동차를 들 수 있습니다. 제가 초등학생이었던 90년대에 집집마다 자가용을 소유하기 시작하면서 마이카 시대가 열렸고 저 역시 어느 순간부터 대중교통이 아닌 아버지의 차를 타고 쇼핑을 가고 여행을 다니기 시작했습니다. 당시만 해도 내비게이션이 없던 시절이라 차에는 항상 전국도로지도 책자가 있었고 지도를 보고 가다 보면 엉뚱한 길로 갈 때도 많았습니다. 그리고 당시에는 목적지까지 얼마나 걸릴지 예측하기가 어려웠으니 명절이나 장거리 여행을 갈 때마다 교통상황은 늘 복불복이었던 것 같습니다. 하지만 내비게이션이 나오면서 어느새 전국도로지도 책자는 사라졌고 엉뚱한 길로 빠지는 일도 줄어들기 시작했습니다. 게다가 지금은 출발 전 원하는 날짜와 시간에 목적지까지 얼마나 소요될지까지 미리 확인할 수 있어서 출발 시간을 정하는 것까지 더욱 편해졌습니다. 각종 센서를 기반으로 하는 사물인터넷과 이를 통해 수집된 빅데이터 그리고 실시간 상황을 빠르게 분석해서 미래를 예측해 주는 인공지능 기술의 발전으로 데이터 기반 의사결정이 가능해지면서 우리가 원하는 미래를 만들기가 더 수월해진 것입니다.

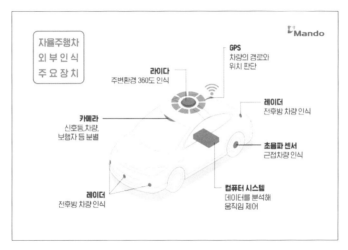

자율주행차 외부인식 주요장치(출처 : 한라그룹 네이버포스트)

자동차 기업의 경우, 대부분 자율주행차 연구에 매진하고 있습니다. 아직 완전자율주행차는 아니지만 최신 자동차에는 각종 센서가 장착되어 운전 중에도 앞뒤옆 상황을 과거보다 훨씬 더 잘 볼 수 있게 되었습니다. 여진히 인간이 직접 운전은 하지만 주차를 하거나 차선변경 시 위험상황을 사전에 인지하고 알려줌으로써 운전자가 최대한 올바른 의사결정을 할 수 있도록 많은 도움을 주고 있습니다. 앞으로 완전자율주행차가 언제 현실이 될지는 지켜봐야겠지만 자동차가 스스로 도로상황을 이해하고 사람과 사물을 구분하며 궂은 날씨 또는 야간에도 문제없이 주변 상황을 원활하게 인지할 수만 있다면 사고걱정 없이 도로를 달리는 미래도 불가능하지만은 않을 것 같습니다. 최근 전 세계적으로 고령인구가 늘어나면서 고령자 교통사고도 급증하고 있는데 이는 고령 운전자의 인지능력 감퇴와 갑작스런 건강상태 악화로 인해 올바른 상황파악과 의사결정이 힘들어진 결과입니다. 미래에 데이터 기반 의사결정이 가능한 자율주행차가 도로 위를 달린다면 고령자들이 직접 운전을 하지 않아도 어디든 자유롭게 이동할 수 있을 테니 이 또한 언젠가는 고령자가 될 우리 모두가 바라는 미래일지도 모르겠습니다.

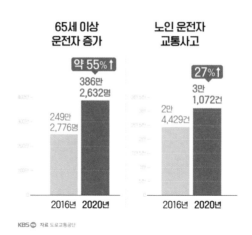

고령운전자 교통사고현황(출처 : KBS)

데이터 기반 의사결정 사례는 농업에서도 확인할 수 있습니다. 최근 한국 농촌의 가장 큰 문제 중 하나가 저출산 · 고령화로 인한 인력 부족과 기후변화로 인한 자연재해입니다. 코로나19 이후에는 그나마 인력 부족을 해소해주던 외국인 노동자들마저 본국으로 돌아가면서 일손 부족은 더욱 심각해졌습니다. 이러한 문제를 해결하기 위해 젊은 농부들을 중심으로 빠르게 보급되고 있는 것이 바로 '스마트팜Smart Farm'입니다. 스마트팜은 기존 비닐하우스의 디지털 전환이라고 볼 수 있고 각종 센서를 활용해 농사와 관련된 빅데이터를 모니터링하면서 최적의 농사환경에 맞춰 학습된 인공지능의 도움을 받아 생산성을 극대화할 수 있는 지능화된 농업기술입니다. 저의 장인어른도 비닐하우스로 고추, 수박 농사를 지었는데 제가 결혼하고 가끔 농사일 도우러 다니던 10여 년 전만 해도 때가 되면 직접 환기구를 열고 닫아야 했고 적절한 온도를 유지하기 위해 직접 보일러를 돌려야 하는 등 여전히 사람 손이 많이 필요한 모습이었습니다. 하지만 이제는 일부 작물에 있어서는 스마트팜을 활용해 사람의 노동력은 최소화하고 데이터 기반 의사결정이 가능한 생산성이 향상된 스마트농업의 시대가 열리고 있는 것입니다. 프랑스 파리에서 열리는 세계 최대 농기계 전시회인 SIMA 2019 설명서에 따르면 "불과 몇 년 만에 디지털 기술이 발전하면서 농업 전체의 가치사슬이 흔들렸지만, 점점 증가하는 인구를 먹여 살리기 위해 더 좋은 농산물을 더 많이 생산해야 한다는 과제에 대해 농업인의 대답은 '데이터 기반 의사결정 농업'이었다"라고 분석되어 있습니다. 이는 디지털 전환 시대 미래 농업의 방향을 제시한 것을 보여 줍니다. 그리고 디지털 기술과 빅데이터가 결합해 농장관리의 정확성을 높인다는 점, 토양특성 등 매개변수의 공간적 · 시간적 변화를 정량화함으로써 정밀농업이 가능하다는 점, 센서가 기후변화 정보를 기록하여 위험도를 예측할 수 있다는 점 등이 바로 데이터 기반 의사결정 농업의 장점이라고 볼 수 있습니다.

농업스타트업 만나씨이에이의 스마트팜 '팜잇'

　개인적으로 스마트팜 솔루션기업인 만나씨이에이의 자회사이자 쌈채소 스마트팜인 '팜잇'을 직접 견학할 기회가 있어 방문한 적이 있었습니다. 방문 당시 아직 날씨가 추운 시기였음에도 스마트팜은 외부 환경에 영향을 받지 않고 각종 쌈채소들이 무럭무럭 잘 자라고 있는 것을 확인할 수 있었습니다. 농장 관리자가 스마트패드를 들고 다니면서 각종 재배상황을 모니터링하거나 사무실에서 컴퓨터화면을 통해 농장을 관리하고 있는 모습을 보면서 농업의 미래를 엿볼 수 있었습니다. 최근에는 농업의 스마트팜뿐만 아니라 스마트양식장, 스마트축사 등 어업과 축산업 역시 데이터 기반 의사결정의 시대를 맞이하고 있습니다. 코로나19와 전쟁 그리고 기후변화 등으로 글로벌 공급망이 붕괴되면서 식량자급자족율이 낮은 한국 입장에서 앞으로 군사안보만큼 중요해지는 것이 식량안보라고 할 수 있습니다. 디지털 전환을 통한 스마트농업이 그 해결책 중 하나가 아닐까 생각해 봅니다.

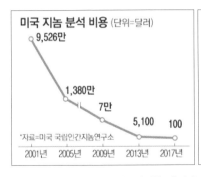

유전자분석 비용 및 시장전망(출처 : 매일경제신문)

자동차, 농업 외에 의료분야에서도 데이터 기반 의사결정 사례를 찾아 볼 수 있는데 유전자분석 서비스 및 인공지능을 활용한 질병진단 등이 대표적입니다. 먼저 유전자분석의 경우 2000년대 후반까지만 해도 개인이 하기 위해서는 그 비용이 7만 달러 정도였으나 2014년에 1,000달러로 떨어진 이후, 2017년에는 100달러 수준에 이르러 비용부담이 급격히 줄어들기 시작했습니다. 이 역시 데이터분석 기술의 발전 덕분으로 지금 국내에서 개인이 자신의 유전자분석을 하는 데 드는 비용은 항목에 따라 상이하지만 간단한 검사는 몇 만 원에도 가능한 시대입니다. 유전자분석을 하면 자신이 어떤 질병에 걸릴 가능성이 높은지 또는 다이어트를 하더라도 어떤 방식으로 하는 것이 효율적인지 알 수 있어서 맞춤형 건강관리가 가능합니다. 저도 최근 한 업체를 통해 유전자분석 검사를 실시했는데 이 서비스는 침 속 30억 쌍 DNA 염기서열 중 78만 개 핵심 유전자의 특징을 분석하여 자신에게 맞는 건강관리패키지, 다이어트패키지, 식습관패키지, 영양소패키지, 운동패키지, 피부&탈모패키지 서비스 등을 제공했습니다. 저는 건강관리패키지 서비스를 받는데 10만 원 정도가 들었고, 추후 원하는 패키지 서비스를 받고 싶을 때는 별도의 유전자 분석 없이 추가비용만 내면 확인이 가능합니다. 평소 집안 내력인 고혈압, 당뇨, 부정맥 등 나이가 들면서 늘 걱정했던 부분들 역시 유전자 분석을 통해 어떤 부분을 더 조심해야 할 지 보다 객관적으로 알게 되었습니다. 개인적으로는 친가 외가 모두 암내력은 없어서 유전성암에 대한 검사는 하지 않았지만 암발병이 걱정된다면 암에 특화된 유전자검사를 통해 발병률을 확인한 후 정기적인 검사를 통해 관리할 수도 있습니다. 이제 디지털기술의 발달로 100세 고령화 시대에 건강관리는 치료의학의 시대에서 예방의학의 시대로 전환되고 있습니다. 검사 비용이 부담이 되더라도 훗날 치료비를 아낀다고 생각하면 큰 비용은 아닌 것 같습니다.

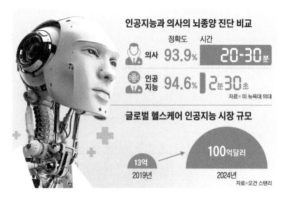

인공지능과 의사의 뇌종양 진단비교(출처 : 조선비즈)

유전자분석 외에도 의료분야에서는 인공지능를 활용한 질병진단기술이 빠르게 발전하고 있습니다. 기존에는 의료진이 MRI나 엑스레이를 직접 육안으로 확인하고 진단을 했다면 이제는 학습된 인공지능을 활용해 보다 정확하고 신속한 질병진단을 위해 적극 활용하고 있는 추세입니다. 미국 뉴욕대 의대의 대니얼 오린거 교수 연구진은 2020년 국제학술지 '네이처 메디신'에 "AI로 암수술을 받은 환자 278명의 뇌조직을 검사한 결과 뇌종양 진단에서 94.6%의 정확도를 보였다"라고 발표했으며, 같은 진단에서 병리학 전문의

들은 93.9%의 정확도를 보인 것으로 분석되었습니다. AI는 뇌종양 진단에서 정확도뿐 아니라 속도에서도 의사를 앞섰습니다. 수술에서 얻은 뇌조직은 염료 등 다양한 화학약품으로 처리하고 박막으로 잘라낸 후에야 의사가 현미경으로 검사를 할 수 있는데 보통 20~30분이 걸립니다. 하지만 AI는 레이저를 뇌조직에 쏘아 암세포에서만 특이하게 반사되는 형태를 포착하는 방법을 적용해 150초 만에 진단을 끝낼 수 있습니다.

구글 역시 2020년 국제학술지 네이처에 X선 영상을 이용한 유방암 진단에서 AI가 방사선 전문의들을 능가했다고 발표했는데, 구글의 유방암 진단용 AI 개발에는 바둑 AI 알파고를 개발했던 딥마인드가 활용되었습니다. 뿐만 아니라 딥마인드는 카메라로 찍은 안구眼球 영상으로 안과 질환을 진단하는 AI를 개발해 상용화했고, 미국 하버드대 의대 연구진은 AI가 대화 문장을 분석해 조현병에 걸릴 환자를 90% 이상 정확도로 알아내는 데 성공했다고 발표했습니다. 미국 AI 업체 FDNA는 아기의 얼굴 사진을 AI로 분석해 희소 유전 질환을 90% 이상 진단도 가능하다고 합니다. 국내에서는 뷰노가 2018년 국내 최초로 진단용 AI를 허가받았는데 뷰노의 AI는 뼈 X선 영상으로 소아의 성장 상태를 분석할 수 있고, 또 다른 AI업체 루닛은 폐질환과 유방암을 진단하는 AI를 잇따라 허가받기도 했습니다.

얼마 전 제가 직접 관람했던 KIMES 2022 부산의료기기전시회에서 인공지능 메디컬 헬스케어 병원형 스타트업인 에이아이인사이트의 AI 망막 검진 플랫폼 위스키WISKY를 이용해 즉석해서 진단을 받아 본 적이 있습니다. 간단한 안구 스캔으로 눈의 3대 질환인 당뇨성망막병증, 녹내장, 나이 관련 황반변성을 조기 진단하였으며, 걸리는 시간은 5분 정도에 불과했습니다. 이 회사는 부산대병원, 부산대기술지주의 자회사로 포스코가 투자하고 의생명연구원장인 김형회 대표가 이끄는 기업으로 부산대학교 병원을 통해 50만 명의 딥러닝 데이터를 확보해 기술을 개발해 왔습니다. 현재 위스키의 미국식품의약국^{FDA} 승인에 박차를 가하고 있으며 장기적으로 디지털 보건소 구축, 안경점 진출, 치매 진단 등으로 사업 영역을 확장해 환자가 스스로 인지하지 못한 질병을 사전에 발견하고 병원으로 연계 치료할 수 있는 서비스를 제공하는 것이 목표라고 밝혔습니다.

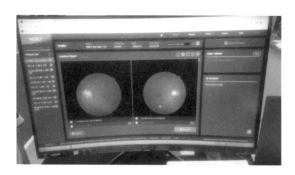

AI 망막검진 플랫폼 위스키 진단결과

이처럼 사물인터넷, 빅데이터, 인공지능 등의 기술을 활용한 데이터 기반 의사결정은 다양한 산업에서 활용되고 있으며 인간의 한계를 극복함으로써 상황판단과 미래예측능력 향상을 통해 의사결정을 더 잘 할 수 있도록 도와주는 기술이라는 것을 확인할 수 있습니다. 물론 이러한 기술의 발전으로 운전기사, 농부, 의사의 역할을 기계에게 빼앗기는 게 아닌가 하고 걱정하는 사람들이 있겠지만 기술은 인간의 모든 역할을 대체하는 것이 아니라 아직까지는 인간의 의사결정을 돕는 역할을 할 뿐입니다. 앞으로는 같은 운전기사, 농부, 의사라도 데이터 기반 의사결정이 가능한 지능화된 시스템을 활용할 수 있어야 차별화된 경쟁력을 갖추게 될 겁니다.

03

편의점은 동네 가게가 아닌 빅데이터 기업!

　개인적으로 대학시절에는 부모님과 함께 편의점을 직접 운영했었고 직장생활도 편의점 본사에서 했기에 편의점이라는 유통업태가 얼마나 많은 빅데이터를 활용하고 있는지 잘 알고 있습니다. 편의점 속 숨겨진 비밀들을 들여다보면 단순한 가게가 아닌 그야말로 빅데이터 기업임을 확인할 수 있습니다. 일단 편의점에서 여러분이 물건을 구입하고 계산을 하는 카운터에는 상품 계산을 위해 사용하는 POS^Point Of Sales 장비가 있습니다. 그런데 이 장비는 계산을 시작하기 전 반드시 어떤 버튼을 하나 눌러야 계산이 시작됩니다. 바로 계산하는 고객의 성별과 연령을 나타내는 버튼으로 이를 객층키라고 합니다. 이 기술은 이미 수십 년 전에 도입되었으며 객층키로 데이터를 축적한 후 해당 매장의 남녀고객 비중 또는 연령대별 인기상품 등에 대한 정보를 바탕으로 점주가 매장 내 상품을 어떻게 구성할지 의사결정 하는 데 활용해 왔습니다. 다만 종업원들이 정확하게 입력하지 않는 경우가 많아 최근 신형 POS기에서는 점차 사라지고 있는 추세입니다.

편의점 POS기 성별/연령대 버튼(출처 : 구글 이미지)

몇 년 전 한 달 만에 20억 원 어치가 팔리며 대히트를 했던 꼬북칩 초코츄러스맛이 출시된 지 일주일 만에 판매량이 급증하여 편의점기업은 평소 물량보다 발주를 2배 이상 늘려 사전에 물량부족에 대비한 적이 있습니다. 이는 POS 데이터를 기반으로 점포에서 재고가 소진되는 재고 회전일이 0.7일로 스테디셀러인 바나나킥의 4일보다 현저히 짧다는 것을 확인했기 때문입니다. 여기에 1,800만 명에 달하는 멤버십 회원들의 재구매율도 솟구치자 타 신상품 대비 재고를 크게 늘려 기회로스를 줄이고 매출극대화를 달성할 수 있었습니다. 최근 소비 패턴과 트렌드가 빠르게 변하면서 빅데이터 활용은 미래 유통의 핵심 경쟁력이 되고 있는데 편의점에서는 이미 오래 전부터 POS 데이터를 활용한 상품개발이나 재고관리, 마케팅을 적극적으로 해 오고 있었던 것이죠. 이러한 편의점의 데이터 기반 의사결정을 모방한 곳이 흔히 패스트패션이라고 불리는 SPA패션기업입니다. 유니클로, 자라, H&M 등이 대표적인데 이 기업들은 신상품이 출시되면 처음부터 많은 재고를 가지고 가는 것이 아니라 초기 물량이 전 세계 매장에서 판매되는 실시간 POS 데이터를 기반으로 수요증가가 예상되는 제품은 빠르게 생산과 재고를 늘려 대비하고 반응이 없는 제품은 반대로 생산과 재고를 줄이고 있습니다. 패션기업의 가장 큰 문제는 바로 재고관리였는데 빅데이터의 도움으로 이 문제를 해결할 수 있게 된 것입니다.

편의점의 POS기 화면에는 일주일 동안의 기상예보 정보도 제공되는데 날씨에 따라서 팔리는 상품이 다르기 때문에 상품을 발주하기 전에 다음날 날씨를 확인하고 우천 시에는 우산이나 우동 등을 더 주문하거나 폭염예보가 있을 때는 아이스크림, 음료, 맥주 등을 더 많이 발주하는 데 활용되고 있습니다. 매장을 오픈할 때도 개발담당자들이 해당 점포와 관련된 상권에 대한 빅데이터를 지속적으로 수집해 적절한 장소를 물색하는 데 활용하거나 예상 매출을 예측하고, 축적된 매출데이터를 활용해 상권 역시 유흥가, 주택가, 학원가, 교외가, 오피스가 등으로 나눠서 해당 상권에 매장을 오픈 시에는 기존 유사 상권 매장의 매출을 참고해서 상품진열을 결정하기도 합니다.

서로 다른 카테고리의 상품데이터를 연관분석해 매출에 영향을 주는 상관관계가 확인되면 이를 활용해 진열방식을 결정한다거나 이벤트를 기획하기도 합니다. 예를 들어 맥주 매출 상승 시 안주의 매출도 함께 상승한다는 데이터분석 결과를 통해 맥주가 진열된 냉장고 바로 앞에 안주류를 진열하거나, 팥빙수 성수기인 여름 아이스크림 매출극대화를 위해 팥빙수 구매 시 우유를 증정하거나 할인해서 판매하는 콤보행사를 진행하는 식입니다. 그리고 편의점은 상품 하나하나에 대한 재고수량을 데이터로 관리하는 단품관리가 가능한데 최근에는 인공지능이 스스로 상품의 판매량을 분석해 재고가 줄이들면 적정재고를 예측해 점주 대신 자동 발주을 해주기도 합니다. 그리고 편의점 브랜드마다 모바일앱을 통해 소비자의 데이터 기반 의사결정에 도움을 주기도 하는데 GS25, CU편의점에서는 고객이 원하는 상품의 재고가 인근

편의점에 얼마나 있는지 모바일앱으로 확인할 수 있는 서비스를 제공해 헛걸음하는 일이 없도록 배려하고 있습니다.

무인편의점 매장 모습(출처 : BGF리테일)

코로나19 이후에는 무인편의점이 확대되면서 편의점의 빅데이터 활용은 더욱 늘어나고 있습니다. QR코드나 신분증이 없어도 '안면 인식' 하나로 입장이 가능하고, 휴대전화나 결제수단 없이도 자동으로 결제·포인트 적립까지 되는 '미래형 편의점'도 운영 중입니다. BGF리테일이 운영하는 CU편의점 삼성바이오에피스점은 기존 '무인 편의점'에서 한 단계 진화한 '스마트 스토어 2.0 버전'으로 CU의 슬로건인 '노 카운터, 노 웨이트, 저스트 쇼핑No Counter, No Wait, Just Shopping'에 맞춰 점포 입장부터 결제까지 전 과정이 비대면으로 진행됩니다. BGF리테일이 자체 개발한 '클라우드 POS 시스템'을 도입해 소비자의 결제 수단, 멤버십 서비스, 제휴 할인 정보, 월별 행사 품목 등 대량의 빅데이터가 암호화돼 실시간으로 업데이트 되고, 소비자는 삼성바이오에피스점 입구에 설치된 '안면 등록 키오스크'에 안면 정보와 CU 바이셀프 정보를 최초 1회만 등록하면 됩니다. 이후부터는 '안면 인식' 하나로 매장 출입부터 결제, 포인트 적립까지 원스톱 쇼핑이 가능합니다. 또한 점포 내부에는 상품 이동을 추적하는 '비전캠', 고객의 동선을 분석하는 '모션캠'도 설치되어 있는데 수집된 빅데이터로 고객행동을 분석해 상품개발, 진열, 마케팅 등에 활용이 가능하고, 매장을 사각지대 없이 관리하는 '360캠'은 화재, 도난 등과 같은 비상상황 시 점주를 대신해 신고하거나 빠른 대응을 위한 의사결정에 활용되고 있습니다. 그야말로 매장 자체가 스스로 데이터 기반으로 운영되는 시대입니다.

편의점 덤 행사 상품들(출처 : 구글 이미지)

이 외에도 편의점에서 물건을 구입하다 보면 1＋1 또는 2＋1 행사를 볼 수 있는데 이런 행사상품을 구입할 때 안내가 제대로 되어 있지 않거나 소비자가 행사내용을 인지하지 못할 경우에는 혜택을 못 받을 수도 있습니다. 직원도 해당 상품이 행사상품인지 모르고 있다면 소비자 입장에서는 하나 더 받을 수 있는데도 혜택을 받지 못하게 되며, 때로는 직원이 행사상품인 것을 알면서도 모른 척하고 덤 상품을 몰래 챙기는 경우도 발생할 수 있습니다. 이런 문제를 해결하기 위해 최근에는 행사상품을 POS기에서 찍으면 음성으로 행사상품임을 알려주고 소비자도 직원도 덤 상품을 잊지 않고 챙길 수 있도록 하고 있습니다. 그리고 편의점에서 많이 팔리는 삼각김밥, 샌드위치,

햄버거, 도시락 같은 유통기한이 짧은 상품의 경우 직원들이 진열된 상품을 검수하면서 수시로 유통기한이 지난 상품을 관리하지만 사람인지라 늘 실수가 있기 마련입니다. 하지만 이 또한 이제는 상품 바코드에 담긴 데이터를 활용해 유통기한이 지난 상품을 POS기에 찍으면 기한이 지난 상품이라고 안내가 나오기에 소비자에게 판매되는 최악의 상황을 막을 수 있게 되었습니다. 편의점 속에도 이렇게 많은 비밀이 숨어 있다는 걸 알고 있었나요? 그저 동네 가게로만 생각했던 편의점은 사실 빅데이터 기업이었습니다. 이처럼 편의점은 상품개발, 점포개발, 마케팅, 진열, 재고관리, 발주, 고객서비스 할 것 없이 다양한 업무에 데이터 기반 의사결정을 적극적으로 활용하고 있습니다. 이제 여러분도 편의점에 가서 물건을 구매하다 보면 이런 부분들이 눈에 조금씩 들어오게 될 테니 잘 관찰해 보기 바랍니다.

04

빅데이터가
곧 돈이다

디지털 시대 이전 전통적 경제학에서 생산을 위한 3요소는 토지, 자본, 노동이었습니다. 그래서 기업에게 있어 생산성이라고 하면 토지, 자본, 노동이라는 생산의 3요소를 효과적으로 결합하여 효율적으로 재화를 생산해 내는 것이었습니다. 하지만 이제 4차 산업혁명과 디지털 전환의 시대에 생산성 향상을 위해 반드시 필요한 새로운 생산요소는 바로 '빅데이터'입니다. 앞으로 빅데이터를 확보하지 못하는 기업은 미래 생존을 장담할 수 없으며 빅데이터가 곧 부의 미래라고 해도 과언이 아닐 정도입니다. 이는 기업뿐만 아니라 정부, 개인 모두 마찬가지입니다. 앞에서 디지털 리터러시를 다루면서 4차 산업혁명이 이전의 산업혁명과 가장 큰 차이는 바로 대량생산, 대량소비의 시대에서 맞춤형 생산, 맞춤형 소비로 전환되는 것이라고 했습니다. 그래서 기업은 이를 위해 과거보다 훨씬 더 생산성 높은 지능화된 시스템이 필요하기에 디지털 전환을 통한 시스템혁신이 불가피하고 지능화된 생산과 더불어 물류, 마케팅까지 해내기 위해서는 빅데이터와 빅데이터를 학습한 AI기술이 필수인 것이었죠. 이를 위해 기업 자체적으로 빅데이터를 확보하지 못하면 결국 돈을 주고 구입하거나 다른 기업의 기술을 사용할 수밖에 없습니다. 기업 입장에서 가장 좋은 그림은 기업이 빅데이터를 선제적으로 확보해서 빅데이터를 학습한 AI기술을 개발해 생산성을 향상시키는 것은 물론, 빅데이터과 AI기술을 타기업에 판매까지 하는 것입니다. 이처럼 빅데이터는 단순히기업의 생산성 향상 뿐만 아니라 빅데이터 그 자체 또는 빅데이터를 학습한AI기술이 새로운 상품이 될 수도 있는 만큼 빅데이터가 곧 돈이 되는 시대인것입니다.

예를 들어 자동차기업이라면 미래의 자율주행기술을 위해 자율주행운행 빅데이터가 많이 축적되면 될수록 자율주행의 성능은 높아질 수밖에 없습니다.결국 이러한 자율주행차량의 성능은 결국 실제 도로 위에서의 자율주행운행빅데이터를 누가 가장 빨리 그리고 많이 확보하느냐에 달려 있다고 볼 수 있는 것입니다. 만약 완전자율주행자동차의 시대가 온다면 소비자들은 어떤 차량을 원하게 될까요? 아마도 가장 안전하게 자율주행이 가능한 자동차가 아닐까요? 소비자들이 자율주행자동차를 많이 이용하면 할수록 이용자에 대한빅데이터가 쌓일 수밖에 없고 이러한 빅데이터를 기반으로 다양한 맞춤형 서비스가 가능해져 그만큼 다양한 방식으로 부 창출이 가능해지는 것입니다.뿐만 아니라 최근에는 카카오, 네이버 등과 같은 플랫폼기업들을 포함해서각종 유통업체와 금융기관 그리고 휴대폰 제조사까지 앞다투어 자체 간편 결제 서비스를 출시하고 있습니다. 자신들의 서비스 이용을 유도하기 위해 경쟁적으로 할인해 주거나 적립금 또는 포인트를 제공하고 있는데, 이 또한 궁극적으로는 소비자들의 빅데이터를 직접 수집하고 분석해 기업의 매출을 극대화하기 위한 것입니다. 이제 기업의 미래 경쟁력 확보를 위해 빅데이터를직접 확보하지 못하면 생존하기 어려운 시대가 오고 있습니다.

글로벌 스포츠용품기업인 나이키는 몇 년 전부터 빠르게 변화하는 소비자

니즈를 만족시키기 위해 혁신의 속도와 제품 출시 속도를 높일 수 있는 디지털 전환에 많은 투자를 해 왔습니다. 이를 위해 가장 많은 공을 들인 것이 바로 소비자와의 밀착인데 나이키가 가장 먼저 단행한 것은 바로 제품 종류와 판매처를 줄이는 것이었습니다. 그렇게 나이키는 최대 판매처라고 할 수 있는 아마존에서의 판매조차 중단을 선언하고 소비자 경험을 높일 수 있는 직접 서비스에 집중하겠다고 했습니다. 하지만 실상은 자체 플랫폼으로 고객을 끌어 들여서 직접 빅데이터를 수집하는 것이 목적일 가능성이 높습니다. 이후 나이키는 2017년부터 홈페이지에 회원가입을 하면 한정판 등 더 다양한 상품을 볼 수 있게 해 주고, 시중보다 더 빨리 살 수 있는 '멤버 숍'을 홈페이지에 열어 가입비나 회비 없이 무료로 소비자들의 멤버십 가입을 유도하기 시작했습니다. 물론 이전에도 고객 분석을 위해 결제 데이터를 활용할 수 있었지만 멤버십 덕분에 꼭 사지 않더라도 어떤 상품을 둘러보고 반응하는지 고객들의 취향 데이터를 광범위하게 얻을 수 있게 되어 고객들을 보다 자세히 파악할 수 있게 되었습니다. 그 결과 2018년 6월 이후 1년 동안 직접 판매 매출이 온라인 35%, 오프라인도 6% 증가했습니다. 나이키는 이러한 고객지향의 디지털 전환을 강화하기 위해 2019년 10월에는 이베이와 클라우드 컴퓨팅 솔루션회사 서비스나우 CEO 출신인 존 도나호를 CEO로 영입했습니다. 전통적 제조기업인 나이키도 결국 기존의 제조역량만으로는 경쟁력을 갖출 수 없다는 것을 인식하고 자체적으로 빅데이터를 수집하여 이를 빠르게 분석하고 활용할 수 있는 조직의 역량을 키우기 위해 디지털 전환에 많은 공을 들이고 있는 것입니다.

맞춤형 샴푸 제작서비스(출처 : CJ온스타일)

최근에는 국내기업도 기존 오프라인 중심의 판매에서 벗어나 자체 온라인 플랫폼을 강화해 소비자 데이터를 직접 확보하기 위해 많은 노력을 하고 있습니다. 이를 통해 확보된 빅데이터는 결국 고객들의 특성을 보다 세밀하게 파악함으로써 상품개발부터 마케팅, 서비스까지 최대한 맞춤형으로 제공하는 것을 목표로 하는 것이죠. CJ온스타일은 최근 급부상하고 있는 초개인화 트렌드에 발맞춰 화장품 개발·생산^{ODM} 기업 코스맥스와 맞춤형 화장품 브랜드 '웨이크미'를 론칭했습니다. 웨이크미는 1:1 온라인 문진, 레시피 도출, 즉시 조제 등의 '디지털 테일러드 뷰티' 시스템을 거쳐 개개인의 피부·헤어의 특성과 취향에 딱 맞는 맞춤형 화장품을 제안하는 첫 번째 제품으로 개인별 라이프스타일과 헤어 컨디션에 최적화된 '마이샴푸'를 공개했습니다. 마이샴푸는 셀프 문진으로 자신의 두피, 모발 상태를 진단하고 원하는 기능과 향, 효과를 선택해 커스터마이징되는 상품으로 CJ온스타일 앱, 웹페이지의 '나만의 헤어케어 제품 만들기'를 통해 응답한 내용을 토대로 최대 1만

4,494개의 타입 중 최적의 샴푸 포뮬러가 조합돼 맞춤형 샴푸가 제작됩니다. 문진 결과는 생산 로직에 따라 생성된 '레시피 넘버Recipe No.'라는 7자리 숫자로 상징화돼 제품 패키지에 각인되고 상품과 함께 동봉된 레시피 넘버 설명서를 통해 원료 정보 등 상세 내용을 확인할 수 있으며 이 레시피 넘버를 활용해 동일 제품을 간편하게 재주문할 수도 있습니다. 이러한 맞춤형 생산이 가능한 이유 역시 제조사인 코스맥스가 디지털 전환에 집중하며 소비자 빅데이터를 내부 데이터와 연계해 고객사에게 혁신 상품을 제안하는 선순환 체계를 확립한다는 목표 아래 화장품 생산 효율을 획기적으로 높일 수 있는 AI기술에 투자해 온 덕분입니다. 그리고 앞으로 맞춤형 샴푸를 생산하는 과정에서 새롭게 확보되는 빅데이터가 쌓일수록 맞춤형 생산능력은 더욱 강화될 것입니다. 미래는 초개인화 생산, 마케팅, 서비스의 시대이며 이를 위한 기업들의 빅데이터 확보 경쟁은 더욱 치열해지고 있습니다. 그야말로 미래는 쩐의 전쟁이 아닌 빅데이터 전쟁이라고 해도 과언이 아닙니다.

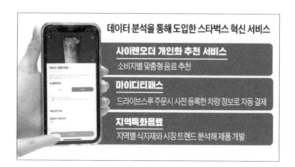

스타벅스의 빅데이터 마케팅(출처 : 한국경제)

글로벌 커피유통기업인 스타벅스는 데이터 분석 및 다양한 디지털 기술들을 비즈니스에 잘 접목하는 대표적인 글로벌 기업 중 하나로 꼽히는데 일각에선 스타벅스가 더 이상 커피 회사가 아니라 음료 및 식품 분야 데이터 기술 회사라는 얘기까지 나올 정도입니다. 기업들을 대상으로 데이터 사이언스 및 AI, 머신러닝 컨설팅을 제공하는 AI프리사이언스의 분석에 의하면 스타벅스가 데이터에 눈을 뜨기 시작한 것은 금융위기가 터진 2008년 즈음입니다. 이때 스타벅스도 금융 위기 여파로 어려운 경영 상황에 직면한 적이 있는데, 하워드 슐츠는 이 같은 상황에서 보다 분석적으로 데이터를 사용할 필요가 있다는 결론을 내렸습니다. 물론 그 전에도 스타벅스 내부에서는 데이터를 나름 중요하게 생각했지만 여전히 직원들의 경험과 판단에 기반을 둔 사람 주도형 모델에 불과했으며 시스템적인 접근과는 거리가 멀었습니다. 하지만 지금은 사람 중심에서 데이터 중심의 의사결정 모델이 자리를 잡았고 스타벅스는 전 세계적으로 3만 개의 매장에서 주당 1억 건에 달하는 빅데이터를 수집하고 있습니다. 고객들이 어떻게 소비하고 무엇을 즐기는지에 대한 광범위한 시각을 제공할 뿐만 아니라 모든 새로운 아이디어를 데이터와 기술을 사용해 실험하고, 앞으로 무엇을 해야 할지 결정하는 데도 사용하는 것입니다. 이러한 빅데이터 분석 결과는 개인화된 프로모션, 신제품 개발, 신규 매장 오픈 계획, 메뉴 개선 및 변경 등에 활용되고 있습니다.

 뿐만 아니라 스타벅스는 매장에서 고장난 기계를 수리할 수 있는 엔지니어들을 현장에 두지 않기 때문에 고장난 기계들을 엔지니어들이 최대한 빨리 받아볼 수 있게 하는 것이 매우 중요합니다. 이를 감안해 스타벅스는 데이터 분석 및 AI를 활용해 기계 고장 및 유지 보수의 필요성을 미리 예측하며 새로운 커피 머신 개발에도 유용한 클로버X를 자체 개발했습니다. 클로버X는 현재 스타벅스 플래그십 또는 콘셉트 매장들 위주로 투입되어 커피 품질을 향상시키는 것은 물론 클라우드와도 연결되어 있어 광범위한 운영데이터 수집을 넘어 원격 장애 진단이나 수리까지 가능합니다. 이처럼 스타벅스는 여타 유통업체들과 달리 단순 고객데이터를 활용하는 것을 넘어 업무 전반에 데이터 기반 의사결정을 도입해 조직 전체적인 생산성 향상을 도모하고 있습니다. 이 모든 것을 가능하게 해 주는 것이 바로 빅데이터와 이를 활용한 AI 기술이고 이러한 기술혁신을 통한 고객서비스 개선은 결국 고객 만족도 향상으로 이어집니다. 그리고 더 많은 고객 빅데이터 수집을 가능하게 해 줌으로써 스타버스의 매출극대화로 이어져 기업의 지속적인 부 창출을 가능하게 해 주는 것입니다.

무신사의 연혁 및 성장과정(출처 : 지디넷코리아)

국내 10번째 유니콘^{기업가치 1조 원 이상 비상장기업}인 무신사의 성공비결 역시 빅데이터라고 할 수 있습니다. 무신사의 모태는 조만호 무신사 의장이 고등학생 때 개설한 커뮤니티 '무진장 신발 사진이 많은 곳'입니다. 이 커뮤니티에서 꾸준히 축적된 신발 사진이 결국 국내 패션 플랫폼 1위까지 오르게 해준 일등공신, 바로 빅데이터가 된 것이죠. 스니커즈 마니아들의 소통 공간으로 시작해서 최신 패션 동향과 관련 정보를 획득할 수 있는 장소로 유명해졌고 입소문 덕에 더 많은 마니아들이 모여들면서 나이키, 아디다스 등 해외 유명 브랜드

한정판 운동화 사진과 국내 거리 문화, 패션 스타일 등에 대한 정보를 공유하는 명실상부한 국내 최대 패션 커뮤니티로 성장합니다. 이 커뮤니티를 기반으로 2005년 무신사 매거진 발행이 시작되었고, 2009년 무신사 스토어를 출시하면서 본격적인 패션 플랫폼으로 발전하기 시작했습니다. 그리고 마침내 2021년 기준 입점브랜드 6,200개에 기업가치 2조 5,000억 원의 유니콘으로 성장하게 된 것입니다.

결국 빅데이터 시대에는 산업의 영역을 불문하고 직접 빅데이터를 선제적으로 확보할 수 있어야 하고 이를 기반으로 초개인화 맞춤형 생산, 마케팅, 서비스가 가능한 기업이 소비자의 선택을 받을 것입니다. 따라서 전통적 산업의 기업들은 조직 차원에서 빅데이터의 중요성을 인식하고 직원 개개인의 데이터 리터러시를 높이기 위해 노력할 필요가 있습니다. 다만 아무리 개인의 데이터 리터러시를 높인다고 하더라도 빅데이터를 활용하기 좋은 환경구축을 위한 시스템 차원의 투자가 병행되지 않는다면 진정한 데이터 경쟁력을 키울 수는 없을 겁니다. 이제 빅데이터는 생산의 3요소인 토지, 자본, 노동에 이어 명실상부한 4번째 생산요소로서 4차 산업혁명과 디지털 전환 시대에 기업 경쟁력의 핵심이 될 것입니다.

05

일잘러를 위한
데이터 수집의 기술

　빅데이터 시대에 일잘러가 되기 위한 기본역량은 필요할 때 데이터를 원활하게 수집할 수 있는 능력입니다. 직장인이라면 상황에 따라 조직 내부와 외부에서 적절한 데이터를 수집할 수 있어야 합니다. 조직 내부 데이터의 경우에는 규모가 큰 기업이라면 별도의 전산팀이 있는 경우가 많아 필요한 데이터가 있으면 대부분 협조요청을 통해 데이터를 확보하는 것이 어렵지 않습니다. 다만 전산팀이 존재하더라도 원하는 데이터를 보유하고 있지 않을 경우에는 담당자와 협의를 통해 새롭게 데이터 수집 시스템을 구축하는 노력이 필요합니다. 이런 경우에는 제 경험상 평소에 전산팀에 동기가 있거나 친분이 있는 동료가 없다면 업무 추진 속도가 매우 느릴 수밖에 없습니다. 따라서 데이터 리터러시가 중요해지는 만큼 직장인이라면 조직 내에서 관련 업무를 하는 동료와 평소에 친분을 쌓아두는 것이 좋습니다. 그리고 직원들이 사내 인트라넷 등을 통해 직접 접근할 수 있는 데이터들이 있다면 평소에 조직 내에 어떤 데이터가 수집되고 있는지 수시로 확인하고 관심을 가질 필요가 있습니다. 조직 내에 데이터가 있음에도 불구하고 그 사실을 알지 못해 별도로 데이터를 수집하는 것은 매우 비효율적이기 때문입니다. 반면 조직의 규모가 작거나 별도의 전산팀도 없고 조직 내부에 어떤 데이터가 존재하는지 확인이 어려운 곳이라면 업무에 필요한 데이터를 그때그때 확보해야 하는 수고가 따를 수밖에 없습니다. 그래서 조직 내부의 데이터를 수집하는 것은 조직의 규모와 상황에 따라 대응을 해야겠지만 그 외 데이터들은 평소에 도움이 될 만한 사이트를 미리 찾아서 알아두는 것이 좋습니다. 도움이 될 만한 데이터 수집처들을 소개하니 참고하기 바랍니다.

① 통계청^{kostat.go.kr}

국내에서 데이터 수집을 위해 가장 기본적으로 참고해야 할 사이트는 바로 통계청입니다. 통계청은 국가에서 정기적으로 하는 각종 통계조사 데이터를 오랜 기간 수집해 국민들에게 모두 개방하고 있으며 특히 직장에서 기획서 또는 보고서를 작성할 때 필요한 각종 사회, 경제, 인구, 환경, 기술 등 다양한 지표들을 확인할 수 있습니다. 인구와 관련된 데이터는 통계청 데이터가 가장 신뢰할 만한데 이슈별, 대상별로 세분화해서 열람이 가능합니다. 국가통계포털^{KOSIS}의 KOSIS 100대 지표도 매우 유용합니다. '쉽게 보는 통계' 카테고리를 통해 숫자만 가득한 데이터가 아닌 쉽게 다가갈 수 있는 통계시각화 콘텐츠도 다양하게 제공하고 있습니다. 또 데이터 열람뿐만 아니라 필요 시 엑셀파일로 다운로드 할 수 있고 각종 간행물 및 보고서 역시 다운로드 가능합니다. 국가승인통계에 대한 공표일정도 확인할 수 있으니 꼭 업데이트된 통계 데이터가 필요할 경우 사전에 체크해 두면 편합니다.

② 공공데이터포털^{www.data.go.kr}

공공데이터포털이란 공공기관이 생성 또는 취득하여 관리하고 있는 공공데이터를 한 곳에서 제공하는 통합 창구입니다. 이 사이트에서는 국민들이 쉽고 편리하게 공공데이터를 이용할 수 있도록 파일데이터, 오픈API, 시각화 등 다양한 방식으로 데이터를 제공하고 있으며, 누구든지 검색을 통해 원하는 공공데이터를 빠르고 정확하게 찾을 수 있어서 유용합니다. 게다가 공공데이터포털에서는 제공하지 않는 공공데이터를 신청하면 제공여부 심의 후 원하는 데이터를 제공 받을 수도 있습니다. 이것을 공공데이터 제공제도라고 하는데 국가기관, 지방자치단체, 공공기관 등이 법령 등에서 정하는 목적을 위하여 생성 또는 취득하여 관리하고 있는 공공데이터를 민간에 제공함으로써, 민간 활용을 통한 신규 비즈니스와 일자리 창출, 국민 편익을 향상하기 위한 제도입니다. 절차로는 먼저 공공데이터포털에서 원하는 데이터를 제공하는지 확인한 후, 제공하지 않을 경우 사이트를 통해 정해진 양식에 맞춰 제공신청서를 작성합니다. 그리고 10일 이내에 제공여부심의 후 데이터 제공을 결정하게 됩니다. 다만 부득이한 경우 10일까지 심의기간이 연장될 수도 있습니다. 또한 공공데이터포털에는 다양한 공공데이터 활용사례 및 우수 사례도 확인할 수 있으며 누구나 참여 가능한 공공 빅데이터분석 공모전 또는는 공공데이터 활용 창업경진대회, 공공데이터 청년인턴십 언택트 해커톤 등도 수시로 개최되고 있습니다.

③ AI허브 www.aihub.or.kr

AI허브는 AI 기술 및 제품·서비스 개발에 필요한 AI 인프라^{AI 데이터, AI SW API,} ^{컴퓨팅 자원}를 지원함으로써 누구나 활용하고 참여하는 AI 통합 플랫폼으로 한국지능정보사회진흥원에서 운영하고 있습니다. 이 플랫폼은 지능정보산업 인프라 조성사업으로 추진한 AI 학습용 데이터 6개 분야^{한국어, 영상이미지, 헬스케어, 재난안} ^{전환경, 농축수산, 교통물류}와 국내외 기관/기업에서 보유한 AI 학습용 데이터를 공개해 AI 개발을 희망하는 중·소벤처기업, 대학교, 공공기관 등을 대상으로 대규모 데이터 셋 처리를 위해 필요한 고성능 컴퓨팅 자원을 지원하고 있습니다.

특히 AI 솔루션 적용이 필요한 중·소벤처/중견기업^{수요기업}에게 바우처를 발급하여 최적의 AI 솔루션을 도입할 수 있도록 지원하고, 인공지능 솔루션을 개발한 중·소벤처기업^{공급기업}에게는 새로운 시장 창출의 기회를 제공함으로써 AI 산업생태계 조성과 확산에 기여하고 있습니다. 뿐만 아니라 AI허브에서는 교육콘텐츠도 제공하고 있어 관심 있는 분들은 무료로 온라인 수업을 들을 수 있으며 최신 AI모델 및 데이터동향, 활용 및 우수 사례, AI웹진 등도 공유하고 있습니다.

지금까지 살펴 본 3개의 사이트는 주로 개방된 공공데이터를 수집할 수 있는 곳이며 지금부터 소개하는 사이트들은 민간데이터를 유·무료로 수집할 수 있는 곳입니다.

4 네이버 데이터랩과 구글 트렌드

아마도 조직 내부에서는 구할 수 없는 데이터 중 하나가 바로 인터넷 포털 사이트가 보유하고 있는 데이터일 겁니다. 대표적으로 특정 검색어에 대한 관심이 어느 정도인지 객관적인 데이터가 필요할 경우에 활용할 수 있는 것으로 네이버 데이터랩^{Datalab}과 구글 트렌드^{Google Trends}가 있습니다. 네이버 데이터랩의 경우 국내 검색어 데이터분석에 유용하며 구글 트렌드는 글로벌 검색어 데이터분석에 도움이 됩니다. 다만 구글 트렌드를 활용해 글로벌 트렌드 분석을 할 때는 검색어를 한글보다는 영어로 입력하는 것이 더 좋으며 네이버 데이터랩에서는 패션, 화장품, 식품 등 카테고리별로 인기 있는 검색어를 일간, 주간, 월간으로 분석이 가능합니다. 원하는 검색어가 있다면 주제어 및 연관 단어를 입력하고 기간설정, 범위^{PC 또는 모바일}설정 후 성별, 연령별 데이터를 분석할 수도 있습니다. 뿐만 아니라 쇼핑인사이트에서는 카테고리별로 세부 분류를 통해 검색어 추세 분석도 가능하고 지역별 인기업종 트렌드도 분석할 수 있습니다. 구글 트렌드는 희망하는 검색어 또는 주제어를 입력하면 글로벌 트렌드는 물론이고 국가별 트렌드분석도 가능합니다. 그리고 기간 설정, 카테고리 설정, 분석채널 설정을 통해 원하는 트렌드를 분석하거나 주제어와 다른 검색어를 비교해서 분석할 수도 있습니다. 다만 두 곳 모두 검색어를 쉽게 분석할 수는 있지만 분석된 데이터 결과에 대한 별도의 설명이나 해석은 없어 이 부분은 여전히 이용자의 몫입니다.

⑤ KDX 한국데이터거래소^{kdx.kr}

2019년 공식출범한 한국데이터거래소(이하 KDX)는 국내 최초의 민간 데이터거래소로 데이터 산업진흥 및 이용촉진에 관한 기본법^{데이터 기본법} 시행령에 따라 국내 1호 데이터 사업자로 등록되었습니다. KDX는 데이터 공급자와 수요자의 데이터거래를 중개하고 AI학습용 데이터 생산 및 유통, 맞춤형 데이터분석 및 플랫폼 서비스까지 제공하고 있습니다. 그 외에도 맞춤형 데이터 컨설팅 및 데이터 바우처사업을 진행하며 데이터 전문 온라인 뉴스레터인 '데이터루'도 발행하고 있습니다. 2021년 8월 기준 누적 가입자수는 1만 명을 돌파했으며 주로 통신과 인구데이터가 가장 많은 비중을 차지하고 있습니다. 주로 업무활용 목적으로 데이터판매가 이루어지고 있는데, GS리테일, 삼성카드, SK텔레콤, CJ올리브네트웍스 등이 데이터상품을 판매 중이며 KDX의 상품 수는 지속적으로 증가하고 있습니다. 이제 데이터도 사고파는 그야말로 데이터가 곧 돈이 되는 시대가 오고 있습니다. KDX의 데이터상품은 공공기관이나 민간기업이 판매 가능한 데이터상품에 한해 무료나 유료로 판매하고 있으며 일부 상품은 희망하는 가격을 구매자가 해당 기업에 제안해 협의를 통해 거래할 수도 있습니다.

소비트렌드와 관련한 데이터가 필요할 경우에는 트렌드모니터라는 곳이 유용합니다. 트렌드모니터를 운영하는 마크로밀엠브레인은 연간 4,800여 건의 국내 최대 규모 리서치 프로젝트를 수행하고 있으며, 온·오프라인 조사의 전문성을 함께 갖춘 국내 유일의 종합 리서치 기업입니다. 트렌드모니터는 마크로밀 엠브레인의 콘텐츠사업부에서 독자적으로 운영하는 소비자 시장조사 전문 브랜드로 다양한 분야의 소비 트렌드와 소비자 인식 관련 조사들을 자체적으로 기획하여 진행하고 있으며, 이를 바탕으로 만들어진 컨슈머 리서치 정보와 전문 조사 콘텐츠 자료들을 개인 연구자와 중소기업 및 연구기관, 일반인에게 제공하고 있습니다. 또한 유수의 학술기관과 콘텐츠 제휴를 맺고 있으며, '대한민국 트렌드' 시리즈를 발행하는 등 출판 사업도 진행하고 있습니다. 트렌드모니터가 제공하는 데이터자료는 크게 IT/모바일, 유통/쇼핑, 여가/외식, 사회/문화, 뷰티/헬스, 금융/부동산 여섯 가지 카테고리로 구분됩니다. 특히 시장조사를 통해 수집된 데이터를 분석해 기획서 또는 보고서에서 사용하기 좋은 그래프 등으로 시각화해서 제공하기 때문에 실무자들이 바로 활용할 수 있어서 편리합니다. 다만 보고서 및 통계테이블을 전체열람 및 다운로드 받기 위해서는 유료이용권을 구입해야 하는데 개인 비용으로 이용하기에는 다소 부담이 되는 금액이라 꼭 필요한 데이터가 있다면 회사 예산으로 구입하는 것을 추천합니다.

⑦ **리스틀리** www.listly.io

리스틀리Listly는 프로그래밍언어를 몰라도 누구나 웹크롤링과 웹스크래핑을 할 수 있게 도와주는 서비스입니다. 크롬, 웨일, 엣지 확장 프로그램으로 누구나 간편하게 설치할 수 있으며 데이터 수집 시간을 획기적으로 줄일 수 있는 서비스입니다. 웹페이지 구조를 자동으로 파악하여 클릭 몇 번만으로 웹 데이터를 엑셀로 수집해 주기 때문에 비개발자라도 사용이 용이할 뿐만 아니라 커머스의 경쟁사 상품 조사, 부동산 매물 정리, 연락처 수집, 연구 기관에서의 데이터 수집 등 다양한 업종에서 활용되고 있습니다. 실제로 엑셀 한 페이지를 복사, 붙여넣기로 정리하기 위해서 꼬박 6시간 걸리는 업무를 리스틀리를 사용하면 불과 1~2분 만에 정리할 수 있어 업무의 생산성 향상을 바라는 마케터, 공인중개사, 연구원 등 전 세계 10만 여 곳에서 다양한 직장인들이 사용하고 있습니다. 커머스에서는 인기 상품이나 가격을 모니터링하고, 마케터들은 리뷰나 뉴스, SNS 반응을 수집하며, 영업직에서는 연락처를 수집할 수도 있을 뿐만 아니라 금융 분야에서는 투자 지표를 수집하는 등 리스틀리의 활용도는 무궁무진합니다. 다만 리스틀리도 기본적으로는 무료로 사용이 가능하지만 프리미엄 기능을 모두 사용하기 위해서는 유료전환이 필요한 서비스입니다.

⑧ 상권정보분석시스템^{sg.sbiz.or.kr}

마지막으로 소상공인시장진흥공단에서 운영하는 상권정보분석시스템입니다. 이곳은 유통산업 또는 외식산업에 종사하거나 직접 창업을 할 경우 상권분석을 위한 데이터를 제공하는 사이트입니다. 매장을 오픈할 때는 트렌드에 맞는 아이템을 잘 선택하는 것도 중요하지만 상권분석이 성패를 좌우하는 경우도 많습니다. 과거에는 개인이 상권분석을 한다고 하면 발품을 팔아가며 매장 인근에서 유동인구를 눈으로 확인하거나 부동산을 통해 정보를 수집하는 경우가 대부분이었습니다. 하지만 상권정보분석시스템을 이용하면 각종 빅데이터를 활용해 온라인으로도 보다 객관적인 상권분석이 가능하고 원하는 지역의 경쟁분석, 수익분석, 입지업종분석 등을 확인할 수도 있습니다.

상권분석을 위해 사용되는 데이터로는 SK텔레콤의 전국 주요상권 유동량 조사정보, 전국 상가DB, 국토교통부의 공동주택정보, 행정구역별 주거인구 데이터, 도시철도공사의 지하철역별 시간대별 이용인원, 카드사의 매출DB, 배달의민족을 운영하는 우아한형제들의 배민DB 등이 있습니다. 해당 데이터들은 가능한 최신 상권분석을 위해 월 또는 반기별로 업데이트되고 있습니다.

지금까지 소개한 사이트 외에도 데이터 수집에 도움이 되는 곳은 많습니다. 다만 목적과 분야에 따라 필요한 데이터는 다르기 때문에 각자의 상황에 맞는 최적의 데이터 수집원을 평소에 찾아 두고 필요할 때 언제든지 활용할 수 있도록 준비해야 합니다. 그리고 항상 데이터를 수집해서 사용하기 전에는 데이터가 생성된 시기나 조사방법 등을 확인한 후 사용하기에 적절한 데이터인지 꼼꼼히 살펴보는 것도 중요합니다. 아무리 데이터가 많아도 목적에 맞지 않는 데이터이거나 데이터의 질이 떨어진다면 당연히 잘못된 상황판단으로 올바른 미래예측과 의사결정 역시 불가능할 테니까요.

06
데이터 분석과 시각화에 유용한 툴

데이터 리터러시를 높이기 위해서는 필요한 데이터를 수집할 수 있는 능력이 기본이지만 수집된 데이터를 분석하고 분석된 결과를 누구나 이해하기 쉽게 시각화할 수 있는 능력 역시 반드시 필요한 역량입니다. 10여 년 전만 해도 제가 직장에서 데이터를 분석한다고 하면 떠올리는 프로그램은 엑셀이 유일했습니다. 요즘은 다루는 데이터의 양도 방대해졌고 데이터 분석을 하는 목적에 따라 활용할 수 있는 분석 툴들이 다양해진 만큼 각 툴을 이해하고 필요한 상황에 맞게 활용할 수 있어야 합니다. 시각화 역시 단순히 엑셀로 분석해서 그래프 기능을 이용해 시각화하는 것이 아니라 데이터에 따라 다양한 형태로 시각화되는 툴과 분석된 결과로 문서를 작성하거나 카드뉴스 등 인포그래픽^{정보의 시각화} 자료를 만들 때 유용한 플랫폼도 적극적인 활용이 필요합니다. 알아두면 유용한 데이터 분석과 시각화 툴을 소개하니 참고하기 바랍니다.

① 엑셀EXCEL

가장 기본적인 데이터 분석툴은 모두가 알다시피 엑셀입니다. 엑셀은 전문적인 데이터분석 담당자나 개발 담당자가 아니더라도 대부분의 직장인들이 사용하는 대중화된 사무용 데이터분석 프로그램입니다. 다만 엑셀의 기능만 잘 활용해도 일반적인 데이터의 경우 효과적으로 처리하고 분석하는 데 무리가 없지만 안타깝게도 앞으로는 직장인들이 다뤄야 하는 데이터의 양이 늘어날 가능성이 높은 만큼 엑셀만으로는 데이터 분석 역량을 끌어올리기는 쉽지 않을 겁니다. 대신 엑셀을 사용하더라도 늘 사용하는 기능만 쓸 것이 아니라 어떤 기능들이 있는지 평소에 알아두면 업무에 따라서 가장 효율적인 방법을 선택할 수 있을 것입니다. 일 못하는 사람들이 연장 탓을 한다고 하듯이 내가 손에 쥐고 있는 도구도 제대로 활용하지 못하면서 멋지고 화려해 보이는 도구만 찾는 것은 바람직하지 못합니다. 요즘은 네이버, 유튜브 등에서 엑셀의 신들이 업무에 유용한 기능들만 모아서 정리해 둔 콘텐츠들이 매우 많으니 일단 엑셀부터 마스터해 보기 바랍니다.

② Power BI

Power BI는 마이크로소프트가 개발한 상호작용 데이터 시각화 소프트웨어 제품으로, 비즈니스 인텔리전스에 초점을 두고 있습니다. 비즈니스 인텔리전스BI, Business Intelligence란 기업이 보유하고 있는 수많은 데이터를 정리하고 분석해 기업의 의사결정에 활용하는 일련의 프로세스를 말합니다. Power BI는 마이크로소프트에서 개발한 만큼 엑셀을 포함한 Microsoft Office 어플리케이션 기반으로 활용할 수 있는 협업 툴이라는 게 큰 장점입니다. 조직 차원에서는 개인적으로 열람했던 데이터를 협업이 필요한 관계자들끼리 공유하고, 커스텀 대시보드를 활용해 데이터 시각화까지 도와줍니다. 시각화 차트를 만드는 화면을 Power BI에서는 보고서라고 하는데 시각화의 유형을 선택하고 원하는 데이터의 필드를 체크하면 쉽게 그릴 수 있으며 엑셀에서 흔히 사용하는 막대, 라인, 파이 그래프뿐만 아니라 R과 파이썬을 활용한 시각화 차트로 만들 수 있습니다. Power BI는 초보자를 위한 각종 교육 프로그램을 제공하고 있는 만큼 겁내지 말고 일단 무료 체험을 통해 경험해 보기 바랍니다.

③ 태블로 TABLEAU

　태블로는 '데이터 스토리텔링'에 특히 효과적이며 데이터 분석 업무 자체보다는 데이터 분석 결과를 통한 사내 커뮤니케이션이나 업무 보고에 활용하기 좋은 툴입니다. 태블로는 데이터 기술 지식이 없어도 원시 데이터를 쉽게 이해할 수 있는 형식으로 단순화하는 것을 목표로 하고 있는 소프트웨어이며, 데이터를 매우 빠르게 분석하고 모든 사람이 쉽게 이해할 수 있도록 하는 대시보드 및 워크시트를 만드는 데 유용합니다. 태블로의 장점은 크기 및 범위에 관계없이 데이터를 가져오기 편하고 코딩을 하지 않아도 데이터를 사용해서 시각화를 할 수 있다는 점입니다. 또한 사용자 편의를 위해 드래그 앤 드롭 기능을 제공하기 때문에 사전 지식이나 프로그래밍 기술 없이도 누구나 바로 도구를 사용할 수 있습니다. 태블로는 유료서비스로 사용자가 개인이냐 조직이냐에 따라 또는 사용하는 제품의 유형에 따라 요금이 상이하지만 무료체험판을 이용할 수 있으니 체험 후 서비스 이용을 결정할 수 있습니다. 그리고 엑셀에서도 그래프 디자인 탬플릿을 제공하듯이 태블로도 다양한 업종 및 분석하고자 하는 데이터의 성격에 따라 참고할 수 있는 추천 대시보드를 제공하고 있어 디자인에 자신 없는 분들도 누구나 사용이 가능하고 초보자를 위한 교육도 서비스하고 있습니다.

④ 구글 애널리틱스 ^{Google Analytics}

구글 애널리틱스(이하 GA)는 현재 구글 마케팅 플랫폼 브랜드 내의 플랫폼으로서, 웹사이트 트래픽을 추적하고 보고하는 구글이 제공하는 웹 애널리틱스 서비스입니다. 흔히 마케팅에 국한해서 쓰인다고 생각하기 쉽지만 GA는 웹 로그 데이터 분석에 범용적으로 쓰이는 대표적인 분석 툴이며 다양한 분야의 고객 데이터를 심층적으로 분석하여 광고 효율과 제품의 매출을 개선시키는 데 활용이 가능합니다. 특히 디지털 마케팅 영역에서도 고객의 데이터를 분석해서 인사이트를 도출하고 이를 마케팅이나 비즈니스 전략에 활용하는 데이터 분석 능력은 오늘날 마케터가 갖춰야 할 필수 역량이 되었습니다. 네이버, 다음, 구글과 같은 검색엔진에서의 검색 데이터, 페이스북과 같은 매체에서의 소셜 데이터, 각종 광고매체 데이터, 개별 기업이 보유한 CRM 고객 데이터, 웹사이트 방문자의 웹로그 데이터 등은 시장을 파악하고 고객을 이해할 수 있는 대표적인 디지털 데이터에 해당하며, 그 활용을 위해 통계 분석이나 빅데이터 분석 등 다양한 분석 방법이 적용됩니다. 이러한 웹 로그 데이터분석을 위해 GA를 사용해야 하는 가장 큰 이유는 일단 무료라는 점이며 운영할 웹사이트와 구글 계정만 있으면 누구나 구글 애널리틱스를 사용할 수 있기 때문입니다. GA를 이용하면 웹사이트에 어떤 사용자들이 방문하는지, 어떤 채널을 통해서 방문하는지, 웹사이트에 도착해서는 어떤 행동 패턴을 보이는지, 최종적으로 구매, 상담신청 등 웹사이트의 전환이 얼마나 발생했는지 등 고객과 관련하여 우리가 갖는 많은 질문에 대해 인사이트를 얻을 수 있습니다.

⑤ 데이지DAISY

국내에서도 뉴스젤리라는 기업이 개발해 서비스하고 있는 데이터 시각화 솔루션이 있는데 바로 데이지입니다. 뉴스젤리의 데이지는 '엑셀만큼 편리하고, BI 솔루션보다 쉽게'라는 슬로건을 내세우며 데이터를 가장 쉽고 빠르게 시각화할 수 있는 솔루션 제공을 목표로 하고 있습니다. 엑셀에서는 대용량 데이터의 자유로운 활용과 공유가 힘들기 때문에 다양한 차트를 한눈에 보고 분석할 수 있는 대시보드 단위로 관리하는 것 역시 불가능합니다. 그러나 데이지에서는 연동된 데이터를 키워드 검색으로 간편하게 불러오고 시각화 차트 추천에 따라 쉽게 차트를 만들 수 있어 공유 가능한 대시보드로 자유롭게 활용할 수 있습니다. 또한 타 서비스들과 달리 직원 수당 라이선스가 아닌 서버당 라이선스 정책으로 한번 도입하면 언제든 전사 임직원들이 동시에 접속 가능합니다. 데이지의 특장점 중 하나로 '셀프서비스 애널리틱스'가 있는데, 일반적으로 기업이나 기관이 가진 데이터를 가공하고 대시보드를 만드는 일은 한정된 계정만을 통해 접근할 수 있어 일부 통계분석가의 담당인 경우가 많습니다. 반면 데이지는 조직의 모든 실무자가 접근 및 활용할 수 있고 자유롭게 필요한 데이터를 모아 편집하고 대시보드를 만드는 일 등이 가능합니다. 뿐만 아니라 21종 이상의 자체 차트 라이브러리를 통해 데이터 타입을 분류하여 사용자에게 맞는 시각화 유형을 추천해주는 기술을 가지고 있기도 합니다. 특히 복잡한 UI와 UX를 가진 기존 외국산 솔루션에 비해 데이지는 30분 정도의 교육만으로 바로 사용이 가능하고 쉽고 간결한 유저 환경을 구축해 누구라도 데이터를 활용해서 직접 시각화까지 할 수 있습니다. 데이지 역시 라이선스와 별개로 무료 데모 버전은 누구나 간편하게 사용할 수 있으므로 용량이 크지 않은 간단한 데이터 파일로 시각화를 만들고 인사이트를 얻고 싶을 때 활용하면 유용합니다.

⑥ 망고보드 Mangoboard

업무를 하다 보면 데이터 시각화 결과물들을 프레젠테이션을 위해 보기 좋게 만들어야 하거나 홍보를 위해 카드뉴스 등으로 SNS에서 활용을 해야 할 때가 있는데 이때 필요한 작업이 바로 인포그래픽 Infographic 입니다. 인포그래픽이란 정보, 데이터, 지식을 시각적으로 표현한 것으로, 정보를 빠르고 쉽게 표현하거나 컴퓨터 과학·통계학 등의 개념적 과학적 정보를 알기 쉽게 시각화하는 도구로 사용되곤 합니다. 인포그래픽을 직접 파워포인트나 포토샵을 이용해서 만드는 능력자들도 간혹 있지만 아무래도 디자인을 하는 것이 쉽지 않습니다. 인포그래픽을 도와주는 서비스 역시 다양하지만 그중에서 가장 일반적으로 사용되는 서비스가 바로 망고보드입니다. 망고보드에서는 다양한 용도에 따라 필요한 템플릿을 골라서 활용할 수 있으며 동영상 제작을 위한 템플릿도 제공하는데 카드뉴스를 동영상으로 변환해 주는 기능도 있고 움직이는 콘텐츠 제작도 간편한 기능으로 제공합니다. 무엇보다도 인포그래픽을 위해 필요한 사진, 아이콘, 이모티콘, 워드아트, 폰트까지 제공하며 저작권 문제에 대한 걱정 없이 이용할 수 있다는 것이 큰 장점입니다. 망고보드는 무료로도 이용은 가능하나 제작물에 망고보드의 로고가 표기되는 만큼 유료 결제를 추천하며 유료 전환 시 더 많은 기능을 이용할 수 있는 혜택이 주어집니다. 요금제는 학생, 일반, 프로버전으로 구분되어 있으니 상황에 맞는 요금제를 선택하면 되고, 망고보드 외에도 유사한 서비스로 타일 Tyle, 미리캔버스가 있습니다. 물론 이런 서비스들을 사용하더라도 결국 인포그래픽의 전체적인 콘셉트는 개인의 디자인 감각에 달려 있습니다. 따라서 평소에 잘 만들어진 인포그래픽 자료들을 많이 봐 두는 것이 좋으며 구글 이미지검색에서 '인포그래픽'이라는 키워드로 검색을 하면 다양한 사례를 볼 수 있으니 참고 바랍니다.

07

데이터 리터러시를 높이는
세 가지 사고법

데이터 리터러시를 위해 데이터를 수집, 분석, 시각화할 수 있는 각종 툴을 배워 스킬역량을 키우는 것도 중요하지만 빅데이터 시대를 살아가려면 결국 인간의 상황판단, 미래예측, 의사결정의 방식을 바꿔야 하기 때문에 사고방식 자체의 전환이 반드시 필요합니다. 따라서 이번에는 빅데이터 시대에 맞게 사고하기 위해서 알아야 할 세 가지 사고법에 대해 자세히 살펴보고자 합니다.

먼저 비판적 사고입니다. 일반적으로 비판이라고 하면 상대방에 대해 불만을 표하거나 뭔가 부정적인 의미로 받아들이는 경향이 있습니다. 하지만 한국교육심리학회의 교육심리학용어사전에 따르면 비판적 사고批判的 思考, Critical Thinking란 필연적으로 그 성격상 평가적이며 건전한 회의주의로서 정확성, 타당성, 가치를 판단하기 위해 어떤 주장, 신념, 정보의 출처를 정밀하게, 지속적으로 그리고 객관적으로 분석하는 것입니다. 쉽게 말하면 비판적 사고란 항상 어떤 정보나 주장, 상황에 대해 의문을 가지라는 말 아닐까요? 의문을 가진다는 것은 다르게 표현하면 질문하고 의심하라는 뜻이기도 합니다. 그렇다면 왜 데이터 리터러시를 위해 이러한 비판적 사고가 중요할까요? 데이터 기반 의사결정을 위해서 데이터를 수집하고 분석하는 것도 중요하지만 이 또한 누군가의 상황에 대한 의문과 질문에서 시작되기 때문입니다. 예를 들어 '혹시 우리가 모르는 것을 빅데이터는 알고 있지 않을까?', '이 문제의 원인을 찾기 위해 이런 데이터를 확인해 보면 어떨까?', '서로 연관이 없어 보이지만 데이터를 들여다보면 우리가 모르는 상관관계가 나타나지 않을까?'와 같은 질문과 의문이 먼저고 데이터를 수집하고 분석하는 것은 그 다음입니다. 현 시대에 가장 중요한 질문은 아마도 '요즘 같은 시대에 세상도 사람도 인간의 오감만으로 제대로 알 수 있을까?'일 겁니다. 어떻게 보면 디지털 전환과 빅데이터 시대에 비판적 사고를 한다는 것은 발전된 기술 앞에서 인간은 스스로 늘 겸손해야 한다는 뜻이기도 합니다. 내가 많이 알고 있다고 생각하는 순간 비판적 사고는 불가능합니다.

두 번째는 과학적 사고로, 앞으로는 누구나 과학자처럼 사고를 해야 한다는 뜻입니다. 그럼 과학자는 어떻게 사고를 할까요? 과학자가 늘 반복하는 사고가 바로 가설검증사고인데 과학자는 기존에 증명된 이론이나 법칙이 있어도 비판적 사고를 통해 기존 이론과 법칙에 의문을 던지고 새로운 가설을 세운 후 수많은 실험을 통해 가설을 검증하는 일을 끊임없이 반복합니다. 사실 가설검증사고는 꼭 과학자가 아니라도 누구나 하고 있는 사고입니다. 인간은 각자가 가지고 있는 머릿속 데이터를 기반으로 미래를 예측합니다. 예측한다는 것은 결국 미래에 대한 가설을 세우는 것입니다. 내가 생각하는 미래가 맞을지는 모르지만 일단 의사결정을 통해 실행해 봐야 내 예측이 맞는지 검증이 가능하니 결국 우리가 하는 모든 사고는 기본적으로 가설검증사고라고 해도 무방합니다. 다만 과학자가 하는 가설검증사고는 가설을 세우고 검증할 때 주관적인 직감과 경험에 의존하기보다는 반드시 객관적인 데이터를 기반으로 한다는 것입니다. 그렇다면 왜 이러한 과학적인 가설검증사고가 앞으로 더 중요해질까요?

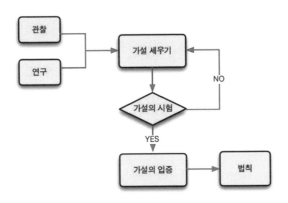

가설검증사고의 프로세스

디지털 전환의 시대에는 수많은 문제를 해결함에 있어서 데이터를 기반으로 의사를 결정해야 합니다. 이 과정에서 빅데이터를 토대로 가설을 세우고 검증하는 과정이 필요하겠죠. 이때 최대한 정량적이고 객관적인 데이터를 기반으로 해야 올바른 결정을 할 수 있습니다. 예를 들어 직장에서 기획자가 기존과는 다른 새로운 아이디어로 기획한 프로젝트를 실행한다고 생각해 봅시다. 여기서 아이디어는 가설에 불과할 텐데 인간의 오감으로 관찰한 데이터로만 가설을 세웠을 때와 수많은 빅데이터를 분석해서 가설을 세웠을 때, 성공 가능성은 과연 어느 것이 더 높을까요? 그리고 기획안이 통과되어 예산을 들여 실행했다면 과연 이 기획자가 제시한 가설이 맞았는지 틀렸는지, 그러니까 그 아이디어가 성공을 했는지 실패했는지를 확인하기 위해서는 감이 아닌 객관적인 데이터로 검증을 해 봐야 합니다. 조직에서의 각종 기획이나 정책 가설들을 제대로 검증을 하기 위해서는 해당 기획안의 성공 여부를 검증하기 위해 매출, 고객 수, 고객만족도, 시장점유율, 성장률 등과 같은 수치화 할 수 있는 항목에 대한 전후 데이터를 뽑아서 의미 있는 결과를 이끌어 냈는지 반드시 객관적으로 분석하고 평가해야 합니다.

물론 과거에는 가설을 세우거나 가설을 검증하기 위해서도 활용할 수 있는 데이터의 양이 부족했고 대량의 데이터를 확보하는 것도 쉽지 않았으며 데이터를 확보했더라도 분석하기 위한 기술의 한계가 있었습니다. 그러나 이제 디지털 전환으로 빅데이터를 수집하고 분석할 수 있는 기술은 더욱 발전하고 있는 만큼 과학적 사고는 과학자만 할 수 있는 거라는 핑계를 댈 수는 없는 시대입니다. 그리고 무엇보다 과학적 사고가 필요한 이유 중 또 하나는 생산성 향상과 인류의 문제해결, 인간의 행복을 위한 새로운 시스템으로 전환하기 위해서도 과학자 같은 실험정신이 요구되기 때문입니다. 변화의 시대에는 국가, 기업, 개인 할 것 없이 새로운 실험을 하지 않는 자는 절대 앞으로 나아갈 수 없습니다. 여러분은 지금 각자의 일과 삶에서 어떤 질문을 하고 가설을 세우면서 실험을 하고 있나요? 스스로 변화의 시대에 맞는 새로운 질문과 가설을 떠올리고 실험하기 위해서는 먼저 새로운 지식과 정보, 경험이라는 머릿속 데이터의 업데이트부터 선행되어야 할 겁니다. 미디어 리터러시, 디지털 리터러시, 데이터 리터러시 등 다양한 리터러시 학습이 필요한 이유이기도 합니다.

데이터 리터러시를 높이기 위해 반드시 필요한 마지막 사고는 바로 융합적 사고입니다. 쉽게 말해 데이터 리터러시를 위해 기술적 역량도 필요하지만 인문학적 통찰력도 중요하고 결국 인문과 기술이 융합되어야 진정한 데이터 리터러시를 키울 수 있다는 뜻입니다. 융합적 사고는 복잡성 시대에 세상의 맥락을 읽기 위한 미디어 리터러시를 위해서도 필요하고 4차 산업혁명 시대에 생산성 향상과 인류의 문제해결, 인간의 행복을 위한 시스템을 만들기 위한 디지털 리터러시를 위해서도 반드시 필요한 사고입니다. 미국의 한 마트에서는 고객들이 계산원들의 계산 속도가 너무 느리다는 불평이 늘어나자 어떻게 하면 계산 속도를 높여 고객들을 만족시킬 수 있을까 고민하다가 결국 계산대마다 계산속도를 감지하는 신호등을 달아서 계산원들이 자신의 계산 속도를 색깔로 확인할 수 있도록 했습니다. 그렇게 해서 계산 속도가 느리면 신호등에 자동으로 빨간 불이 들어와서 계산원이 좀 더 빠르게 계산을 하도록 독려하는 시스템을 만든 것입니다. 언뜻 보면 뭔가 혁신적이고 데이터 기반 의사결정을 도와주는 성공적인 디지털 전환의 사례인 것 같지만 오히려 고객들의 불만은 더욱 늘어났습니다. 바로 계산원들의 계산 정확도가 떨어지면서 실수를 연발했기 때문입니다. 이 사례는 디지털 기술을 활용해 문제를 해결하는 데만 집중했을 뿐, 인간에 대한 이해 부족으로 실패한 사례라 볼 수 있습니다.

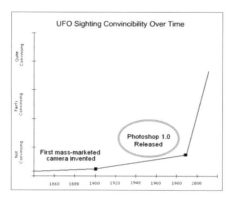

UFO 출현빈도 분석그래프(출처 : 쇼핑지식)

수집한 빅데이터를 분석해서 시각화까지 하는 것은 툴을 잘 활용하면 누구나 잘 할 수 있습니다. 하지만 만약 그래프가 어느 시점에 갑자기 꺾인 모양이라면 해당 선그래프가 왜 그 지점에서 갑자기 꺾인 것인지 해석하고 현장에서 도대체 무슨 일이 있었는지 알아내는 것은 여전히 인간의 몫입니다. 일례로 1990년 이후 미국에서는 UFO를 목격했다는 신고건수가 급증하기 시작했는데 검증에 사용된 것은 당연히 사진에 찍힌 UFO였습니다. 그런데 신고건수를 분석한 그래프만 보면 정말 UFO가 이전보다 훨씬 많이 나타난 걸로 해석할 수 있지만 1990년에 포토샵이 개발되어 첫 출시가 되었다는 사실을 알고 나면 누구도 이 그래프를 100% 신뢰할 수 없을 겁니다. 즉, 데이터를 분석하고 그 안에 담긴 인사이트를 뽑아내는 것은 기술이 발전하면서 어느 때보다도 쉬워 졌지만 데이터 분석의 결과가 의미하는 것을 해석하는 것은 현실에 바탕을 두고 인간이 직접 해야 하는 일이라는 것입니다. 이처럼 빅데이터도 중요하지만 여전히 인간 오감에 의한 스몰데이터도 중요한 시대가 아닐 수 없습니다.

도서 『스몰데이터(2017년, 로드북)』에서 소개한 사례에 따르면 여러분이 잘 알고 있는 레고 회사도 한때 매출이 감소하면서 위기를 맞은 적이 있었습니다. 그때 매출 부진의 원인을 찾기 위해서 세계 굴지의 컨설팅사에게 맡겨 수많은 빅데이터를 분석한 결과, 요즘 아이들이 힘들고 시간이 많이 소요되는 레고를 선호하지 않는 것으로 나타나 레고 회사는 좀 더 쉬운 레고를 만들기 시작했습니다. 하지만 매출은 회복되지 않았습니다. 결국 답답했던 나머지 회사의 마케터는 직접 고객을 만나서 그 해답을 찾아보기로 하고 어느 청소년 고객의 집을 방문하여 고객에게 이런 질문을 합니다. "당신이 가장 아끼는 것이 무엇입니까?" 이 질문에 청소년 고객은 "저기 신발장에 있는 다 떨어진 스케이트보드화입니다."라고 답했고 마케터가 이유를 묻자 돌아온 대답은 다음과 같습니다. "이제는 신을 수도 없는 낡고 떨어진 신발이지만 저 신발을 신고 엄청난 노력을 통해 지금 스케이트보드를 잘 타게 되었기 때문에 나에게는 너무나도 소중한 신발입니다"그렇습니다. 아이들은 힘들고 시간이 많이 걸리는 일을 싫어하는 것이 아니라 그 과정과 결과를 통해 성취감을 느끼고 그러한 경험을 매우 소중하게 여기고 있었던 겁니다. 결국 레고가 어려워서 고객들이 떠난 것이 아니라 더 이상 성취감을 느낄 만큼 도전할 만한 레고가 없었던 것입니다. 그 이후로 레고 회사는 이전보다 더 복잡하고 만들기 어려운 레고 상품을 한정판으로 출시하면서 레고 마니아들을 열광하게 만들었고 지금도 여전히 고객들이 새로 도전할 신상품 개발에 공을 들이고 있습니다. 이런 레고 상품은 가격은 더 비싸지만 없어서 못 팔정도이며 한정품은 프리미엄이 붙어서 거래되기도 합니다. 결국 빅데이터를 분석한 컨설팅사도 해결하지 못한 문제를 결국 인간의 스몰데이터로 해결한 것입니다.

데이터 리터러시를 높이기 위해 대부분의 사람들은 데이터를 어떻게 수집하고 분석하며 시각화하는지를 궁금해 할지도 모르겠습니다. 우선 데이터를 수집하고 분석하는 목적이 무엇인지 명확해야 하며 이를 위해서는 평소에 비판적 사고를 통해 끊임없이 스스로 의문을 가지고 질문해야 합니다. 그리고 평소에 데이터 보다는 감으로 하는 사고에 익숙한 분이라면 과학자들의 사고법인 가설검증사고를 이해하고 과학적 사고를 하기 위한 노력이 필요합니다. 그리고 디지털 전환을 통해 데이터 기반 의사결정 시스템을 적용하는 것도 좋지만 정말 유용한 기술을 만들기 위해서는 새로운 기술을 적용하기 진에 현장 또는 사용자 입장에서 생각해 보는 인문학적 통찰이 필수입니다. 데이터를 수집하고 분석하고 시각화하는 일은 기술이 발전하면 자동화시킬 수 있어도 여전히 분석된 데이터를 제대로 해석하고 데이터가 가지고 있는 의미를 파악해 내는 것은 인간의 몫임을 기억하기 바랍니다. 기술도 데이터도 신이 아니며 미래에도 가장 중요한 역할을 하는 건 바로 인간입니다. 비판적 사고, 과학적 사고, 융합적 사고를 통해 발전된 도구를 보다 효과적으로 활용할 수 있길 바랍니다.

5

메타버스 리터러시

01
메타버스의 개념과
플랫폼의 진화

2020년 코로나19 팬데믹 이후 어느 순간 들려오기 시작하더니 이제는 이 단어를 들어 보지 못한 이가 없을 정도로 익숙해진 것이 바로 '메타버스'입니다. 솔직히 저도 코로나19 이전까지는 메타버스라는 말을 거의 들어보질 못했고 명색히 트렌드와 미래 관련 강의를 하는 사람이 메타버스도 몰랐다는 사실에 부끄러움을 감출 수 없었습니다. 하지만 이내 전혀 부끄러워 할 일이 아니라는 것을 알았습니다. 왜냐하면 메타버스라는 단어는 생소했을지 모르지만 우리는 이미 오래 전부터 메타버스를 살아오고 있었고 관련 기술도 체험하고 있었기 때문입니다. 그렇다면 메타버스가 과연 무엇이고 언제 탄생했으며 어떻게 진화해 왔는지 그리고 왜 이렇게 전 세계적으로 메타버스 산업에 대한 기대가 커지고 있는지 함께 살펴보겠습니다.

메타버스는 1992년 미국 SF작가 닐 스티븐슨Neal Stephensen이 소설 『스노 크래시(Snow Crash)』에서 언급하면서 처음 등장한 개념으로 소설 속에서는 '아바타를 통해서만 들어갈 수 있는 가상세계'를 의미합니다. 이처럼 메타버스라는 개념은 이미 30년 전에 탄생했고 어떻게 보면 전혀 새로운 개념도 뉴트렌드도 아닌 것이죠. 하지만 우리에게 메타버스가 낯설 수밖에 없는 이유는 미국에서 30년 전에 나온 이 SF소설을 아는 사람도 읽어 본 사람도 국내에는 드물기 때문일 겁니다. 그래서 우리는 메타버스라는 단어는 모르고 있었어도 흔히 메타버스 플랫폼이라고 하는 수많은 게임들과 증강현실^AR, 가상현실^VR 등 기타 관련기술들은 이미 수년 전부터 직·간접적으로 체험하고 있었기 때문에 우리도 이미 메타버스 세상을 살고 있었던 건 확실합니다.

이처럼 익숙하면서도 낯선 메타버스가 국내에서 갑자기 이슈가 되기 시작한 가장 큰 이유는 미국 초등학생들의 온라인 놀이터로 불리는 게임 플랫폼인 '로블록스'가 2021년 3월 미국 증시에 상장되면서 당시 수많은 서학개미들의 관심을 끌었고 덩달아 각종 미디어를 통해 관련 콘텐츠가 대량 생산되고 언급량이 급증했기 때문입니다. 당시 저도 주식 투자를 하고 있던 터라 나름 빠르게 메타버스라는 단어를 인지하긴 했으나 주식투자를 하지 않는 이들이 인지하는 데는 꽤 시간이 걸릴 수밖에 없었을 것입니다. 다만 메타버스는 이제 잠시 스쳐가는 유행이 아니라 30년 넘게 진화해 온 기술이자 미래의 유망산업임에 틀림없으며 앞으로 5년, 10년 후 미래를 위해 지금부터 메타버스에 대해 공부하고 어떤 위기와 기회가 펼쳐질지 예측하면서 발 빠르게 대응해 나가야 할 때입니다.

문제는 메타버스를 공부하다 보면 각종 미디어에서 언급되는 메타버스 콘텐츠들이 오히려 메타버스의 개념을 더욱 이해하기 어렵게 만든다는 것입니다. 어디서는 로블록스, 제페토, 포트나이트, 동물의 숲, 마인크래프트 같은 글로벌 소셜게임 플랫폼들을 메타버스라고 하고, 한편에서는 가상의 콘텐츠를 실제처럼 느끼게 해주거나 현실에 겹쳐서 보여주는 VR/AR기술 같은 실감형 기술들을 메타버스라고 소개하기도 해 일반인 입장에서 공부를 하면 할수록 이해하기 힘든 것이 메타버스입니다. 하지만 어찌됐든 소셜게임 플랫폼도, 실감형 디바이스도 메타버스를 이해하기 위해서 필수불가결한 요소들임에는 틀림없습니다. 그래서 메타버스를 제대로 이해하기 위해서는 '아바타를 통해서만 들어갈 수 있는 가상의 세계^{게임을 떠올리기 쉬움}'에서 벗어나서 메타버스 산업 전체적인 관점에서 보다 폭넓게 이해할 필요가 있습니다.

일단 앞서 언급한 소설에서 언급했던 메타버스의 개념인 '아바타를 통해서만 들어갈 수 있는 가상의 세계'를 생각하면 그 당시로서는 당연히 게임을 떠올릴 수밖에 없습니다. 그러나 30년이 지난 지금 일반적인 메타버스의 정의를 살펴보면 '가상', '초월' 등을 뜻하는 영어 단어 '메타^{Meta}'와 우주를 뜻하는 '유니버스^{Universe}'의 합성어로, 현실세계와 같은 사회 · 경제 · 문화 활동이 이뤄지는 3차원의 가상세계를 뜻합니다. 하지만 지금도 메타버스의 개념은 계속 진화해 가고 있는 중이라 하나의 개념으로 명확하게 정의하기는 아직 어려울 수밖에 없습니다.

메타버스 플랫폼 '싸이월드'(출처 : 구글 이미지)

혹시 여러분은 메타버스라는 개념이 탄생한 90년대의 한국을 기억하십니까? 1996년 한국에서는 넥슨이라는 회사가 PC통신 기반 MMORPG^{다중접속역할수행}게임 '바람의 나라'를 출시했습니다. '바람의 나라' 역시 아바타를 통해서만 들어갈 수 있는 가상세계라는 점에서 한국 메타버스의 시작이라고 해도 과언이 아닐 겁니다. 그리고 인터넷게임이 기존 게임들과 다른 것은 여러 사람들이 동시에 접속해 아바타로 게임을 하면서 사용자 간 소통도 가능해졌다는 것입니다. 뿐만 아니라 1999년 한국에서는 전 세계 최초의 소셜네트워크서비스라고 평가받기도 하는 추억의 싸이월드가 탄생했고 이 역시 아바타를 이용해서 소셜네트워킹을 하는 서비스로 메타버스였다는 것을 알 수 있습니다. 이렇게 메타버스 개념 초기에는 게임이라는 형태로 아바타를 통해 가상세계로 들어갔지만 이후 소셜네트워크서비스가 출현하면서 메타버스 플랫폼은 더욱 다양해지기 시작합니다.

2000년대에 들어서면서 가장 큰 변화 중 하나는 메타버스 플랫폼 속 가상세계가 2D그래픽의 시대를 마감하고 드디어 3D그래픽의 시대로 접어들었다는 것입니다. 쉽게 말해 가상세계지만 점점 입체감도 생기고 아바타도 실제 사람과 비슷해지면서 보다 실감나는 가상세계가 펼쳐지기 시작합니다. 당시 관심을 모았던 대표적인 메타버스 플랫폼이 바로 2003년 린든 랩^{Linden Lab}이 출시한 3차원 가상현실 기반의 '세컨드라이프^{Second Life}'입니다. 세컨드라이프는 3차원 가상현실을 제공해, 개인이나 기업이 세컨드라이프 안에서 영토를 구입하거나 건물을 짓고 각종 게임이나 판매, 홍보를 할 수도 있었던 서비스로 큰 화제를 불러일으켰습니다. 국내에서는 2007년 10월부터 바른손게임즈와 계약을 통해 진출했다가 2009년 사업을 철수한 바 있습니다. 당시 저는 편의점 CU를 운영하는 BGF리테일의 전략기획실 경영기획팀에 근무 중이었고 신규사업 기획업무를 맡고 있었습니다. 그때 세컨드라이프를 이용하면서 회사에 제안했던 신규사업 아이디어가 세컨드라이프에 편의점을 오픈하고 아바타들에게 온라인 상의 가상 기프티콘을 팔아 현실 소비로 유도함으로써 편의점 매출을 극대화하자는 것이었는데 결국 실제 사업으로 이어지진 못했습니다.

메타버스 플랫폼 '세컨드라이프'(출처 : 구글 이미지)

지금 생각해 보면 해당 아이디어를 실행했다 하더라도 얼마 뒤 세컨드라이프가 국내에서 철수했기 때문에 실패한 사업이 됐을게 뻔하고 시장규모도 그리 크지 않았을 것 같습니다. 그런데 10여 년이 지난 2021년 8월 BGF리테일은 국내 최초로 네이버의 메타버스 플랫폼인 제페토 내에 CU제페토한강점을 오픈하고 전 세계 아바타 2억 명을 대상으로 영업을 시작했습니다. 아바타들을 대상으로 제페토 한강공원 월드맵에서 랜덤으로 등장하는 보물상자 속 삼각김밥 아이템을 획득하고 피드에 해시태그^{#CU삼각김밥찾기}와 인증샷을 업로드하면 실제 점포에서 교환할 수 있는 삼각김밥 모바일교환권을 증정하는 이벤트 마케팅을 벌이기도 했는데 10여 년 전 제가 상상했던 미래가 결국 현실이 되었고 지금은 수많은 기업들이 메타버스로 뛰어들고 있습니다.

메타버스 플랫폼 제페토 속 CU편의점(출처 : 구글 이미지)

2000년대에 일어난 또 하나의 큰 변화는 바로 메타버스 플랫폼의 글로벌화입니다. 90년대까지는 게임 플랫폼도 소셜네트워크 플랫폼도 대부분 국지적인 서비스에 머물러 있었고 로컬 플랫폼에서 글로벌 플랫폼으로 발전하지 못해 실패한 사례가 많았습니다. 특히 한국의 싸이월드, 미국의 마이스페이스가 대표적인 사례라고 할 수 있습니다. 2000년대 3D 메타버스 플랫폼인 세컨드라이프도 결국 실패하긴 했지만 전 세계적으로 서비스되었고 2004년에는 소셜네트워크서비스의 세계화에 성공한 페이스북이 등장했습니다. 이렇게 2000년대 메타버스 플랫폼들이 글로벌화 되면서 가상세계에 대한 국경이 사라졌고 2022년 기준으로 네이버의 제페토만 해도 글로벌 가입자 수가 3억 명이 넘어가는 수준이니 시장의 규모가 커지면서 미래가치 역시 커졌다고 볼 수 있습니다. 참고로 페이스북은 아바타를 통해서 들어가는 가상세계가 아닌데 왜 메타버스냐고 궁금해 하는 분이 있을 것 같습니다. 지금 전 세계적으로 인기 있는 소셜네트워크서비스인 페이스북, 인스타그램, 유튜브 등 각종 플랫폼에서 활동하는 개인들을 보면 본인이 살아가는 현실을 남들에게 잘 보여주고자 하는 경향이 있습니다. 그렇다면 소셜네트워크서비스 역시 내가 아닌 아바타를 통해 사람들과 소통하는 가상세계라는 의미에서 메타버스라고 할 수 있지 않을까요? 게다가 2014년 페이스북은 VR기기 제조사인 오큘러스 리프트를 인수하면서 텍스트, 이미지, 동영상을 통한 소통을 넘어 3D기반의 아바타를 만들고 VR디바이스를 활용해 실감나는 소셜네트워킹이 가능한 페이스북의 새로운 미래비전을 발표하기도 했고, 2022년에는 사명을 아예 메타로 변경하며 진정한 메타버스 플랫폼으로의 진화를 꿈꾸고 있기도 합니다.

정리하자면 90년대 초 소설 속에서 메타버스의 개념이 등장한 이후 각국에서 다양한 메타버스 플랫폼이 흥망성쇠를 거듭했고 그래픽기술의 발전과 플랫폼의 글로벌화로 메타버스 이용자수가 급증했으며 가상세계를 보다 실감나게 경험할 수 있게 해 주는 VR/AR기술과 디바이스도 함께 발전해 왔습니다. 뿐만 아니라 5G통신 시대가 열리면서 모바일과 PC에서 통신지연현상이 줄어들면서 3D그래픽의 실감나는 가상세계를 누구나 즐길 수 있는 세상이 되기도 했습니다. 게다가 코로나19라는 변수가 현실에서의 삶을 중단시키면서 과거 어느 때보다도 현실에서 채우지 못하는 욕구를 가상세계를 통해 실현하고자 하는 이들이 늘어나면서 메타버스는 이제 게임을 넘어 아바타를 활용해 사회, 문화, 경제, 정치, 교육 등 다양한 활동이 가능한 현실 같은 가상세계로 발전하고 있습니다. 저는 메타버스라는 단어가 현실과 가상이 서로 붙어 있는 단어라는 점에서 이제 세상은 현실과 가상의 구분이 무의미하다고 생각합니다. 과거에는 우리가 살아가는 공간을 오프라인·온라인으로 명확히 구분했다면 코로나19 이후에는 오히려 온라인에서 살아가는 시간이 더 많아지기도 한 만큼 이제 인류는 현실도, 가상도 아닌 메타버스 그 자체를 살아간다고 보는 것이 맞지 않을까요? 즉, 메타버스는 이제 우리가 살아갈 새로운 공간을 의미한다고 볼 수 있을 겁니다.

영화 '레디 플레이어 원'(출처 : 구글 이미지)

　2018년 스티븐 스필버그 감독의 영화 '레디 플레이어 원'을 보면 2045년 미래의 젊은이들에겐 우울한 현실을 벗어나 무엇이든 가능한 메타버스에서의 삶이 더 행복한 미래를 그리고 있습니다. 코로나19로 현실에서의 삶에 제약을 받으면서 가장 혈기왕성한 청소년과 젊은이들이 메타버스로 향했던 걸 보면 영화 속 모습이 전혀 말도 안 되는 상상은 아닌 것 같습니다. 실제로 미래의 도시가 미세먼지로 숨도 쉴 수 없고, 전염병으로 외부활동도 힘들며, 비싼 부동산 가격으로 제대로 된 집 하나 소유하기도 힘들고, 인공지능과 로봇의 발달로 현실에서의 일자리는 하늘에서 별 따기라면 그때는 오히려 현실보다 더 현실 같은 가상현실에서 보내는 시간이 늘어날지도 모르겠습니다. 2009년 영화 '아바타'에서는 인간과 아바타를 연결해 생각만으로도 아바타를 조종하는 장면이 나오는데, 인간이 현실과 가상을 자유롭게 넘나드는 미래가 온다면 그게 바로 영화 속의 모습이 실현되는 게 아닐까요? 물론 말도 안 되는 얘기라고 여길 수도 있겠지만 한 번 생각해보세요. 지금 메타버스로 들어가기 위해 사용하는 스마트폰과 마우스가 불편해지면 인간은 아마도 더 편한 기술을 원하게 될 것입니다. 그렇다면 가까운 미래에는 스마트폰과 마우스 대신 스마트글래스를 사용할 가능성이 높으며 이조차도 불편해진다면 인간의 뇌 속에 칩을 삽입하고 가상현실로 바로 접속하는 방식도 실현되지 않을까 생각됩니다. 정확한 미래는 알 수 없지만 지금까지 메타버스가 발전해 온 맥락을 보면 어느 정도는 예측해 볼 수 있지 않을까요?

02
메타버스에서 도대체 뭘 할 수 있을까?

메타버스라는 단어도 많이 들어 봤고 뉴스에서 소개되는 제페토, 로블록스 같은 플랫폼들도 알고는 있지만 직접 메타버스 플랫폼 속으로 들어가 보지 않았다면 앞으로 업무나 비즈니스, 개인의 삶에서 메타버스 플랫폼을 어떻게 활용할 수 있을지 아이디어를 내기 어려울 겁니다. 그래서 실제 메타버스 플랫폼에서 무슨 일이 벌어지고 있는지 다양한 사례를 모아 봤으니 앞으로 어떻게 활용할 수 있을지 각자의 상황에 맞춰 상상해 보기 바랍니다.

포트나이트 속 BTS 'Dynamite' 뮤비 공개장면(출처 : 구글 이미지)

기본적으로 아바타를 기반으로 하는 메타버스 플랫폼 중에는 게임 플랫폼이 많습니다. 그중에서 가장 대표적인 플랫폼이 미국의 포트나이트, 로블록스, 마인크래프트, 일본의 닌텐도 동물의 숲, 그리고 한국의 네이버제트가 운영하는 제페토가 있습니다. 포트나이트는 2021년 새로운 3D 소셜 공간인 '파티로얄'을 선보였고, 아리아나 그란데 등 유명 아티스트 공연이나 다채로운 이벤트를 진행했습니다. 특히 방탄소년단^{BTS}이 포트나이트에서 신곡 '다이너마이트' 뮤직비디오를 최초 공개하며 화제가 되기도 했는데요. 미국 유명 래퍼 트래비스 스콧은 포트나이트 게임 속 가상 콘서트로 실제 공연의 10배에 달하는 수익을 내기도 했습니다. 그리고 미국 초등학생들의 놀이터로 불리는 로블록스는 코로나19 이후 집에서 게임하는 아이들이 늘어나면서 성장에 날개를 달기 시작했습니다. 로블록스 이용자 중 3분의 1은 16세 미만이고 미국 9~12세 어린이의 3분의 2가 로블록스를 하는 것으로 알려져 있을 정도로 어린이에게 단순한 게임 그 이상이라고 볼 수 있습니다. 특히 로블록스는 가상세계에서 누구나 플레이어가 될 수 있고 동시에 게임 개발자가 될 수도 있으며 친구들과 프라이빗 룸을 만드는 소셜미디어^{SNS} 기능에 엔터테인먼트 기능도 **빼놓을** 수 없습니다. 미국의 유명 래퍼 릴 나스 엑스가 2020년 11월 로블록스에서 개최한 가상 콘서트에는 이틀 동안 약 3,300만 명이 몰리기도 했습니다. 또한 로블록스의 핵심 경쟁력 하면 '게임 개발 생태계'인데 사용자가 코딩 지식 없이도 게임을 개발할 수 있도록 했고, 동시에 이들 게임을 다른 사용자와 즐길 수 있는 플랫폼을 제공하여 로블록스의 스튜디오를 이용해 사용자가 만든 게임은 약 5,000만 개가 넘습니다. 다른 사용자가 게임을 하려면 개발자에게 로블록스 가상화폐 '로벅스'를 내야 하는데 로벅스는 현실 세계의 화폐로 환전이 가능합니다. 약 127만 명에 달하는 로블록스 내 개발자들이 2020년 벌어들인 수입은 1인당 평균 1만 달러^{약 1,100만 원} 수준으로 알려져 있고 이 중 상위 300명의 수익은 약 10만 달러에 달한다고 합니다. 그중에는 초등학생들도 다수 포함되어 있습니다.

로블록스 내 현대 모빌리티 어드벤처(출처 : 구글 이미지)

로블록스에서는 국내 대기업들도 앞다퉈 마케팅에 나서고 있습니다. 삼성전자는 2022년 7월 '로블록스'에 스마트폰, 가전 등 삼성전자의 제품이 등장하는 체험형 가상공간 '삼성 스페이스 타이쿤'을 선보이면서 스마트폰, 가전 등 삼성전자의 제품이 등장하는 자원을 획득해 아이템을 구매하고 제품을 직접 만들어볼 수 있도록 했습니다. 현대자동차그룹도 2020년 9월 로블록스에 '현대 모빌리티 어드벤처'를 열어 메타버스에서 신차를 간접 체험할 수 있도록 해 이슈가 되기도 했습니다. 한편 닌텐도 '모여봐요 동물의 숲'이라는 게임에서는 조 바이든 미국 대통령도 2020년 선거 유세 당시 '모여봐요 동물의 숲' 안에서 선거 캠페인을 진행하며 젊은 세대와 친밀감을 높이기 위한 수단으로 활용했고, 국내에서는 2022년 농림축산식품부와 한국농수산식품유통공사[aT]가 전 세계 케이-푸드[K-Food] 주요 소비층으로 급부상 중인 MZ세대를 겨냥해 '모여봐요 동물의 숲'에 'K-Food 섬'을 마련하고 온라인 마케팅을 펼쳤습니다. 뿐만 아니라 MS사의 마인크래프트에서는 휘용이라는 마인크래프트 유튜버는 보령시의 허가를 받고 2022년 보령 해양 머드 박람회장을 모티브로 마인크래프트에 건축을 해 화제가 되기도 했습니다. 이처럼 메타버스 플랫폼에서 문화예술공연, 마케팅, 선거운동, 축제홍보, 국가이미지캠페인까지 다양한 활동이 가능해지고 있는만큼 앞으로 기업과 기관의 의뢰를 받아 가상의 공간을 디자인해 주고 만들어 주는 메타버스 디자이너에 대한 수요도 증가하지 않을까 생각됩니다.

제페토 속 롯데월드 이벤트(출처 : 구글 이미지)

한편 국내기업인 네이버제트가 운영하는 AR기반 소셜게임 플랫폼인 제페토ZEPETO 역시 전 세계 3억 명이라는 엄청난 규모의 회원들이 드나드는 만큼 기업과 기관 그리고 개인의 새로운 시도들이 이어지고 있습니다. 대표적인 예로 앞에서 언급했던 BGF리테일의 CU편의점은 제페토 내에 국내 최초 편의점을 오픈하고 아바타들을 대상으로 음료, 라면, 스낵 등을 판매하며 각종 이벤트도 열고 있습니다. 편의점 외에도 롯데월드는 2022년 7월 메타버스 플랫폼 '제페토'에서 '기분UP! 기부UP!!' 캠페인을 진행하기도 했습니다. 유저들이 제페토 맵 내에서 롯데월드 대표 캐릭터인 로티 · 로리 머리띠나 액세서리 아이템을 구입하면 해당 금액만큼 롯데월드가 기부금을 적립하는 '매칭 그랜트*Matching Grant*' 방식으로 진행했고, 적립금은 도심 숲 조성을 위한 환경단체에 기부해 메타버스를 활용한 ESG 활동사례가 되기도 했습니다. 이 외에도 한국관광공사는 2020년 코로나19로 막힌 관광교류를 대신할 한국여행 가상 체험공간을 제페토에 오픈했는데 이용자들은 제페토에 마련된 가상 한강공원에서 실제 강변에 온 것처럼 반포대교 무지개분수와 남산N타워를 감상하며 사진 촬영도 하고, 서울 밤도깨비 야시장을 재현한 플리마켓과 푸드트럭 체험, 편의점에서 라면 끓여먹기, 수상택시·튜브스터를 타고 한강 위를 건너는 체험까지 할 수 있었습니다.

어떻습니까? 다양한 메타버스 플랫폼을 활용하면 게임뿐만 아니라 문화예술활동은 물론이고 기업들의 마케팅과 선거운동 및 공공기관, 지자체의 정책 홍보도 가능하고 각종 모임, 교육, 회의, 세미나 등 다양한 행사도 언제든지 가능합니다. 그리고 이용자 입장에서는 메타버스 플랫폼에서 시간과 돈을 쓰기만 하는 것이 아니라 직접 게임을 개발하고 드라마도 만들 수 있으며 공간 및 아이템을 디자인해 돈을 벌수도 있는 경제활동도 가능합니다. 앞으로 메타버스 플랫폼이 계속 발전한다면 현실에서 하는 모든 활동을 가상현실에서 할 수 있는 세상이 올 지도 모릅니다. 현실에서는 디지털 전환과 전염병으로 인한 언택트화로 일자리가 사라질지 모르겠지만 가상현실인 메타버스 플랫폼에는 새로운 기회가 가득하니 관심을 가지고 일과 삶에서 어떻게 활용할지 한번 고민해 보기 바랍니다.

03
주요 메타버스 플랫폼의
활용법

메타버스에 대한 관심이 높아지면서 게임 및 커뮤니티 메타버스 플랫폼을 업무 또는 교육에 활용하고자 하는 수요도 빠르게 증가하고 있습니다. 그래서 국내외 다양한 메타버스 플랫폼들 중에서 대표적인 로블록스[Roblox], 제페토[ZEPETO], 이프랜드[ifland], 게더타운[GatherTown], 젭[ZEP], 스페이셜[Spatial]의 특징을 살펴보고 활용법에 대해서 함께 살펴보겠습니다.

구분	운영기업	PC/모바일	활용사례	이용요금
로블록스	로블록스코퍼레이션	PC/모바일	소셜게임, 홍보마케팅	무료/유료
제페토	네이버제트	PC/모바일	소셜게임, 홍보마케팅	무료/유료
이프랜드	SK텔레콤	모바일	비대면 행사 및 커뮤니티	무료/유료
게더타운	게더	PC/모바일	회의 및 교육, 행사	무료/유료
젭	네이버제트	PC/모바일	회의 및 교육, 행사	무료
스페이셜	스페이셜시스템즈	PC	회의 및 교육, 행사	무료/유료

주요 메타버스 플랫폼 현황

① 로블록스

로블록스는 사용자가 게임을 프로그래밍하고, 다른 사용자가 만든 게임을 즐길 수 있는 온라인 게임 플랫폼 및 게임 제작 시스템입니다. 누구나 무료로 플레이할 수 있으며 '로벅스Robux'라는 가상 화폐를 구입하면 플랫폼에서 아바타 역할을 하는 가상 캐릭터를 장식하는 데 사용할 수 있는 가상 아이템을 구매, 판매 및 생성할 수도 있습니다. 복장 구매는 누구나 가능하지만 판매는 로블록스 프리미엄 멤버쉽을 구매한 사용자만 가능합니다. 로블록스 관리자와 사측에서 허가를 받은 유저들만 공식 로블록스 사용자 계정으로 액세서리, 신체 부위, 장비 및 패키지를 판매할 수 있습니다. 일부 정규직으로 아이템을 디자인하는 개인도 여러 명 있으며, 가장 높은 수익을 올리는 크리에이터는 아이템 판매에서 연간 십만 달러 이상을 벌어들이는 것으로 알려져 있습니다. 특히 한정판 아이템은 프리미엄 멤버십 상태의 사용자 간에만 거래하거나 판매할 수 있습니다. 로블록스에서 유통되는 대부분의 게임은 초등학생에 의해 직접 제작된 것들로 아바타로 구현된 개개인은 로블록스 내 마련된 가상공간 속에서 별다른 기술 없이 게임을 제작하고 이를 유통해 수익까지 창출할 수도 있습니다. 게임 제작 과정은 '레고 놀이'와 상당히 유사하며 3,500만 개의 개발도구를 사용해 레고를 쌓듯 게임 스테이지를 만들면 됩니다. 레스토랑 운영 시뮬레이션 게임부터 애완동물 육성 게임까지 다양한 자신만의 개성 있는 게임을 제작할 수 있고 게임 제작에 드는 시간은 개인마다 상이하겠지만 높은 컴퓨터 사양이나 전문적인 기술을 필요로 하지 않기 때문에 누구나 쉽게 도전해 볼 수 있습니다. 이렇게 만들어진 게임 공간에서는 게임뿐만 아니라 대화를 하거나 이벤트를 열어 커뮤니티를 형성할 수도 있어서 로블록스는 단순히 게임 유통 플랫폼이 아닌 확장된 소셜네트워크서비스SNS 공간으로도 평가받고 있습니다.

② 제페토

국내에서 가장 유명한 플랫폼은 역시 네이버의 자회사인 네이버제트가 운영하는 글로벌 메타버스 플랫폼인 제페토입니다. 2018년 출시된 제페토는 얼굴인식과 증강현실^AR, 3D 기술 등을 이용해 '3D 아바타'를 만들어 다른 이용자들과 소통하거나 다양한 가상현실 경험을 할 수 있는 서비스를 제공하고 있습니다. AR 콘텐츠와 게임, SNS 기능을 모두 담고 있어 특히 10대 등 젊은 층을 중심으로 인기를 끌고 있으며, 2022년 현재 가입자 수는 3억 명을 넘겼고 해외이용자의 비중도 95%나 차지하고 있습니다. 글로벌 이용자수가 급증하면서 발 빠른 기업들이 마케팅을 위해 제페토 내에 자체맵을 마련해 다양한 이벤트를 펼치고 있으며 특히 명품, 편의점, 패션, 자동차, 카페, 금융 등 다양한 기업들은 미래의 소비자를 잡기 위해 제페토를 적극적으로 활용하고 있습니다. 이외에도 공공기관 역시 젊은 세대에게 정책홍보를 위해 제페토를 적극적으로 활용하고 있습니다. 제페토에서도 로블록스처럼 아바타가 입을 패션 아이템, 탐험할 수 있는 월드 등을 이용자가 직접 제작해 사고팔 수 있는데 이렇게 아이템을 판매해 수익을 얻는 이들을 제페토 크리에이터라고 합니다. 이처럼 메타버스 플랫폼 내에서 직접 콘텐츠를 생산해 판매하는 메타버스 플랫폼 크리에이터는 이제 새로운 직업으로 자리 잡아 가고 있습니다. 현실이든 가상이든 창의성을 기반으로 자신의 아이디어를 실현할 수 있다면 어디서 돈을 벌든 상관없는 세상입니다. 지금은 누구나 유튜브 크리에이터를 하나의 직업으로 인정해 주지만 초기에는 그렇지 못했던 것처럼 아직은 생소하지만 메타버스 플랫폼에서 활동하는 크리에이터들 역시 미래에는 사람들의 부러움을 사는 직업이 되어 있을 지도 모릅니다. 남다른 창의성을 기반으로 아이템을 디자인할 수 있거나 게임을 개발할 수 있는 재능만 있다면 누구에게나 새로운 기회가 될 것입니다.

③ 이프랜드

이프랜드 속 아바타 노래자랑(출처 : 구글 이미지)

SK텔레콤이 서비스하는 이프랜드는 2021년 7월에 출시했으며 개성 있는 아바타로 다양한 가상공간에서 소통하는 메타버스 소셜 커뮤니케이션 서비스를 지향하고 있습니다. 제페토와 달리 PC에서는 사용이 불가하고 모바일로만 사용가능합니다. 이프랜드 앱을 설치 후 아바타를 직접 생성할 수 있고 앱 내에서 제공되는 가상공간 탬플릿을 활용해 직접 모임을 개설하거나 행사를 주최할 수 있습니다. 코로나19 이후 비대면 행사에 대한 수요가 늘어나면서 학교, 기업, 공공기관 등에서 다양한 방식으로 활용하고 있는데 대학교의 입학식, 졸업식, 축제 장소로 활용되거나 기업이나 공공기관에서는 업무협약식 또는 시상식, 기타 각종행사 등을, 그 외에 각종 세미나, 컨퍼런스, 교육, 회의 등도 이프랜드를 통해 진행이 가능합니다. SK텔레콤은 앞으로 이프랜드를 통해 "소통의 즐거움, 창작의 즐거움 그리고 생산과 보상으로 이어지는 좀 더 실질적인 즐거움까지 지금과는 다른 새로운 즐거움을 더 많은 전 세계 고객에게 제공하고자 한다"라며, "이프랜드는 인종, 언어, 국경을 넘는 전 세계를 넘나드는 '새로운 소통의 즐거움'을 만들어가는 서비스로 만들어 갈 것"이라고 플랫폼의 미래비전을 밝히기도 했습니다. 여러분도 이프랜드

에서 다른 아바타들과 함께 이야기 나누고 싶은 주제가 있다면 직접 모임을
개설하고 소통해 보기 바랍니다.

④ 게더타운

코로나19 이후 비대면 화상회의 및 교육서비스의 수요 급증했는데 그중에
서 가장 많이 알려진 것은 줌ZOOM이라는 플랫폼일 겁니다. 하지만 최근 젊은
층들을 중심으로 인기를 끌고 있는 비대면 화상회의 및 교육서비스로 게더타
운GatherTown이 있습니다. 저도 최근 들어 신입사원 교육 요청을 받으면 게더타
운을 이용한 강의를 요구받을 때가 있는데 줌과 게더타운의 큰 차이점은 참
가자들이 아바타를 이용해 가상의 회의장 및 교육장에 함께 있는 느낌을 받
을 수 있다는 것입니다. 사실 줌으로 원격회의나 강의를 하다 보면 화면으로
얼굴은 보이지만 어쨌든 거리감이 느껴질 수밖에 없는데 아바타를 통해 가상
이라도 한 공간에 있다 보면 물리적으로 가까이 있다는 느낌을 받을 수 있는
것 같습니다. 뿐만 아니라 게더타운은 참가자들이 직접 가상공간을 디자인하
고 꾸밀 수도 있고 회의나 교육 중에 함께 할 수 있는 소셜게임 기능도 있으
며 화이트보드 기능을 하는 협업툴을 이용해 의견을 주고받을 수도 있습니
다. 게더타운 역시 로블록스, 제페토, 이프랜드처럼 기업이나 공공기관에서
는 가상의 공간을 이용해 비대면 행사 또는 이벤트 마케팅을 하는 용도로 활
용되기도 합니다. 게더타운은 PC와 모바일에서 모두 접속이 가능하지만 모
바일에서는 기능제한이 있어 PC로 이용할 것을 권장하고 있으며 일정 인원
이상 이용 시 유료로 전환됩니다.

게더타운을 활용한 이벤트(출처 : 구글 이미지)

⑤ 젭

최근 한국판 게더타운으로 각광받고 있는 서비스가 있는데, 바로 제페토를 서비스하는 네이버제트가 개발한 젭ZEP입니다. 젭은 도트 그래픽으로 완성된 공간과 쉽게 조작할 수 있는 캐릭터들로 메타버스에 대한 접근성을 높였고 웹 기반으로 작동해 빠르고 간단하게 접속할 수 있는 것은 물론, 최대 5만 명까지 같은 공간에 접속이 가능합니다. 젭은 네이버제트의 메타버스 플랫폼 제페토와는 다른 타깃층을 지녔다는 점을 차별점으로 내세우며 업무와 행사 진행에 최적화된 환경을 구축해 현재 삼성, LG, 롯데, 네이버, 넥슨, 하이브, 신세계, JTBC, 서울대, 이화여대, 서울시 등을 포함한 각 지방 교육청과 지자체 등이 젭으로 행사를 진행하고 있습니다. 먼저 살펴 본 게더타운도 유용하지만 개인적으로는 국내 이용자들이 사용하기에는 젭이 훨씬 편하고 인원 제한 없이 무료로 사용이 가능한 만큼 추천하고 싶은 서비스입니다. 젭역시 게더타운과 동일하게 2D그래픽을 기반으로 아바타를 생성하고 공간을 디자인할 수 있는데 각종 추가 기능을 활용해 회의나 교육, 행사를 액티브하게 진행할 수 있습니다. 특히 가상공간에 링크만 있으면 유튜브 영상이나 인터넷자료를 쉽게 띄울 수도 있고 OX퀴즈나 각종 소셜게임기능을 가져와 참여자들과 함께 할 수 있는 활동도 가능합니다.

네이버제트의 젭(출처 : 구글 이미지)

⑥ 스페이셜

한국인 이진하 최고제품책임자[CPO]가 미국에서 공동창업한 스페이셜시스템즈의 스페이셜은 2017년 출범한 메타버스 플랫폼으로 가상현실[VR] 기기를 활용한 원격협업이 가능한 것이 특징입니다. 하지만 아직까지 가상현실 기기가 대중화되지 않은 만큼 모바일과 웹을 통해서도 누구나 아바타를 생성하고 가상의 공간을 활용해 회의를 하거나 모임을 할 수 있도록 서비스하고 있습니다. 뿐만 아니라 2021년에는 NFT 인기에 힘입어 NFT아트를 전시하고 아바타를 통해 관람할 수 있는 메타버스 갤러리 기능도 추가해 서비스 영역을 넓혀가고 있습니다. 저 또한 소유하고 있는 NFT아트를 스페이셜의 메타버스 갤러리 기능을 이용해 전시하고 누구나 관람할 수 있게 해 두었습니다. 처음 출시됐을 당시 스페이셜에서는 하체가 없는 상반신 형태의 아바타만 이용이 가능했지만 2022년에는 하반신도 적용해 걸어 다니는 아바타 형태로 개선되었습니다. 지금까지 소개한 메타버스 플랫폼 중에서 본인의 얼굴 사진을 이용해 아바타를 만들 수 있는 곳은 스페이셜이 유일하며 그래픽 역시 타플랫폼들과 비교했을 때 가장 현실과 닮아 있는 것이 장점입니다.

스페이셜 속 아바타와 커뮤니티룸(출처 : 구글 이미지)

지금까지 소개한 국내외 여섯 가지 메타버스 플랫폼 외에도 전 세계적으로 다양한 플랫폼들이 존재하며 대부분 아바타를 이용해 게임, 소셜활동, 커뮤니티모임, 회의 및 교육, 이벤트 등이 가능한 기능들을 제공하고 있으니 각자의 상황에 맞게 적합한 플랫폼을 이용하면 됩니다. 중요한 것은 이러한 플랫폼들이 당장 필요하지 않더라도 직장인이라면 한두 가지 메타버스 플랫폼들은 직접 접속해서 아바타도 만들어 보고 어떤 기능들이 있는지 미리미리 체험해 볼 필요가 있습니다. 메타버스라는 새로운 도구를 사용해 보지 않고는 이것을 앞으로 내 삶과 일을 위해 어떻게 활용할 수 있을지 메타버스로 인해 앞으로 어떤 위기와 기회가 있을지, 예측할 수는 없을 겁니다. 마지막으로 로블록스, 제페토, 이프랜드, 스페이셜 등 메타버스 플랫폼을 원활하게 활용하기 위해서는 PC나 모바일의 사양이 일정 수준 이상이어야 하는데 사용하고 싶어도 PC나 모바일에 설치가 되지 않을 수도 있고 설치가 되어도 속도가 느려서 사용하기 힘들 수도 있습니다. 아무래도 아직까지는 메타버스 시대에 맞는 인프라가 제대로 갖춰지지 않은 상황이라 이러한 부분들이 어느 정도 해결되어야 메타버스를 제대로 활용할 수 있는 만큼 조직과 개인 모두 메타버스 플랫폼 활용에 앞서 인프라 투자가 더 중요할지도 모르겠습니다.

04
메타버스 산업의 구성요소 이해하기

　지금까지는 메타버스 개념과 국내외 메타버스 플랫폼 사례를 기반으로 살펴봤습니다. 메타버스를 꼭 알아야 하는 가장 큰 이유는 메타버스는 단순한 플랫폼을 넘어 거대한 미래유망산업으로 발전할 가능성이 높기 때문입니다. 쉽게 말해 메타버스 플랫폼만으로는 메타버스 산업 전체를 알 수 없고 플랫폼을 넘어 산업 전체를 이해해야 훨씬 더 많은 미래의 기회를 내다볼 수 있습니다. 메타버스 산업의 핵심 구성요소는 크게 다섯 가지 정도로 나뉘는데 플랫폼, 콘텐츠, 인프라, 실감형 기술, NFT 순으로 각각의 요소가 메타버스 산업에서 어떤 역할을 하는지 지금부터 살펴보겠습니다.

메타버스 산업의 핵심 구성요소

앞에서 언급했듯이 우리가 아바타를 통해 가상현실에 접속하기 위해서는 반드시 하나의 메타버스 플랫폼을 통해서 들어가야 하기에 메타버스 산업에서 가장 중요한 요소가 플랫폼임에는 의심의 여지가 없습니다. 앞으로는 현존하는 게임, 협업, 커뮤니티 중심의 메타버스 플랫폼뿐만 아니라 다양한 형태의 메타버스 플랫폼이 등장할 텐데 최근에는 전시회, 박람회, 갤러리 등을 구현할 수 있는 메타버스 플랫폼이나 교육용 메타버스 플랫폼도 개발되고 있습니다. 어쨌든 메타버스가 산업으로서 성장을 시작하는 초기 단계인 만큼 당분간은 플랫폼 창업의 기회가 많을 것 같습니다. 그러다 시간이 지나면 플랫폼간의 경쟁도 심해지고 옥석이 가려지면 결국 강력한 글로벌 플랫폼만 살아남게 되겠죠.

플랫폼 다음으로 중요한 요소는 콘텐츠입니다. 메타버스 플랫폼이 경쟁력을 갖추고 전 세계 이용자들을 불러 모으기 위해서는 메타버스 내에서 이용자들이 즐길 수 있는 차별화된 콘텐츠가 반드시 필요합니다. 예를 들면 메타버스 내 다양한 콘셉트의 공간 맵이 될 수도 있고 아바타가 즐길 수 있는 소셜게임 또는 아바타를 위한 패션아이템 외에 가상의 자동차, 부동산, 아트 등 각종 디지털 자산들이 모두 포함된다고 볼 수 있습니다. 그런데 여기서 중요한 것은 이런 콘텐츠를 공급자인 플랫폼 측에서 모두 일방적으로 생산해서 제공한다면 어느 순간 이용자는 흥미를 잃고 플랫폼을 떠날지도 모른다는 것입니다. 그래서 콘텐츠의 생산은 반드시 이용자가 생각해 낸 다양한 아이디어들이 가상현실 속에서 생산될 수 있는 방식이어야 합니다. 그리고 이러한 콘텐츠를 생산한 이용자가 콘텐츠 마켓에서 판매를 하고 수익까지 얻을 수 있다면 플랫폼 내 콘텐츠 생태계를 형성해 플랫폼과 이용자들이 서로 윈윈할 수 있게 될 겁니다. 로블록스처럼 이용자가 직접 코딩을 통해 게임을 개발하고 판매하거나 제페토처럼 아바타들의 패션아이템을 디자인해 판매를 하는 것처럼 말입니다. 앞으로 메타버스에서의 활동시간이 더욱 늘어나면 현실에서처럼 나만의 아바타, 나만의 공간 등을 통해 자신만의 개성을 표현하고자 하는 이용자가 늘어날 것이며 그러다 보면 이러한 콘텐츠 소비수요는 더욱 늘어나게 될 겁니다. 메타버스 내에서 마케팅을 하고자 하는 기업들은 조직 내에 별도의 메타버스 공간, 아이템 디자인팀을 만들 수도 있고 직접 못하면 외주를 주는 경우도 늘어남에 따라 관련 전문가나 서비스에 대한 수요도 더욱 늘어날 수밖에 없을 테니 앞으로 콘텐츠 분야에서 훨씬 많은 기회가 생겨날 것은 확실해 보입니다.

엔비디아의 '옴니버스'(출처 : 구글 이미지)

그리고 메타버스 산업이 커질수록 수혜를 보는 산업으로 인프라 산업을 빼놓을 수 없습니다. 쉽게 말해 메타버스 플랫폼이 원활하게 돌아가고 각종 메타버스 콘텐츠를 개발할 수 있게 도와주는 하드웨어와 소프트웨어들이 여기에 포함됩니다. 메타버스 플랫폼은 대부분 3D그래픽 기반이기 때문에 데이터 용량이 꽤 큰데 이러한 서비스를 원활하게 운영하기 위해서는 클라우드 컴퓨팅기술이나 5G 네트워크 통신기술 등은 필수입니다. 사실 메타버스 플랫폼이 제대로 운영되기 위해서는 6G 시대가 와야 한다는 말이 있을 정도로 원활한 서비스 구현을 위해 통신속도는 매우 중요하다고 볼 수 있습니다. 메타버스 플랫폼을 이용하기 위해서는 기존보다 사양이 좋은 PC 또는 스마트폰이 필요하기에 이러한 디바이스 교체수요도 커질 가능성이 높습니다. 참고로 저도 각종 메타버스 플랫폼을 체험해 보기 위해 앱을 설치하다 보니 제가 사용하는 스마트폰에는 설치가 안 되는 플랫폼도 있어 태블릿PC로 대신하기도 했고 PC에서 구동이 가능한 플랫폼의 경우에도 처리속도가 느려서 직접 PC의 램용량 업그레이드를 하기도 했습니다. 뿐만 아니라 현실 같은 가상세계를 구현하고 아바타들이 이용할 콘텐츠 생산을 위해서는 3D그래픽 기반의 소프트웨어 기술 없이는 불가능합니다. 그래서 최근 글로벌 IT기업들도 관련 소프트웨어 플랫폼 서비스에 많은 투자를 하고 있는데 3D디자인으로 유명한 유니티소프트웨어나 엔비디아의 3D 시각화 협업 플랫폼인 옴니버스가 이에 해당합니다.

마이크로소프트 홀로렌즈(출처 : 구글 이미지)

플랫폼, 콘텐츠, 인프라 외에 **빼놓을 수 없는** 메타버스 산업의 또 다른 핵심 요소는 바로 메타버스를 더욱 현실처럼 느끼게 해주는 실감형 기술입니다. AR, VR, MR 등과 같은 XR 기술을 기반으로 하는 스마트글래스 형태의 디바이스들과 관련 콘텐츠들, 웨어러블 장비, 장갑이나 옷 등을 활용해 사용자에게 힘, 진동, 모션을 적용함으로써 터치의 느낌을 구현하는 햅틱Haptic 기술들이 이에 해당합니다. 아직까지는 메타버스 플랫폼을 주로 PC나 스마트폰을 이용해서 접속하기에 현실감이 많이 떨어질 수밖에 없습니다. 하지만 미래에는 스마트 글래스 형태의 디바이스를 활용해 마치 가상세계에 직접 들어와 있는 것처럼 몰입감 있는 체험을 할 수 있을 것이며, 아바타들이 만나서 악수를 하면 손의 촉감을 느끼기도 하고 함께 몸을 부딪히면 온몸으로 느낄 수 있는 웨어러블 슈트 등도 계속해서 발전할 것입니다. 이미 한국전기공사에서는 전기감전사고에 대한 예방교육을 위해 VR 디바이스와 손에 끼는 장갑형태의 햅틱기술을 활용해서 엔지니어가 작업 중 안전 부주의로 감전사고가 났을 때 어느 정도의 고통인지 느낄 수 있게 구현해 안전사고 예방교육 효과를 높이는 데 사용하고 있습니다. 이외에도 가상세계에서 직접 걸어가거나 뛰어가는 느낌을 받을 수 있게 도와주는 트레드밀 같은 장비도 실감형 기술에 해당되며 주로 VR 게임장에 가면 이러한 장비들을 볼 수 있습니다. 물론 지금도 이러한 디바이스와 웨어러블 장비들을 구입할 수는 있지만 아직까지 고가이며 만족스러울 정도의 수준은 아니기에 일반 대중들이 보편적으로 사용하기에는 시간이 더 걸릴 수밖에 없습니다. 어쨌든 실감형 기술도 메타버스 산업의 발전과 함께 발전가능성이 높은 분야라고 볼 수 있습니다.

특성	Token	
	NFT(Non-Fungible Token)	FT(Fungible Token)
고유성	- 각각의 토큰에 출처, 발행 시간, 소유자 정보, 링크 등 고유한 정보를 보유 - 같은 유형의 토큰이라도 각각 다른 정보와 속성으로 인해 서로 구분이 가능	- 소유자에 대한 정보를 명시할 수 없으며, 서로 구별이 불가능 - 같은 유형의 토큰은 다른 유형의 토큰과 같은 기능을 지님
상호 교환성	하나의 토큰은 고유한 정보와 접근권한을 갖기에 다른 토큰으로 대체 불가능	토큰은 동일한 값을 가지는 토큰과 1 : 1로 교환이 가능
분할성	- 소수점 단위의 분할 불가능 - NFT 하나에 대체 가능한 토큰 N개를 발행하여 소유권은 1/N로 나누는 방식은 가능	- 소수점 단위의 분할 가능 - 총합이 동일한 가치를 가지고 있으면 어떤 단위든 분할하여 사용 가능
적용 사례	토큰화된 디지털 자산(게임, 미술품, 디지털 수집품, 디파이 등)	암호화폐(비트코인, 이더리움 등)

NFT와 FT 특성 비교

마지막으로 소개할 메타버스 산업을 구성하는 주요 요소 중 하나는 NFT입니다. NFT는 '대체 불가능한 토큰Non-Fungible Token'의 약어이며 블록체인 기술을 활용한 가상 자산으로, 고유한 인식 값이 있어 다른 것으로 대체하거나 복제할 수 없고 소유권도 명확히 할 수 있는 기술입니다. 일반적으로 내가 가진 화폐와 다른 사람이 가진 화폐의 가치는 동일하므로 교환이 가능합니다. 암호화폐들 역시 다른 사람의 암호화폐와 1대1로 대체가 가능하므로 이들은 대체가능한 토큰이라고 볼 수 있습니다. 하지만 NFT는 디지털상에서 생산된 가상의 파일에 고유한 인식 값을 부여해 복제가 불가능하고 대체할 수가 없는 유일한 토큰이라고 보면 됩니다. 그렇다면 이러한 기술이 메타버스 산업에서 중요한 이유가 뭘까요? 바로 디지털 자산에 대한 소유증명이 가능하기 때문입니다. 앞으로 가상현실인 메타버스 플랫폼에서 아바타들이 집도 사고 차도 사는 등 현실에서의 나를 대신해서 뭔가를 소유하는 경우가 늘어날 겁니다. 디지털 세계에서 이러한 아이템들이 무제한으로 복제가 가능하다면 굳이 돈을 주고 구입할 이유가 없을 것이니 메타버스 내 경제활동이 불가능해 플랫폼을 이용하는 매력도가 떨어질 수밖에 없습니다. 하지만 돈을 지불하고 구입한 가상의 자산에 소유증명이 가능해지면 마켓에서 거래도 가능하고, 현실에서처럼 프리미엄을 붙여 거래를 할 수도 있을 것입니다. 즉, 현실에서의 경제활동처럼 중고시장이 열리고 투자시장도 열릴 수 있다는 말입니다. NFT는 결국 메타버스 플랫폼에서 생산되는 모든 디지털자산에 소유증명을 해 주는 역할을 하게 되고 더 나아가서는 디지털로 생산되는 모든 콘텐츠에 대해서도 가능한 기술이 될 수 있을 것입니다. 최근에는 유통, 패션 기업들을 중심으로 MZ세대를 공략하기 위한 마케팅의 일환으로 자체 한정판 NFT를 발행하고 NFT를 중심으로 메타버스에서 커뮤니티를 형성하는 등 브랜드 충성도를 높이기 위한 수단으로 적극 활용하고 있습니다. 참고로 실감형 기술과 NFT에 대해서는 뒤에서 좀 더 자세히 살펴보겠습니다.

지금까지 살펴 본 메타버스 산업을 구성하는 플랫폼, 콘텐츠, 인프라, 실감형 기술, NFT 중 중요하지 않은 것은 없으며 구성요소들이 톱니바퀴처럼 잘 맞물려 돌아갈 때 진정한 메타버스를 구현할 수 있을 것입니다. 현실에서 우리가 하는 모든 활동들이 가상현실에서 가능해진다면 부를 창출할 수 있는 기회 역시 훨씬 많아질 것입니다. 그러니 메타버스를 바라볼 때 단순하게 게임 플랫폼에만 집중할 것이 아니라 보다 폭넓은 시야를 바탕으로 메타버스 리터러시를 키우기 바랍니다.

AR, VR에서
MR, XR의 시대로

메타버스 산업의 주요 핵심 구성요소로 언급했던 실감형 기술과 관련해서 AR, VR에 이어 최근에는 MR, XR 등 다양한 용어가 쓰이다 보니 헷갈려 하는 이들이 많아서 좀 더 자세하게 사례를 통해 기술별 차이를 알아보겠습니다.

AR을 활용한 수원화성 문화재 탐방(출처 : 수원문화재단)

먼저 AR은 현실의 이미지나 배경에 3차원 가상 이미지를 겹쳐서 하나의 영상으로 보여 주는 기술로 현실에 가상의 콘텐츠가 더해졌다는 의미로 보면 될 것 같습니다. 이러한 AR기술은 다양한 모바일 기기의 보급과 함께 이미 일반인에게도 널리 알려져 있으며 활용사례도 가장 많은 편입니다. 가장 잘 알려진 사례가 바로 AR게임 '포켓몬고'가 아닐까 생각됩니다. 이 게임은 앱을 설치하고 특정 장소에서 실행하면 포켓몬고 캐릭터들이 카메라 화면에 겹쳐서 나타나고 해당 캐릭터를 모션인식을 이용해 수집하는 방식으로 한때 선풍적인 인기를 얻기도 했습니다. 이러한 AR기술이 가장 많이 활용되는 분야는 바로 교육인데 학습용 교재에 이 기술을 적용하면 텍스트, 이미지만으로 설명이 부족한 부분은 스마트폰을 이용하여 더욱 실감나는 학습콘텐츠로 업그레이드할 수 있습니다. 예를 들어 수학에서 도형에 대해 설명하는 부분이 있다면 텍스트와 이미지 옆에 QR코드를 삽입하고 스마트폰으로 QR코드를 찍으면 3D도형이 나타나 손가락으로 회전, 축소, 확대되는 방식으로 학생들의 학습효과를 높일 수 있습니다. AR기술은 주로 스마트폰을 활용하지만 AR 전용 스마트글래스 디바이스를 이용하면 현실 세계에 가상의 콘텐츠가 겹쳐서 보이거나 TV화면이나 영화화면을 현실세계에 띄워서 보는 것도 가능합니다.

다음으로 VR입니다. AR이 현실에 가상을 겹쳐서 보여주는 기술이라면 VR은 말 그대로 현실 같은 가상으로 가상현실이라고 생각하면 됩니다. 단, VR은 메타^{가상}와 유니버스^{현실}가 합쳐진 메타버스의 개념과는 다른 의미라는 것을 명확히 해 두겠습니다. VR을 체험하기 위해서는 주로 VR디바이스를 활용하는데 요즘은 행사장마다 VR체험을 많이 하고 있어서 한 번쯤은 체험해 봤을 거라고 생각됩니다. 제가 해 본 VR체험만 해도 화재진압체험, 패러

글라이딩체험, 우주체험, 롤러코스터체험 등 다양한데 이용자마다 느끼는 정도가 다를 순 있지만 최근에는 기술이 많이 발전해서 거의 현실처럼 느낄 수 있을 정도입니다.

VR을 활용한 건설 안전교육(출처 : 구글 이미지)

   VR이 가장 많이 활용되는 분야 역시 AR과 마찬가지로 교육인데 이 기술을 활용하면 지금까지 직접 실습을 했어야 하는 교육도 가상으로 대체가 가능합니다. 특히 의학교육에서 수술이나 해부 등을 가상으로 진행해 볼 수도 있고 기술교육에서도 초보자에게 위험하거나 소모품 비용이 발생되는 실습의 경우 VR 콘텐츠를 개발해 대체할 수도 있으며, 외국어도 가상으로 외국인과 대화를 하면서 공부할 수도 있습니다. 최근 국내에서는 어린이들을 대상으로 태풍, 지진, 화재 등 안전사고 예방교육을 할 때 활용하기도 하고 용접, 도장 같은 기술을 배우는 고등학생 교육에 활용하기도 하며 코로나19로 원격실습교육을 해야 하는 물리치료사나 간호사들을 대상으로 VR 교육콘텐츠를 통해 실감나는 교육을 지원하기도 합니다.

이제 AR과 VR을 구분하는 것은 어렵지 않을 겁니다. 그런데 MR은 또 뭘까요? 이것은 증강현실과 가상현실의 장점을 혼합한 기술이라고 생각하면 됩니다. MR은 실제 환경의 객체에 가상으로 생성한 정보, 예를 들어 컴퓨터 그래픽 정보나 소리 정보, 햅틱 정보, 냄새 정보 등을 실시간으로 혼합해 사용자와 상호작용 하는 기술로 정보의 사용성과 효용성을 극대화한 차세대 정보처리 기술로 손꼽힙니다. 인간은 감각 중 80% 이상을 시각에 의존하는데 혼합현실 기술 중 가장 활용 분야가 높은 곳도 바로 시각 관련 MR입니다. 그중에서 마이크로소프트가 선보인 스마트글래스형 디바이스 홀로렌즈가 대표적인 시각 활용 MR기술입니다. 최근 출시된 홀로렌즈2는 여전히 비싼 가격으로 개인용보다는 산업용으로 다양하게 활용되고 있는데 건축현장에서는 공사 중인 현장에 가상의 설계도면을 겹쳐서 볼 수 있게 해 주고, 장비 고장 시 장비의 스펙이나 데이터, 수리법 등이 눈앞 화면에 펼쳐지며, 모션인식기술을 활용해 손으로 눈앞에 있는 가상정보를 클릭하거나 축소·확대 및 이동도 가능합니다. 특히 기존 VR디바이스와 달리 안경을 쓴 채로도 사용이 가능하고, 시력에 상관없이 가장 정확하고 선명한 가상 이미지를 표시할 수 있는 것이 장점입니다. 작년에 제가 방문했던 어느 IT기술 박람회에서는 지자체 중 통영시가 관련 기업과 손을 잡고 곳곳에 매설되어 있는 상하수도관 및 가스관 등의 현황을 디지털화한 후 홀로렌즈2를 이용해 담당자가 상하수도관 및 가스관의 위치를 쉽게 파악하게 해 주는 등 업무생산성을 높여 주고 있었습니다.

MS 홀로렌즈를 활용한 통영시 상수도관리(출처 : 마이크로소프트)

　마지막으로 XR은 증강현실, 가상현실, 혼합현실 기술을 모두 포함하는 용어입니다. 지금까지 살펴 본 실감형 기술들은 가상의 기술을 활용해 현실에서는 불가능한 것들을 가능하게 한다는 점에서 어떻게 보면 현실이 확장된 개념이라고 볼 수 있습니다. 그래서 실감형 기술과 관련된 산업을 정부에서는 XR산업이라고 부르고 XR산업을 키우기 위한 투자와 지원을 아끼지 않고 있습니다. 현실에서 해결하지 못하는 문제나 불편한 부분들을 해결해 주는 XR이야말로 앞으로 수많은 변화와 혁신을 가져올 유망기술이자 산업으로 발전할 것입니다. 이제 누가 AR, VR, MR, XR를 물어보면 당황하지 말고 당당하게 설명하고 앞으로 이 기술들이 발전하는 모습을 직접 확인하면서 개인적으로는 어떻게 활용할 수 있을지도 스스로 질문하고 상상해 보기 바랍니다.

06

웹3.0과 가상경제
이해하기

메타버스가 급부상하면서 최근 미디어에서 웹3.0과 가상경세라는 키워드가 자주 등장을 하고 있습니다. 메타버스 산업이 커질수록 가상현실에서의 경제활동 역시 활발해질 수밖에 없으므로 앞으로 메타버스가 바꿀 미래사회를 이해하기 위해서도 제대로 짚고 넘어가야 할 부분이 바로 웹3.0과 가상경제입니다. 먼저 웹3.0을 한경 경제용어사전에서는 '탈중앙화'와 '개인의 콘텐츠 소유'를 주요 특징으로 하는 차세대 인터넷이라고 정의하고 있습니다. 차세대 인터넷이라고 하니 뭔가 엄청난 변화임에는 틀림없어 보입니다. 하지만 원래 웹3.0은 1998년 팀 버너스리가 제안한 개념인 '시맨틱 웹Semantic Web'에서 시작했으며, 기계가 인간들이 사용하는 자연어를 이해하고 상황과 맥락에 맞는 개인 맞춤형 정보를 제공하는 지능형 웹을 가리킵니다. 앞의 두 가지 정의를 종합하면 웹3.0은 시맨틱 기술을 활용해 개인 맞춤형 정보를 제공하는 지능형웹이자 블록체인 시스템을 통한 탈중앙화와 데이터 암호화에 기반을 둔 개인의 콘텐츠 소유가 가능해지는 새로운 형태의 웹 생태계 정도로 정의할 수 있을 것 같습니다. 여기서 웹3.0의 주요 특징은 크게 세 가지로 지능형웹, 탈중앙화, 개인의 콘텐츠 소유입니다.

첫 번째 특징인 지능형웹은 최근 급부상한 대화형 AI서비스 챗GPT와 이 기술을 적용한 MS빙의 지능형웹 서비스인 코파일럿만 봐도 이미 시작된 미래임을 알 수 있으며 앞으로 달라질 지능형웹의 미래도 어느 정도 예측해 볼 수 있습니다. 또한 급증하고 있는 다양한 생성형 AI 서비스들 역시 이용자가 프롬프트를 통해 구체적인 상황이나 맥락을 알려주고, 질문을 하면 AI가 질문을 이해하고 글쓰기, 이미지생성, 음악작곡, 동영상제작 등 맞춤형 콘텐츠를 생성해서 제공해 주기도 합니다. 지금까지 큰 인기를 끌지 못했던 AI스피커 역시 앞으로 이러한 지능형 웹기술이 적용되고 이용자가 본인의 개인정보를 제공해 AI에게 학습을 시킨다면 영화 '아이언맨'에 나오는 자비스 같은 AI 비서로서의 역할을 할 수 있을 지도 모릅니다. 그리고 메타버스 플랫폼에도 이러한 지능화된 AI서비스가 결합되면 많은 것들이 달라질 수 있습니다. 예를 들어 유통업체나 은행들이 메타버스 플랫폼에 만든 매장에 고객이 아바타로 방문했을 때 AI아바타가 현실의 마트나 은행 직원처럼 대응을 할 수도 있을테니 지금보다 더 현실 같은 메타버스를 경험할 수도 있을 겁니다. 이처럼 웹3.0의 첫 번째 특징인 지능형웹은 이미 조금씩 현실이 되어 가고 있음을 알 수 있습니다. 그렇다면 나머지 웹3.0의 특징인 탈중앙화와 개인의 콘텐츠 소유는 과연 현실이 될 수 있을까요?

구분	웹1.0	웹2.0	웹3.0
소통방식	읽기만 가능	읽기 · 쓰기	읽기 · 쓰기 · 소유
매체	고정 텍스트	상호 콘텐츠	가상경제
운영주체	회사	플랫폼	네트워크
인프라	개인컴퓨터	클라우드 · 모바일	블록체인 클라우드
운영 권한	탈중앙화	중앙화	탈중앙화

세대별 웹 구분과 특징

우선 웹1.0은 1990년대 후반부터 2000년대 초반의 인터넷으로 정보가 일방향으로 전달되던 시대였습니다. 사용자들이 누구나 검색을 통해 정보를 습득할 수는 있지만 쌍방향 교류는 힘들었던 공급자 일방의 시대였다고 볼 수 있습니다. 또한 사용자들은 인터넷을 사용함으로써 얻을 수 있는 수익이 전혀 없었던 시절입니다. 웹2.0은 2000년대 중반부터 현재까지의 인터넷으로 이때부터 사용자들이 인터넷에 댓글을 남기기 시작하면서 쌍방향 소통이 가능해졌습니다. 블로그, 커뮤니티를 통해 누구나 자신만의 글, 이미지, 동영상 등의 콘텐츠를 생산할 수 있게 되었고 PC에서 모바일 시대로 넘어가면서 유튜브, 페이스북, 인스타그램 등을 통해 걸어 다니면서도 콘텐츠를 주고받는 것이 가능해졌습니다. 일부 플랫폼에서는 콘텐츠를 공급하는 사용자들에게도 광고수익을 공유해 주기 시작했는데, 제가 대학시절 처음 인터넷을 하면서 수익을 얻기 시작한 것도 리포트 판매사이트인 '해피캠퍼스'였습니다. 지금도 그 당시 올렸던 리포트로 수익을 얻고 있으며, 10년 넘게 운영 중인 네이버 블로그에서도 꾸준히 광고수익이 발생하고 있습니다.

하지만 이렇게 웹2.0이 개인들에게 수익을 공유하기 시작했지만 여전히 '중앙집중식'으로 구글, 아마존, 페이스북 같은 플랫폼 기업이 고객들이 생산한 콘텐츠를 활용해 엄청난 광고수익을 독점하고 있다는 비판에서 벗어나기는 쉽지 않았고 만약에 플랫폼 기업의 중앙 서버가 해킹되거나 고장났을 때는 개인정보유출의 위험도 있었습니다. 이미 2021년 12월 7일에는 미국 아마존웹서비스AWS 서버가 다운되면서 AWS의 클라우드 서비스를 이용하는 넷플릭스의 서비스가 일부 지역에서 멈췄고, 아마존 운송 서비스가 혼란을 겪는 일이 일어나기도 했습니다. 그래서 웹3.0 시대에는 플랫폼 기업들의 데이터 독점 시대를 끝내고 데이터 민주화를 통해 콘텐츠를 생산한 개인들에게 소유권이 이전되어야 하며 개인이 창착한 콘텐츠를 플랫폼이 수익화를 위해 무단으로 사용하지 못하도록 해야 합니다. 이를 위해서는 블록체인기술을 활용한 탈중앙화와 NFT와 같은 기술을 활용한 디지털 콘텐츠의 소유증명이 반드시 필요합니다.

게다가 최근 수요가 급증하고 있는 챗GPT와 생성형 AI 관련 기술들을 보면 앞으로 콘텐츠 소유권의 문제가 얼마나 중요한지 확인할 수 있습니다. 생성형 AI 업체들이 무단으로 자신들의 이미지 콘텐츠를 사용했다는 이유로 2023년 초 사라 안데르센 등 그림 작가 3명은 이미지 생성 AI 업체들을 상대로 소송을 제기했으며 이미지 판매 사이트인 게티이미지도 스테빌리티 AI를 상대로 최대 1조 8,000억 달러에 달하는 손해배상 청구소송을 제기했습니다. 컴퓨터 프로그래머인 매슈 버터릭 변호사 등도 AI 프로그래밍 도구인 '코파일럿' 제작 또는 운영에 참여한 회사들을 상대로 집단 소송을 제기했는데, 소송당한 업체 가운데는 코딩 오픈소스^{무상공개} 플랫폼 '깃허브'와 깃허브를 인수한 '마이크로소프트^{MS}', MS의 투자를 받은 '오픈AI' 등이 포함돼 있습니다. 소송을 낸 사람들은 '깃허브'에 올린 코드를 이들 업체가 무상으로 가져가 AI를 학습시키는 데 썼다고 주장하고 있습니다. 이처럼 생성형 AI 업체들이 AI를 학습시키는데 활용한 각종 콘텐츠에 대한 저작권 문제가 증가할수록 개인들의 콘텐츠 소유권의 중요성은 커질 수밖에 없으며, 향후 생성형 AI 서비스가 생성하는 결과물의 기여도에 따라 콘텐츠 소유자들의 수익배분에 대한 요구도 거세질 것입니다. 결국 메타버스에 이어 챗GPT를 시작으로 생성형 AI의 시대가 되면서 웹3.0에서 추구하는 가치인 지능형웹, 탈중앙화, 개인의 콘텐츠 소유가 더 이상 상상 속 미래가 아니라 현실이 되어 가고 있습니다. 앞으로 웹3.0이 어떻게 발전해 갈지 더욱 궁금해지는 요즘입니다.

가상경제의 발전단계(출처 : 하나금융경영연구소)

앞으로 이러한 시대의 흐름상 디지털 콘텐츠의 소유증명 가능여부에 따라 웹3.0과 가상경제의 발전 속도는 결정될 것 같습니다. 하나금융경영연구소의 자료를 바탕으로 가상경제의 단계별 발전 과정을 살펴보면 가상경제 1.0 시대는 제한적 가상경제 시대로 주로 온라인 게임 속 아이템 거래가 대부분이었기에 상품과 거래에 대한 신뢰성을 확보하기에는 한계가 있었습니다. 그런데 최근 디지털 거래에 있어서 신뢰성을 보장해 줄 수 있는 블록체인 기술의 발전과 함께 비트코인을 시작으로 가상화폐^{또는 암호화폐} 시장 역시 점차 제도권 안으로 들어오고 있으며, 코로나19 이후 글로벌 메타버스 플랫폼 이용인구의 급증으로 NFT^{대체 불가 토큰} 시장 역시 급부상하고 있습니다. 이는 가상경제 1.0에서 가상경제 2.0 시대로 넘어가는 중요한 계기가 되었고 가상경제 1.0의 한계였던 상품과 거래에 대한 신뢰성을 개선함으로써 모든 디지털 파일의 가상경제화가 가능해질 것으로 기대되고 있습니다. 그리고 NFT기술의 발전으로 점차 가상경제 2.0 시스템이 구축되면 미래에는 가상경제와 현실경제가 밀접하게 연결될 것이고, 이를 통해 디지털화된 형태의 자산뿐만 아니라 현실의 자산 역시 가상화되는 가상경제 3.0 시대를 맞이할 것으로 전망하고 있습니다.

　그러나 완전한 가상경제 단계인 가상경제 3.0 시대는 먼 미래가 아닙니다. 얼마 전 금융당국이 증권형 토큰(이하 STO)의 발행과 유통을 허용했기 때문입니다. 여기서 STO^{Security Token Offering} 또는 증권형 토큰이란 금융상품이나 기타 자산을 분산원장기술 기반의 암호화된 토큰형태로 디지털화한 증권을 말합니다. 이러한 금융당국의 규제완화로 기존의 가상자산과 달리 부동산이나 예술품 등 실물을 기반으로 발행되는 STO가 허용돼 투자자들이 실물증권처럼 안전하게 사고팔 수 있게 되었습니다. 이번 규제혁신으로 법적 제도화가 추진된다면 현실에서 가치를 매길 수 있는 모든 자산의 가상화가 가능해지고 온라인에서도 해당 자산의 소유증명을 통해 신뢰를 기반으로 투자, 거래가 활발히 일어날 것입니다. 최근에 등장하기 시작한 조각투자플랫폼들이 예술품, 부동산, 한우, 음악저작권까지 온라인에서 공동구매형태로 지분판매를 하고 블록체인기술을 활용해 소유증명을 하고 있는 것을 보면 기술적으로 불가능한 것도 아닙니다. 앞으로도 올바른 제도를 통해 보다 안정적인 가상경제활동이 이뤄질 수 있길 바라봅니다. 물론 이러한 완전한 가상경제 단계에 이르기 위해서는 수많은 난관이 있을 것이고 관련된 문제들을 해결하는 데도 꽤 많은 시간이 걸릴 것입니다. 하지만 남들보다 먼저 미래의 위기에 대응하고 기회를 잡고 싶다면 지속적인 관찰과 학습을 게을리 하지 않길 바랍니다.

07

NFT 발행을 위한
지갑 만들기

메타버스 산업이 커질수록 웹3.0과 가상경제 역시 함께 발전하면서 미래에는 누구나 자신만의 창작물을 NFT화해서 전 세계에 판매할 수 있는 시대가 될 겁니다. 하지만 스스로 NFT를 발행하고 판매하는 방법을 모르면 아무것도 할 수가 없으며, 최근에는 기업들도 NFT를 마케팅에 적극 활용하고 있으므로 마케터를 꿈꾼다면 반드시 알아둬야 합니다. 그래서 지금부터 NFT를 발행하고 판매하는 절차와 꼭 알아야 하는 NFT 기본용어들과 누구나 활용할 수 있는 NFT 발행 및 판매 플랫폼까지 알아보겠습니다. 조금 낯설고 복잡할 수도 있지만 천천히 따라 오면 어느 순간 여러분도 혼자 NFT를 발행하고 판매할 수 있는 NFT 생산자가 되어 있을 겁니다.

이론적으로 NFT는 디지털파일로 되어 있는 것이라면 모두 발행이 가능하지만 여기서는 이해를 돕기 위해 최근에 가장 많이 활용되고 있는 NFT아트를 발행하고 판매하는 방법에 한해서 살펴보겠습니다. NFT아트는 주로 이미지, 동영상 등으로 발행하는데 직접 촬영한 사진이나 영상파일 또는 직접 디지털로 그린 그림파일이 있으면 가능합니다. 그러니 지금부터 함께 NFT 발행을 해 볼 분들은 먼저 스마트폰이나 PC에 저장되어 있는 본인의 작품파일 하나를 먼저 준비해 주세요. 다만 저작권이나 초상권 침해가 있을 수 있는 파일이 아닌 반드시 직접 창작한 작품이어야 합니다. NFT를 발행할 수 있는 플랫폼은 많지만 제가 소개해 드릴 플랫폼은 세계적으로 가장 잘 알려져 있고 누구나 NFT아트를 발행할 수 있는 글로벌 플랫폼인 '오픈씨OpenSea'입니다.

NFT 오픈마켓 오픈씨

　NFT 발행을 위해서는 기본적으로 암호화폐을 보관할 수 있는 지갑이 필요합니다. 성격은 조금 다르지만 암호화폐와 NFT 모두 토큰이며 발행된 NFT를 저장하고 보관하려면 현실에서 은행계좌에 돈을 넣듯이 디지털자산을 안전하게 보관할 지갑이 필요하기 때문입니다. 그럼 먼저 오픈씨 홈페이지 메인화면에서 오른쪽 상단 지갑모양을 클릭하면 오픈씨에서 지원하는 다양한 암호화폐 지갑리스트를 확인할 수 있는데 리스트에서 지원하는 지갑이 없는 분이라면 가장 대중적인 '메타마스크MetaMask'를 추천합니다. 참고로 암호화폐 지갑을 만드는 것부터 NFT를 발행하고 판매하는 것까지 모든 작업은 구글 크롬 브라우저에서 실행해야 합니다.

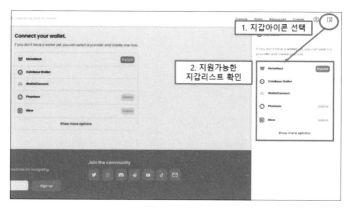

오픈씨에서 지원하는 지갑리스트 확인

먼저 구글 검색사이트에서 '웹스토어'라고 입력 후 검색결과 상단에 있는 'Chrome 웹 스토어'를 선택한 후 검색창에서 반드시 영어로 'MetaMask'를 검색한 후 최상단의 여우 모양의 로고가 있는 확장프로그램을 설치해 주면 됩니다. 한글로 '메타마스크'라고 검색을 하면 전혀 다른 프로그램이 검색되니 유의하기 바랍니다.

크롬 웹 스토어에서 메타마스크 검색하기

메타마스크 확장프로그램 설치를 시작하고 첫 화면을 보면 '이더리움 및 분산형 웹에 연결합니다'라는 문구가 나오는데 오픈씨 플랫폼은 이더리움 기반 메인넷에서 서비스되기 때문입니다. 지갑을 설치하고 NFT를 발행할 때는 암호화폐가 필요 없지만 판매등록을 할 때는 가스비^{GasFees}라는 것이 발생되는데 이때 가스비를 암호화폐 이더리움으로 지불해야 합니다. 이 부분은 뒤에서 좀 더 자세히 살펴보겠습니다. 일단 '시작하기'를 클릭한 후 개선에 참여여부는 각자 원하는 것을 선택한 후 다음 화면에서 나오는 '지갑 가져오기'와 '지갑 생성' 둘 중에서 지갑 생성을 선택하면 됩니다.

메타마스크 지갑 생성하기

참고로 지갑 가져오기는 크롬 브라우저에서 혹시라도 메타마스크 확장프로그램이 삭제되었을 때 또는 다른 PC에서 메타마스크를 다시 설치할 경우 기존에 만들어 둔 지갑을 그대로 사용하기 위한 기능입니다. '지갑 생성' 버튼 클릭 후 8자리 이상 비밀번호를 설정한 후 생성을 선택하면 다음 화면에서 '비밀 복구 구문'을 확인할 수 있습니다. 이때 '비밀 복구 구문'은 직접 열람 후 절대 잊어버리지 않도록 별도로 복사해서 저장 보관해야 합니다. 만약 '비밀 복구 구문'이 타인의 손에 들어가게 되면 여러분의 메타마스크 지갑 속 암호화폐와 NFT 등 디지털 자산을 도난당할 수도 있고, '비밀 복구 구문' 분실 시 지갑을 재설치할 때 복구가 불가하므로 모든 자산을 잃게 됩니다. 가장 좋은 방법은 복사해서 USB 같은 곳에 저장해두거나 종이에도 써서 자신만 아는 장소에 보관하면 됩니다. 그리고 비밀 복구 구문 확인 후 다음을 누르면 다시 한 번 비밀 복구 구분을 확인하는 화면이 나오는데 확인 후 다시 앞으로 돌아오면 일단 메타마스크 지갑은 크롬 브라우저에 설치가 완료됩니다. 아직 이더리움 암호화폐를 구입하지 않았기 때문에 여러분의 지갑은 잔액이 0원으로 표시될 것입니다. 이렇게 나만의 NFT 발행을 위한 첫 단계인 암호화폐 지갑 만들기가 완료되었습니다.

메타마스크 지갑 비밀번호 설정 및 비밀 복구 구문 확인하기

NFT 민팅과
리스팅하기

앞에서 지갑 생성을 완료했다면 오픈씨에서 나만의 NFT를 발행하고 판매하는 방법을 알아보겠습니다. NFT를 발행하는 것은 전문용어로 민팅^{Minting}, 판매를 위해 등록하는 것은 리스팅^{Listing}이라고 합니다. 먼저 설치한 메타마스크 지갑으로 가입 겸 로그인을 해 보도록 하겠습니다. 크롬 브라우저에서 오픈씨 홈페이지를 열고 메인화면 오른쪽 상단 맨 끝에 있는 지갑모양을 클릭한 후 메타마스크를 선택해 줍니다. 그렇게 메타마스크 지갑을 선택하면 여러분이 크롬 브라우저에 설치한 메타마스크로 연결한다는 화면이 나오니 '다음'을 선택한 후 '연결'을 클릭합니다. 그리고 나오는 환영 메시지에서 'Accept and sign'을 선택한 후 다음 화면에서 '서명'을 하면 연결이 완료됩니다.

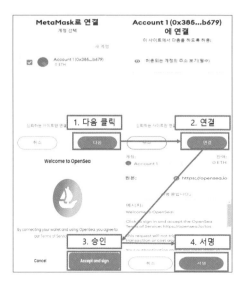

메타마스크 지갑으로 오픈씨에 로그인하기

메타마스크 지갑으로 오픈씨 가입 및 로그인이 되었다면 이제 오픈씨에서 활동할 여러분의 작가명이라고 할까요? 개인 프로필을 작성하면 됩니다. 프로필은 지갑모양 아이콘 바로 옆에 있는 동그란 원을 선택해서 세부내용을 작성하면 됩니다. 아무래도 메타버스 시대에 디지털아트작가로 활동하는 것이니 부캐 개념으로 나만의 활동명을 하나 만들면 좋습니다. 물론 아직 정해진 부캐나 활동명이 없다면 프로필은 나중에 작성해도 되니 그냥 넘어가도 무방합니다. 이렇게 프로필을 어느 정도 작성했으면 이제 NFT를 오픈씨에서 직접 발행해 보겠습니다. 사실 메타마스크 지갑 생성하기에 비하면 NFT 발행은 정말 식은 죽 먹기입니다. 프로필 아이콘을 선택하고 메뉴에서 'Create'를 클릭한 후 여러분이 가지고 있는 디지털 파일로 된 사진, 동영상, 그림파일 등을 저장된 곳에서 파일 불러오기를 한 후 작품 제목, 외부링크^{홈페이지 또는} ^{SNS 주소}, 작품설명을 작성하면 되고 collection은 폴더 개념으로 프로필 메뉴 중 My collections에서 먼저 폴더를 만든 후 작품의 성격에 따라 NFT 발행

시 선택하면 됩니다. 나머지 항목은 선택하지 않아도 무방합니다. 아래쪽 'Supply'에 숫자를 입력하는 란이 있는데 이것은 여러분이 발행하는 NFT의 발행개수를 의미합니다. 마지막으로 발행할 블록체인 네트워크 선택은 이더리움 또는 폴리곤에서 메타마스크 발행이 가능합니다. NFT시장의 규모는 이더리움 네트워크가 훨씬 크고 거래도 활발하며 NFT 발행 후 판매를 위한 등록인 리스팅을 할 때 이더리움 네트워크에서는 수수료가 발생하지만 폴리곤 네트워크는 수수료가 없어 초기 비용 없이 리스팅 가능합니다. 둘의 장·단점을 고려하여 선택한 후 발행하기를 누르면 여러분의 역사적인 첫 번째 NFT 발행 또는 NFT 민팅이 완료됩니다.

오픈씨에서 나만의 NFT 발행하기

지금부터는 발행이라는 표현 대신 전문용어인 민팅이라고 하겠습니다. 원래 민팅Minting이란 동전과 같은 법정화폐를 주조할 때 주조의 뜻을 가진 단어로 마인팅으로도 불리며 NFT에서 블록체인 기술을 활용해 디지털 콘텐츠에 대해 대체 불가능한 고유 자산 정보를 부여해 가치를 매기는 작업을 뜻합니다. 이렇게 민팅한 NFT는 아직 오픈씨에서 판매가 가능한 상태는 아닙니다. 프로필에서 여러분이 발행한 NFT를 열람하면 아직 가격이 표시되어 있지 않을 것입니다. 그래서 민팅한 NFT를 시장에서 판매하기 위해서는 별도의 판매등록 작업이 필요한데 이를 리스팅이라고 합니다. 앞서 언급했듯이 이더리움 네트워크에서는 리스팅 수수료에 해당하는 가스비가 발생하기 때문에 암호화폐인 이더리움이 필요합니다. NFT 민팅을 체험하는 것에 만족한다면 굳이 이더리움을 구매하지 않아도 되지만 향후 민팅한 NFT를 오픈씨에서 판매하길 원한다면 필수입니다.

NFT를 리스팅할 때 가스비가 발생하는 이유는 리스팅을 하는 단계부터는 블록체인 네트워크 상에서 트랜잭션이 발생되기 때문입니다. 트랜잭션이 발생하면 그 내용을 블록으로 생성해 체인에 추가해야 하는데 이를 '채굴'이라고 하고, 이러한 채굴을 하는 사람을 '채굴자'라고 부르며 채굴자에게 주는 수수료를 '가스비' 또는 '가스피'라고 부릅니다. 그래서 처음에 판매자가 리스팅을 할 때는 가스비를 판매자가 부담하고 이후 거래가 발생할 때부터는 구매자가 가스비를 부담하게 됩니다. 그리고 이러한 가스비는 그때그때 트랜잭션에 따라 변동이 될 수 있다는 것도 참고하기 바랍니다.

NFT 거래를 위한 등록 프로세스

어쨌든 오픈씨에서 리스팅을 하기 위해서는 여러분이 처음에 연결한 메타마스크라는 지갑에 가스비로 지불할 금액 이상의 이더리움 잔액이 있어야 합니다. 이더리움은 국내외 암호화폐 거래소 어디서든 구입이 가능합니다. 구입한 이더리움을 메타마스크로 송금해 이더리움 잔액이 있어야 리스팅이 된다는 것만 기억하면 됩니다. 민팅과 마찬가지로 리스팅도 방법은 간단합니다. 오픈씨에서 여러분의 프로필 아이콘을 클릭하면 민팅된 NFT들을 확인할 수 있고 그중에 리스팅을 원하는 작품을 클릭하면 판매등록을 할 수 있는 화면이 나오는데 오른쪽 상단의 'Sell' 버튼을 누르면 리스팅을 위한 설정화면이 나오니 세부 판매조건을 등록하면 됩니다.

오픈씨에 민팅한 NFT 기본 화면

판매가격은 고정가로 픽스할 수도 있고 옥션방식으로 설정할 수도 있습니다. 하지만 아직 인지도가 없는 NFT작가의 작품은 고정가로 리스팅 하는 것이 바람직합니다. 이때 금액 설정란에 숫자를 입력하면 아래에 이더리움의 달러 환산가격이 표시되니 실제 판매가격이 어느 정도 될지 확인이 가능하며 판매기간은 최소 1일부터 6개월까지 설정 가능합니다.

다음 표는 이미지에 포함된 UI 요소와 한글 레이블을 표로 정리한 것입니다.

레이블
1. 고정가격 선택
2. 해당 콜렉션 최저판매가
3. 판매가 입력
4. 판매기간설정
5. 가스비&창작자로열티
6. 판매시 예상수익
7. 리스팅 완료하기

오픈씨 NFT 리스팅 조건설정화면

리스팅에 대한 가스비는 2.5%가 발생하며 Creator earnings라는 항목은 창작자 로열티로 리스팅한 NFT가 마켓에서 1차 판매된 후, 구매자가 2차 판매 시 발생하는 수익에 대해서도 최초 창작자에게 일정부분 배분되도록 하는 기능입니다. 블록체인 기술을 기반으로 스마트 컨트랙트 기능이 적용되어 처음 리스팅을 할 때 2차 판매에 대한 창작자 로열티 비율을 설정해 두면 자동으로 수익이 들어오게 되어 있습니다. 이것이 일반적인 오프라인에서의 예술품은 2차 판매로 인한 수익이 작가에게 한 푼도 돌아가지 않는 것과 비교되는 NFT 디지털자산 거래의 가장 큰 장점이라고도 볼 수 있습니다. 로열티 설정은 프로필 메뉴 중 'My Collections'에서 각 'collection'을 생성할 때마다 설정에서 'Creater earning'을 선택하면 원하는 비율을 정할 수 있는데 보통 10%가 일반적입니다.

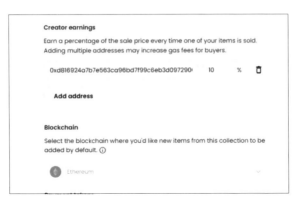

collection 설정에서 창작자 수익률 설정

이렇게 리스팅을 위한 모든 조건 설정이 완료되면 메타마스크 지갑에서 가스비가 자동으로 지불되고 리스팅까지 완료되어 오픈씨 오픈마켓에서 민팅한 NFT의 거래가 가능해집니다. 그리고 민팅만 되어 있어 가격이 매겨져 있지 않던 NFT에도 판매조건으로 설정한 가격이 표시됩니다. 물론 여러분이 설정한 가격이 구매자 입장에서 비싸다고 생각되면 구매희망자가 직접 가격을 제안할 수도 있습니다. 그래서 구매자 화면에는 'Make offer' 버튼이 하나 더 나타납니다. 하지만 반대로 여러분이 설정한 가격이 너무 저렴하다고 생각되어서 가격을 올리고 싶을 때는 가격수정이 불가능해 다시 삭제하고 리스팅을 해야 하며, 또 가스비가 발생하니 처음 리스팅을 할 때 가격설정을 신중하게 하기 바랍니다.

오픈씨 NFT 마켓 구매자 화면

 어떤가요? 쉽지 않은 과정이었음에도 끝까지 따라온 분들은 앞으로 NFT 민팅과 리스팅은 일도 아닐 겁니다. 그리고 한 번에 해보는 게 힘든 분들은 천천히 나눠서 각자의 속도대로 연습해도 좋습니다. 이번 기회에 메타버스 시대에 소유증명이 가능한 디지털자산인 NFT를 발행하고 판매하는 것까지 기본적인 프로세스를 이해한 분이라면 메타버스 리터러시를 한층 더 끌어올 렸다고 생각하면 됩니다. 앞으로 더 다양한 플랫폼들이 나오고 서비스도 진화하겠지만 프로세스에 큰 변화는 없을 테니 이번에 배우신 내용들을 바탕으로 메타버스 산업 내 NFT시장에 대해서도 관심을 가지고 관찰하면서 업무 적으로든 개인적으로든 잘 활용해 보기 바랍니다. 마지막으로 혹시 나만의 NFT아트나 직접 구매·수집한 NFT아트를 메타버스에서 전시하고 싶은 분 들은 스페이셜Spatial과 온사이버Oncyber에서 직접 갤러리를 만들고 지인들을 초 대할 수도 있으니 참고하기 바랍니다.

09

진짜 사람 같은
가상인간 활용법

메타버스는 아바타를 통해 들어갈 수 있는 가상세계라는 소설 속 개념에서 이제는 현실과 가상을 넘나들며 우리가 살아가는 새로운 삶의 공간이란 개념으로 발전했습니다. 그리고 현재는 더욱 발전하여 '가상인간[AI인간 또는 디지털휴먼이라고도 표현함]'이 현실에서 활동하는 그야말로 현실과 가상이 혼재된 세상이 되었습니다. 세계적으로 유명한 영국의 SF 소설가이자 미래학자였던 아서C.클라크의 과학 3법칙 중 세 번째 법칙이 바로 '충분히 발달한 과학 기술은 마법과 구별할 수 없다'인데 최근 '가상인간'이 현실 세계에서 마치 인간처럼 광고모델, 가수, 배우, 유튜버 등으로 활동하는 모습을 보면 그의 말이 틀리지 않았다는 것을 알 수 있습니다.

가상인간 모델 로지(출처 : 신한라이프)

최근에 TV광고, 드라마, 지하철 광고판 등에도 등장하고 있는 대표적인 가상인간이 바로 '로지'입니다. 로지는 싸이더스 스튜디오 엑스가 개발한 국내 최초 버추얼Virtual 인플루언서로 2020년 8월부터 SNS를 통해 실제 사람처럼 활동하다 가상인간임을 밝혔고, 신한라이프의 광고 모델로 출연하면서 인기도 얻기 시작했습니다. 이후 식품업계와 톱모델만 할 수 있다는 뷰티광고까지 출연한 것은 물론이고 전기자동차 광고 모델로 발탁되었으며 100건 이상의 협찬, 드라마 속의 연기자로 출연하는 등 광고 외적인 영역까지 활동영역을 넓혀 가고 있습니다. 소속사나 광고주 입장에서 유명 연예인을 보유하고 있거나 광고에 출연시키는 것이 더욱 큰 효과를 낼 수도 있지만 해당 연예인이 사건을 일으키면 엄청난 손해를 감수해야 합니다. 그런데 가상인간은 전혀 그런 문제를 일으키지 않으니 앞으로 그 활용도는 무궁무진할 겁니다.

아나운서를 대신하는 가상인간 뉴스

　종합편성채널 MBN은 2020년 11월부터 가상의 김주하 앵커가 전하는 뉴스를 방송하기 시작했고, 뉴스를 보는 시청자들도 진짜 김주하 앵커로 착각할 정도로 실제 김주하 앵커의 모습과 목소리를 닮아 있습니다. 이런 가상인간을 만들려면 짧으면 한 달, 길게는 두 달이 걸리는데 기본 데이터가 될 영상을 촬영하는데 2~10시간, 이 영상을 AI가 이해할 수 있는 언어로 가공하는 데 2~3주가 걸리기 때문입니다. 2020년 당시 MBN과 함께 가상의 김주하 앵커를 제작한 딥브레인AI 관계자는 이러한 가상인간을 만들려면 현재는 5,000만~1억 원의 비용이 들지만, 기술이 고도화되면 개인 스마트폰으로 찍은 영상만 올려도 내 모습 그대로의 아바타를 만들 수도 있어 2~3년 안에 수십만 원의 비용으로 자신만의 아바타를 가질 수도 있을 것이라고 전망했습니다. 그런데 아니나 다를까 최근 직접 아바타를 제작할 수 있는 건 아니지만 다양한 가상인간을 저렴한 비용으로 활용할 수 있는 서비스들이 등장하기 시작했습니다.

AI 스튜디오스의 가상아나운서들

　그중에서 제가 추천하고 싶은 서비스 플랫폼은 바로 'AI 스튜디오스'와 '온에어스튜디오'입니다. 먼저 AI 스튜디오스는 실존하는 아나운서들을 가상인간으로 제작해 누구나 저렴한 비용으로 가상아나운서를 활용하여 광고, 홍보 영상을 만들 수 있게 도와주는 플랫폼입니다. 이 서비스는 유료요금제로 운영되고 있는데 입문자를 위한 스타터플랜 요금제의 경우 월 29,000원이며, 만들고 싶은 영상자료를 업로드한 후 가상아나운서를 선택한 뒤 텍스트를 입력하면 영상 속에서 가상아나운서가 등장해 해당 텍스트를 내레이션해 주는 방식입니다. 꼭 영상이 아니라도 파워포인트로 만든 자료를 활용하거나 플랫폼 내에서 직접 이미지, 텍스트 등을 입력해 영상을 만들 수도 있습니다. 저도 이 서비스를 활용해 강의홍보 영상을 만들어 봤는데 직접 녹음을 하지 않아도 되어 아주 편리했고 가상아나운서도 꽤 자연스러웠습니다.

저자의 유튜브 채널 영상 속 가상아나운서

온에어스튜디오에서는 가상인간은 물론이고 음성더빙 서비스도 이용이 가능합니다. 이 플랫폼은 음성더빙 서비스는 무료지만 가상인간을 이용하기 위해서는 최소 월 9,900원의 요금이 발생합니다. 사용법은 미리 준비된 PPT, PDF, PNG 파일 등을 업로드한 후 원하는 가상보이스, 가상인간을 선택해서 음성더빙, 내레이션 등을 이용해 동영상으로 제작하는 방식입니다. 가상인간을 적용하기 전에 목소리는 미리듣기가 가능하니 내용에 맞는 콘셉트의 목소리와 모델을 최대한 맞춤형으로 이용할 수 있습니다.

가상인간 서비스 플랫폼 '온에어스튜디오'

이처럼 이제 누구나 가상인간을 이용할 수 있는 시대인 만큼 영세한 중소기업, 자영업자들이 비싼 비용을 들이지 않아도 전문 아나운서를 고용해 퀄리티 높은 영상을 제작할 수도 있을 겁니다. 뿐만 아니라 유튜브는 하고 싶지만 직접 본인의 얼굴이나 목소리를 드러내는 것이 불편했던 이들에게도 가상인간 기술은 희소식이 아닐까 생각됩니다. 앞으로 이러한 가상인간 기술이 더욱 발전한다면 나를 닮은 가상인간을 만드는 것은 물론이고 목소리와 개인 정보를 학습시킨 아바타로 메타버스를 살아가는 미래가 올 지도 모르겠습니다.

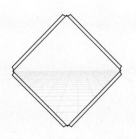

6

경제금융 리터러시

01

자본주의의 핵심은
경제와 금융

　자본주의 사회가 공통적으로 겪고 있는 문제 중 하나가 바로 '부의 양극화'입니다. 최근 전 세계적으로 인기를 얻었던 K-콘텐츠 중 영화 '기생충'과 드라마 '오징어게임' 역시 다루고 있는 주제가 양극화였기 때문에 전 세계인의 공감을 얻을 수 있지 않았나 생각됩니다. 그만큼 자본주의 사회의 양극화가 심각하다는 방증이기도 하고요. 부의 양극화는 국가 간 양극화가 될 수도 있고 한 국가 안에서는 지역 간 양극화 또는 개인 간 양극화로 나타나기도 합니다. 그렇다면 양극화가 발생하는 원인은 과연 무엇일까요? 물론 원인을 딱하나로 규명할 수는 없겠지만 개인적으로는 모든 부의 양극화 원인은 국가간, 지역 간, 개인 간 경제금융지식 수준의 차이에서 발생하는 것 같습니다. 사전적 정의부터 살펴보면 경제는 '인간의 생활에 필요한 재화나 용역을 생산, 분배, 소비하는 모든 활동', 금융은 '금전의 융통, 곧 돈이 오고 가는 것또는 돈의 흐름'이란 뜻입니다. 하지만 저는 경제가 생산능력이라면 금융은 생산을 위한 자본조달능력과 생산을 통해 축적한 자산을 관리하는 능력이라고 생각합니다. 다시 말해 경제 리터러시란 결국 스스로 생산할 수 있는 능력, 금융 리터러시란 스스로 생산을 위한 자본을 조달하고, 생산을 통해 얻은 자산을 스스로 관리할 수 있는 능력이라고 볼 수 있습니다. 그럼 지금부터 경제와 금융이 무엇이고 왜 경제와 금융을 꼭 공부해야 하는지 좀 더 자세히 살펴보겠습니다.

저는 고등학교 때 정치경제라는 수업을 통해 경제라는 단어를 처음 접했고 수능시험을 위해 열심히 수업을 듣긴 했지만 사실 경제가 무엇인지 이해를 하고 있었던 건 아닌 것 같습니다. 그러다 상과 대학에 입학해서 전공필수과목으로 경제학원론을 배우게 되었고 세계경제학회라는 곳에 가입해 활동하기도 했습니다. 솔직히 그 당시에 배웠던 경제학 내용 중에서 기억하고 있는 것은 그렇게 많지 않습니다. 다만 어느 경제학 교수님께서 수업 때마다 저희들에게 강조했던 이 말은 아직도 뇌리에 남아 있는데, 바로 '경제는 생산이다'라는 말입니다. 이 말 역시 당시에는 교수님이 강조하는 이유를 정확히 이해했다기보다는 수업 때마다 강조를 해서 그냥 세뇌되었다고 보는 것이 맞습니다. 그런데 그 이후로 지금까지 다양한 경제활동을 직접 경험하면서 그때 교수님이 강조한 '경제는 생산이다'란 말이 얼마나 중요한 말인지 깨닫게 되었습니다.

OECD 전망 기준 **명목 GDP 순위**

순위 국가 ( ): 성장률실적, % 　　 *2020년 12월 대비 2021년 3월 기준*

순위	국가 (성장률)	GDP
❶	미국 (-3.5)	20조9,210억 달러
❷	중국 (2.3)	14조7,800
❸	일본 (-4.8)	4조9,800
❹	독일 (-5.3)	3조7,710
❺	영국 (-9.9)	2조7,030
❻	프랑스 (-8.2)	2조5,960
❼	인도 (-7.4)	2조5,770
❽	이탈리아 (-8.9)	1조8,750
❾	한국 (-1.0)	1조6,240
❿	캐나다 (-5.4)	1조6,200
⓫	러시아 (-3.6)	1조4,030
⓬	브라질 (-4.4)	1조3,940
⓭	호주 (-2.5)	1조3,330
⓮	스페인 (-11.0)	1조2,700

※ 성장률: OECD 중간경제전망
디플레이터, 환율: OECD 경제전망

자료 / OECD
이경아 인턴 / 20210315
트위터 @yonhap_graphics, 페이스북 tuney.kr/LeYN1

OECD 전망 기준 명목 GDP 순위(출처 : 연합뉴스)

　　보통 국가의 경제력 규모를 얘기할 때 가장 자주 이용하는 지표가 뭘까요? 바로 GDP입니다. 영어로는 Gross Domestic Product이며 해석하면 국내 총생산이라는 의미입니다. 그러니까 한 국가가 동일한 기간 동안 얼마나 많은 생산을 했는가를 보면 그 나라의 경제력을 가늠할 수 있는 만큼 경제에서 생산이 얼마나 중요한지 알 수 있습니다. 여기서 생산을 잘못 이해하면 물건을 만드는 행위만 떠올릴 수 있습니다. 하지만 경제학에서 생산이라고 하면 물건을 만드는 것뿐만 아니라 만들어진 물건을 운송하는 것, 농사를 짓는 것, 농산물을 요리해서 서비스를 하는 것, 지금 제가 이 글을 써서 책을 내는 것도 유튜브로 콘텐츠를 만드는 것도 모두 생산에 포함됩니다. 즉, 생산은 돈을 받고 팔 수 있는 유·무형의 재화와 용역을 만들어 내는 행위 모두를 의미합니다. 어쨌든 생산이 곧 경제인 자본주의 사회에서 생산자와 소비자 중에서 누가 부를 창출할까요? 맞습니다. 소비도 경제활동에 포함되지만 소비자는 돈을 지출하고, 생산자는 부를 창출합니다. 그래서 여러분이 부를 창출하고 싶다면 반드시 생산자가 되어야 하고 제품이든 서비스든 콘텐츠든 뭔가를 스스로 생산할 수 있는 사람이 되어야 합니다.

　만약 여러분이 한 회사의 직원이라고 하더라도 회사의 생산 활동에 도움이 되지 않는다면 회사는 여러분을 더이상 고용하지 않을 것입니다. 결국 개인들의 부 창출능력은 각자가 가지고 있는 생산능력에 따라 차이가 날 수 밖에 없고 회사라면 생산의 능력과 규모에 따라 부의 창출 규모 역시 달라질 수밖에 없는 것입니다. 여러분이 꼭 명심해야 하는 것은 자본주의 사회에서 지속적으로 부를 창출하기 위해서는 기본적으로 생산능력을 갖춘 사람이 되어야 한다는 것입니다. 그리고 고령화 시대에 노후자산을 젊을 때부터 준비하는 것도 중요하지만 나이가 들어서도 생산능력이 있는 사람은 지속적인 부 창출이 가능할 겁니다. 은퇴 이후 생산의 방식은 재취업이 될 수도 있고 창업이 될 수도 있고 단순 노동을 제공하는 서비스업 또는 지식과 정보, 경험을 기반으로 하는 콘텐츠업 등 다양한 방식이 될 수 있습니다.

지식정보화 시대 경제의 의미

그렇다면 생산만 할 수 있으면 과연 부를 창출할 수 있을까요? 그랬다면 생산자는 모두가 부자가 되었을 겁니다. 기업, 정부, 개인 할 것없이 경제력의 기본은 생산능력이 맞지만 소비자의 선택을 받아서 부를 창출할 수 있는 생산이 되려면 수많은 생산자 속에서 차별화할 수 있는 경쟁력이 있어야 합니다. 예를 들어 동네마다 수많은 매장이 있고 마트에도 수많은 상품이 있지만 모든 매장과 상품들이 판매로 이어져서 부를 창출하는 것은 아닙니다. 그렇다면 어떤 생산자가 부를 창출할까요? 바로 남다른 아이디어를 생각해내는 생산자입니다. 이 아이디어는 생산을 하기 전부터 생산을 하는 과정뿐만 아니라 생산물을 판매하고 사후 서비스하는 과정에서까지 계속 필요할 정도로 매우 중요합니다. 일단 생산자는 소비자의 선택을 받을 수 있어야 하는데 소비자는 과연 어디에 소비할까요? 여러분도 소비자인 만큼 스스로 한 번 잘 생각해 보기 바랍니다. 아마도 소비자는 자신이 가진 문제, 욕구, 결핍을 해결해 줄 수 있는 물건과 서비스에 돈을 지출할 겁니다. 그래서 생산을 하기 전 반드시 생산자는 소비자들이 어떤 문제, 욕구, 결핍이 있을지 생각해 보고 이러한 것들을 해결해 줄 수 있는 생산에 대한 아이디어를 창출할 수 있어야 합니다. 실제 판매할 상품이나 서비스에 대한 아이디어 외에 비슷한 상품이나 서비스라면 얼마나 원가절감을 통해 생산성을 끌어올릴 수 있는지, 생산물을 판매하는 과정에서 어떻게 마케팅을 하는지 소비자가 구매를 한 이후에도 어떻게 고객을 관리하는지 등 생산부터 소비에 이르는 과정에서 아이디어는 다양하게 필요합니다.

이처럼 차별화된 아이디어 없이는 수많은 생산자와의 경쟁에서 살아남아 부를 창출하는 것은 불가능합니다. 만약 디지털 리터러시가 뛰어난 생산자라면 스마트공장을 도입해 생산성을 끌어올려 더 좋은 가성비 제품을 만들거나

24시 무인매장으로 전환해 더욱 스마트하게 서비스를 하는 등 전혀 다른 생산능력을 갖출 수 있겠죠. 이 또한 결국은 지식생산이 핵심입니다. 그래서 경제는 생산이며, 지속적으로 부를 창출할 수 있는 생산은 결국 아이디어와 같은 지식생산입니다. 어떻게 보면 지식정보화 시대에 모든 생산은 지식생산이라고 해도 과언이 아닙니다. 이러한 차별화된 지식생산은 결국 생산자가 가지고 있는 지식과 정보, 경험의 차이에서 올 수 밖에 없으며 이러한 이유로 세상이 변하면 시대의 흐름에 맞춰 끊임없이 업데이트해 줘야 합니다. 앞에서 다룬 미디어 리터러시, 디지털 리터러시, 데이터 리터러시, 메타버스 리터러시 또한 결국 새로운 세상에 맞는 아이디어를 지속적으로 창출할 수 있는 지식 생산자가 되기 위한 필수 능력이며 결국 여러분이 갖춘 리터러시 수준이 미래의 부 창출능력을 결정할 수밖에 없는 것입니다. 지식정보화 시대에 '경제는 지식생산'이라는 말을 여러분도 꼭 명심하고 어떻게 하면 직장에서 또는 비즈니스를 하면서 차별화된 지식생산능력을 갖출 수 있을지 고민하기 바랍니다.

　지식정보화 시대의 경제가 무엇인지 충분히 이해했다면 지금부터는 금융에 대해 알아보겠습니다. 앞에서 경제가 생산능력이라면 금융은 생산을 위한 자본조달능력과 생산을 통해 축적한 자산을 관리하는 능력이라고 했습니다. 그럼 먼저 금융 리터러시를 높여서 왜 자본조달능력을 키워야 하는지부터 알아보겠습니다. 여기서 말하는 자본은 금융자본인 돈을 의미하며 토지자본, 지적자본도 자본으로 볼 수는 있지만 이러한 자본을 획득하거나 축적하는 과정에서도 반드시 돈이라는 금융자본이 필요한 건 마찬가지입니다. 따라서 자본조달능력은 '금융자본' 조달능력을 의미합니다. 예를 들어 여러분이 좋은 아이디어가 있어서 뭔가를 생산하는 회사를 설립하려고 합니다. 여기서 자본이 부족하거나 없다면 주변 사람에게 빌릴 수도 있고 금융기관에서 대출을 받거나 정부지원사업을 통해서 자금을 조달할 수도 있습니다. 뿐만 아니라 이미 생산을 하고 있는 기업이 생산의 규모를 늘리거나 다른 사업에 투자를 하기 위한 자금이 필요할 때는 증권시장에서 상장을 통해 주주들로부터 자금을 조달할 수도 있고 채권을 발행해서 조달할 수도 있으며 벤처투자회사로부터 투자를 받을 수도 있습니다. 누구나 성인이 되어 개인적인 생산능력을 갖추기 전까지는 부모로부터 자본을 받아서 학교를 다니고 기술을 배워야 하고, 형편이 안 된다면 스스로 학자금 대출을 받아서 공부를 해야 합니다. 이렇듯 생산능력을 갖춘 성인이 되기 위해서 자본조달은 필수입니다. 물론 자본조달이 필요 없는 사람도 있겠지만 사람 일이란 알 수 없기에 평소에 스스로 자본을 조달할 수 있는 능력을 기르고 관련된 금융지식을 쌓아두는 것은 매우 중요합니다. 특히 개인에게 있어서 가장 큰 자본이 필요한 경우 중 하나가 바로 부동산 구입입니다. 부동산을 구입하는 것 역시 생산에 해당한다고 볼 수 있는데, 금융기관으로부터 대출을 받아 부동산을 구입할 때는 언젠가 부동산 가격이 올라서 투입된 자본 이상의 수익을 얻을 것을 기대하기 때문입니다. 동네 슈퍼에서 물건을 구입해서 이익을 붙여 판매를 하는 것도 서비스 생산이듯 부동산 구입도 결과적으로 누군가에게 판매를 할 목적이라면 생산 활동이기에 경우에 따라서는 자본조달이 필요할 수 있습니다.

그런데 자본을 조달할 때는 이자가 발생하기 마련이며 어디서 어떤 조건으로 자본을 조달하느냐에 따라 그 비용 역시 천차만별입니다. 그래서 자본조달능력을 높이기 위해서는 금융 리터러시가 필수인 것입니다. 이자는 제1금융권이냐 2, 3금융권이냐에 따라 달라질 수 있고, 각 금융권에서도 개개인의 신용등급에 따라 적용되는 이자율이 달라질 수 있습니다. 따라서 평소에 자신의 신용등급을 잘 관리하는 것도 매우 중요합니다. 특히 신용등급은 여러분이 가지고 있는 신용카드 개수에 따라서도 차이가 나고 통신요금을 연체한 기록이 있어도 달라질 수 있는 만큼 평소에 신용등급에 영향을 주는 행위를 하지 않기 위해 철저한 관리가 필요합니다. 막상 자본조달이 필요할 때 신용등급이 낮으면 그만큼 자본조달비용이 많이 발생할 수밖에 없기 때문입니다. 현재의 직업이나 소득 규모도 빌린 돈을 갚을 능력이 있는지를 가늠할 수 있는 잣대가 되기 때문에 큰 영향을 줍니다. 직장을 다니더라도 보다 안정적인 직장이거나 안정적인 소득이 보장될수록 자본조달비용은 줄어들기 마련입니다. 이처럼 평소에 금융 리터러시를 키워 놔야 자본조달 시 비용을 최소화할 수 있습니다. 자본조달비용이 들더라도 비용 이상의 수익을 낼 수만 있다면 자기자본이 아닌 타인자본을 조달해서 생산을 위해 투자하는 것도 부를 창출하는 하나의 방법이 될 수도 있습니다. 다만 이러한 자본조달비용 역시 한 국가와 기업, 개인의 경제력 또는 생산력에 따라 달라질 수 있기 때문에 결국 국가, 기업, 개인 할 것 없이 경제와 금융은 분리해서 생각할 수가 없는 관계라는 것도 기억해야 합니다.

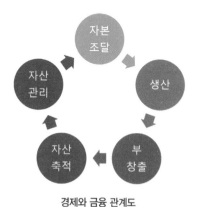

경제와 금융 관계도

다음으로 금융 리터러시를 키워야 하는 두 번째 이유인 자산관리능력의 중요성에 대해서 살펴보겠습니다. 자본조달능력과 생산능력을 갖춘 생산자가 부를 창출해서 자산을 축적하는데 성공했더라도 자산관리능력이 없으면 자산을 유지하기 어렵습니다. 경제상황과 금융시장의 변화에 따라 축적한 자산을 어떻게 관리하느냐에 따라 자산의 가치가 달라질 수 있기 때문입니다. 부동산자산에는 아파트, 상가, 건물, 땅 등이 있고, 금융자산에는 현금, 주식, 펀드, 채권, 달러 등이 있습니다. 최근 몇 년간의 부동산과 금융시장의 변화를 지켜봤다면 잘 알겠지만 영원히 오르기만 할 것 같던 자산시장이 지금은 바닥이 어딘지 모르고 떨어지고 있는 상황입니다. 하지만 역사적으로 자산시장의 상승과 하락은 늘 반복되어 왔기 때문에 또 언젠가 바닥을 치면 다시 오를 거라는 기대를 하게 됩니다.

반복되는 자산시장의 상승과 하락은 글로벌 경제상황에 따라 변화하는 각종 금융지표를 통해 어느 정도는 예측할 수 있는데 이 중에서도 가장 중요한 세 가지 금융지표가 바로 금리, 물가, 환율이라고 볼 수 있습니다. 그래서 아무리 경제금융이 어렵고 재미가 없어도 자본주의 사회를 살아가는 사람이라면 적어도 금리, 물가, 환율에 따라서 자산시장에 어떤 영향을 줄 수 있는지는 알고 있어야 소중한 자산을 잃지 않고 잘 지킬 수 있습니다. 아무리 많은 자산을 가지고 있어도 결국 미래 자산의 가치를 결정하는 것은 변화하는 경제금융 상황에 맞는 자산관리능력임을 알아야 합니다. 가끔 거액의 복권에 당첨된 사람들을 추적해 보면 빈털터리가 된 사람들이 생각보다 많은데 자산은 늘어났지만 자산관리능력을 갖추지 못해 결국 부자가 될 수 있는 기회를 놓치고 만 것입니다. 옛말에 현명한 부자는 자녀에게 자신의 자산을 물려주지 않는다고 했습니다. 능력이 있는 자녀라면 굳이 자산을 물려주지 않아도 알아서 잘 살아갈 테니 괜히 자산을 물려줘서 나태해지게 만들면 안 되며, 능력이 없는 자녀라면 아무리 많은 자산을 물려주어도 언젠가 그 자산을 모두 잃게 될 수도 있기 때문입니다. 만약 자녀가 있다면 그저 유산만 물려줄 것이 아니라 경제금융 리터러시를 키울 수 있게 도와주어 남다른 생산능력과 자본조달능력, 자산관리능력을 기반으로 온전히 자신만의 힘으로 살아갈 수 있게 해 주는 것이 최선입니다. 여러분도 자본주의 사회에서 스스로 부를 창출하고 100세 고령화 시대에 자신의 자산을 잘 관리하기 위해서라도 경제금융 리터러시가 필수라는 사실을 잊지 않길 바랍니다.

02
노후파산!
남의 일이 아니다

2019년 통계청 자료에 의하면 우리나라는 OECD 국가 중 노인빈곤율 1위와 은퇴연령 최하위라는 불명예를 차지한 나라입니다. 초고령사회^{UN기준 65세 이상 인구가 전체 인구의 20%를 넘는 사회}인 일본에서는 몇 년 전 NHK의 '노후파산'에 관한 다큐멘터리가 방영된 후 사회 전체가 큰 혼란에 빠진 적이 있습니다. 다큐멘터리에서 가장 충격적인 사실은 비교적 노후준비가 잘 되어 있다고 여겨지던 중산층의 몰락에 대한 내용이었습니다. 2016년에 한국에서 번역 출간된 일본 도서 『노후파산(2016년, 다산북스)』이란 책을 읽은 적이 있는데 개인적으로는 아버지께서 은퇴 이후 노후파산에 이르는 모습을 옆에서 지켜본 사람으로서 노후파산에 대해 더욱 경각심을 갖게 되었습니다. 사실 아버지는 한때는 잘 나가는 은행원이었지만 경제금융 리터러시의 핵심인 생산, 자본조달, 자산관리에 모두 실패한 분이었습니다.

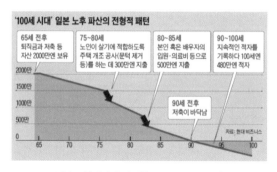

일본 노후파산의 패턴(출처 : 현대비즈니스)

아버지는 6형제 중 장남으로 태어나서 형제들 중에서는 그래도 가장 많은 혜택을 받으며 자랐습니다. 지리산 산골에서 부산으로 유학을 와 상고를 우수한 성적으로 졸업하고 바로 은행에 취업해서 지점장까지 역임했으니 나름 생산능력을 갖춘 분이셨다고 볼 수 있습니다. 하지만 진짜 능력은 위기가 닥쳤을 때 드러난다는 말이 있죠. 1998년 대한민국은 IMF로 휘청거리고 있었고 제가 고등학교를 졸업하고 대학 입학을 앞두고 있던 시점에 아버지도 은퇴 이후를 생각하며 지인의 소개로 프랜차이즈 칼국수전문점을 오픈하게 됩니다. 문제는 오픈하자마자 터진 IMF 사태였습니다. 전례가 없는 경제 위기로 인해 사람들이 외식을 줄이고 도시락을 싸 다니면서 식당은 6개월을 못 버티고 폐업을 하고 말았습니다. 여기서 제가 가장 이해할 수 없는 부분은 은행을 다니던 분이 IMF가 터지기 전부터 이미 경제상황은 좋지 않았고 누구보다도 이런 위기를 미리 감지했을 텐데 그 시점에 노후준비를 위해 빚을 내서 무리하게 식당을 창업했다는 사실입니다. 창업을 하더라도 스스로 소비자들의 어떤 문제를 해결할지 그래서 어떤 재화와 용역을 생산하면 좋을지 생각할 수 있어야 하는데 다른 사람의 말만 믿고 무작정 창업에 뛰어든 것도 문제였습니다. 특히 스스로 음식을 생산할 수 있는 역량이 없이 월급쟁이 주방장을 고용하다 보니 주방에 돌발상황이 발생했을 때 직접 식당을 컨트롤할 수 없는 경우도 많았습니다. 결국 가게는 IMF로 인해 운영이 어려워졌고 조기 폐업으로 인테리어 투자에 따른 손해도 발생해 아버지께서 직장생활을 하면서 모은 자산을 대부분 잃고 말았습니다.

그렇게 창업의 실패에서 조금씩 회복이 되어갈 때쯤 또 한 번의 위기가 찾아왔습니다. 바로 IMF 이후 은행들의 대규모 구조조정이 시작되면서 아버지도 결국 명예퇴직을 당하게 된 겁니다. 그렇게 퇴직을 하고 얼마 지나지 않아 평생 은행에서 일하시고 받은 퇴직금을 지인에게 사기를 당했다는 청천벽력 같은 소식도 듣게 되었습니다. 3억에 가까운 돈을 빌려주면서 법적 공증도 없이 종이에 펜으로 쓴 차용증 한 장만 받아 두는 바람에 결국 한 푼도 돌려받지 못하고 말았습니다. 이때가 50대 초반의 일이었습니다. 아직 젊은 나이라 뭐든 할 수 있을 거라고 생각할 수도 있지만 30년 가까이 은행에서만 일했던 아버지는 은행업무 외에 스스로 생산을 할 수 있는 별다른 능력이 없었고, 식당 창업 실패와 퇴직금 사기로 대부분의 금융자산도 잃어 퇴직금 외에 모아둔 자산이라곤 아파트 한 채가 전부였습니다. 물론 50대 초반이었으니 눈높이만 조금 낮췄어도 분명 재취업 등을 통해서 또 다른 생산 활동에 참여할 수 있었을 수도 있습니다. 하지만 아버지께서는 은행 지점장이었던 시절을 그리워하며 아무 의미 없는 본부장, 지사장이라는 직책에 유혹당해 불법 다단계사업에 발을 들이기 시작했고 결국 다단계사업에 중독되어 빚까지 늘어나면서 수많은 금융기관의 채무독촉에 시달리다 법정파산에 이르게 되었습니다.

중장년층 파산자 통계(출처 : 매일경제, 2020년)

　당시에는 저 역시 우리 가족에게 이런 일이 일어날 거라고는 상상도 못했던 터라 한동안 정신을 차리지 못했던 기억이 납니다. 최근 서울회생법원의 통계자료를 보면 파산자 대부분이 중장년층으로 특히 혼자 사는 1인 가구일수록 파산 가능성이 매우 높은 것으로 나타났습니다. 은행원이었던 아버지조차도 경제금융 리터러시 부족으로 파산에 이르렀으니 평소 경제금융에 대해 관심을 가지고 공부하지 않는 사람이라면 그 위험성은 더 클 수 밖에 없습니다. 당시에는 아버지에 대한 원망도 컸지만 결과적으로 사회생활을 시작하기 전부터 경제금융 공부를 게을리하지 않은 덕에 직장을 다니면서 일찍부터 자산관리에 힘써 왔고 적절한 규모의 자본조달을 통해 내집 마련도 일찌감치 할 수 있었습니다. 그리고 10여 년 전 부동산을 매입할 때는 저금리 덕도 보긴 했지만 언젠가는 금리가 다시 오를 것에 대비해 최대한 빨리 대출을 상환하여 요즘 같은 고금리 시대에 이자 걱정 없이 살 수도 있는 것 같습니다.

지금도 매일 아침 경제신문을 챙겨보는 것은 물론이고 관련 뉴스레터와 책을 읽으면서 지속적으로 경제금융 리터러시를 키우기 위해 노력하고 있습니다.

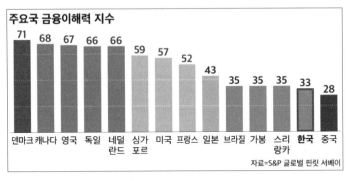

주요국 금융이해력 지수(출처 : 조선비즈, 2020년)

　아버지와 제가 겪은 상황이 일반적인 사례는 아닐 수도 있지만 중요한 것은 사람 일은 정말 한치 앞도 알 수 없다는 것입니다. 꼭 노후파산을 걱정해서라기보다는 점점 불확실성이 커지는 시대인 만큼 늘 최악의 시나리오를 생각하면서 철저한 준비를 위해 경제금융 리터러시를 키우는 것은 매우 중요합니다. 코로나19로 인해 갑자기 일자리를 잃거나 사업을 접어야 했던 이들 역시 이런 상황을 예상하지는 못했을 겁니다. 게다가 우리나라는 초고령 사회로의 진입을 앞두고 있으므로 제대로 대비하지 않으면 부족한 자산으로 인해 힘든 노후를 맞이할 수도 있습니다. 한 살이라도 젊을 때 경제금융 리터러시를 키워 최대한 오랫동안 생산, 자본조달, 자산관리 능력을 유지할 수 있어야 합니다. 경제금융! 생각만 해도 어려울 것 같고 어디서부터 공부해야 할지 막막할 수 있지만 아는 만큼 보일 것입니다.

03
인플레이션은
왜 일어나는가?

인플레이션
- 통화량증가
- 화폐가치하락
- 물가상승

디플레이션
- 통화량감소
- 화폐가치상승
- 물가하락

인플레이션과 디플레이션 비교

경제금융 리터러시를 높이기 위해 반드시 알아야 하는 기본 개념이 바로 물가, 금리, 환율입니다. 이 세 가지 지표 중에서 먼저 물가와 관련된 용어인 인플레이션^{Inflation}과 디플레이션^{Deflation}을 알아보겠습니다. 인플레이션이란 '(가스나 공기로) 부풀리기'라는 뜻을 가지고 있는데 경제학에서는 통화량의 증가로 화폐가치가 하락하고 모든 상품의 물가가 전반적으로 꾸준히 오르는 경제현상을 일컫는 말입니다. 그 반대의 경우가 디플레이션으로 '(무언가에서) 공기를 뺌'이란 뜻으로 경제학에서는 경제 전반적으로 상품과 서비스의 가격이 지속적으로 하락하는 현상을 말합니다. 쉽게 설명하면 물가가 지속적으로 상승하는 현상은 인플레이션, 물가가 지속적으로 하락하는 현상은 디플레이션입니다. 대학시절 경제학을 공부하면 반드시 배우게 되는 용어들이지만 살면서 이 두 단어를 그렇게 많이 들어 본 적은 별로 없었던 것 같습니다. 그런데 몇 년 사이에 신문이나 뉴스에서 하루도 빠지지 않고 등장하는 단어 중 하나가 인플레이션으로 지금의 물가상황이 일반적인 상황은 아니라는 것을 알 수 있습니다. 이러한 인플레이션을 이해하면 앞으로 미래에 국가, 기업, 개인에게 어떤 영향을 줄지 어느 정도는 예측을 할 수 있어 의사결정에 도움이 됩니다.

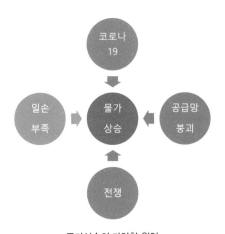

물가상승의 다양한 원인

물가가 상승하는 원인에는 여러 가지가 있겠지만 가장 큰 이유는 화폐가치의 하락입니다. 화폐가치가 하락한다는 건 무슨 의미일까요? 쉽게 말해 시중에 통화량이 너무 많아져서 화폐가 너무 흔해지면 화폐의 가치가 떨어지게 되고 원래 1,000원이면 살 수 있었던 사과가 있었다면 지금은 1,200원을 줘야 살 수 있다는 의미입니다. 최근에 화폐가치의 하락이 발생한 가장 큰 이유는 아무래도 장기화된 코로나19로 전 세계의 정부가 기업과 국민들의 경제적 안정을 돕기 위해 수차례에 걸쳐 정책적으로 많은 돈을 풀었기 때문입니다. 하지만 코로나19 초기에는 이 돈이 대부분 부동산, 주식, 암호화폐 같은 자산시장으로 흘러들어 실질적인 소비자 물가상승으로 이어지진 않았습니다. 그러다 사회적 거리두기가 강화되고 전 세계적인 국경봉쇄가 장기화되면서 글로벌 공급망이 붕괴되었고 각 산업의 부품이나 원재료 등의 수급이 어려워졌습니다. 수요는 많은데 공급이 따라주지 못하게 된 것이죠. 결국 생산원가가 오르니 실질적인 소비자 물가도 함께 오르기 시작했고, 이 와중에 2022년 러시아가 우크라이나를 침공하면서 전쟁까지 일어났습니다. 러시아에 대한 서방국가들의 제재로 글로벌 에너지 공급망 역시 불안해진 것입니다. 엎친데 덮친 격으로 세계 3대 곡창지대인 우크라이나의 곡물들이 러시아의 수출항 봉쇄로 원활한 공급이 불가능해지면서 곡물가격 역시 천정부지로 치솟아 전 세계의 식품가격도 걷잡을 수 없이 오르게 되었습니다.

코로나19는 임금상승도 불러왔습니다. 정부가 경기부양책으로 풀었던 돈이 부동산, 주식, 암호화폐 등 자산시장으로 몰리며 자산의 가치가 많이 올랐습니다. 이때 큰돈을 번 직장인들이 회사를 그만두고, 코로나19 여파로 일자리를 잃었던 이들은 넉넉한 정부 지원금 덕분에 직장으로 돌아가지 않는 현상까지 발생하여 일손이 부족해져 임금이 상승한 것입니다. 이런 현상은 물가에 전가되어 인플레이션이 더욱 심해지는 결과를 가져오고 말았습니다. 종합하자면 이번 인플레이션은 통화량 팽창으로 인해 화폐가치의 하락, 더불어 기업의 생산원가 상승이 물가 상승으로 이어지면서 발생한 것입니다. 이처럼 현상의 이면에는 생각보다 복잡한 맥락이 숨어있습니다. 그렇다면 이러한 인플레이션은 구체적으로 정부와 기업, 개인에게 어떤 영향을 미칠까요?

물가가 급격하게 오르면 그만큼 가계지출이 늘어나면서 국민들의 주머니 사정이 어려워지겠죠. 이런 인플레이션이 지속된다면 당연히 여론은 안 좋아질 수밖에 없습니다. 정부 입장에서는 선거 표심을 좌지우지하는 가장 중요한 이슈가 경제인만큼 인플레이션이 한계에 다다르면 정책을 통해 국민들이 감당할 수 있는 수준으로 물가를 낮춰야 합니다. 글로벌 공급망의 붕괴와 러시아-우크라이나 전쟁은 당장 해결할 수 없는 사안이므로 결국 미국을 중심으로 각국에서는 금리를 인상해 팽창되었던 통화량을 축소시키고자 했습니다. 더 이상의 인플레이션이 발생하지 않도록 조치를 취하는 것이지요. 하지만 금리를 인상해도 다른 여러 원인으로 인한 물가 상승이 지속된다면 생각보다 빠르게 물가를 잡는 것이 어렵습니다. 결국 여러 번의 금리 인상을 단행할 수밖에 없고 장기적인 고금리 상황이 지속될 수도 있습니다. 지금이 바로 그런 상황입니다.

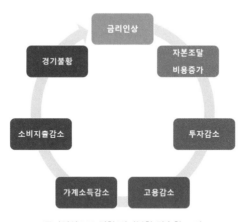

금리인상으로 인한 경기불황 악순환 고리

인플레이션을 잡기 위해 정부가 금리를 인상하면 기업과 개인들에게는 어떤 영향을 주게 될까요? 물론 금리인상은 장점도 있고 단점도 있습니다. 먼저 가장 큰 단점은 기업과 개인들의 자본조달비용이 상승하는 것입니다. 금리가 낮을 때는 금융기관으로부터 돈을 빌릴 때 내야 하는 이자부담이 적기에 대출을 받아서 더 많은 수익을 낸다면 이자를 내고도 남는 장사라 여기며 너도나도 돈을 빌리려고 할 겁니다. 하지만 지금처럼 금리가 높고 경기도 좋지 않으며 자산시장 역시 침체되어 있는 상황에서는 대출을 받아 투자를 하는 것이 기업과 개인 모두 부담이 될 수밖에 없고 금리가 더 오를 수도 있는 상황에서는 리스크가 클 수밖에 없습니다. 따라서 고금리 시대에는 모든 투자가 축소되면서 산업 전반적으로 고용도 감소하게 되고 고용이 감소하면 당연히 가계소득이 줄어듭니다. 물가도 높은 상황에서 지출이 더욱 감소해 불황으로 이어지고 불황으로 인한 기업의 매출감소는 또 다시 투자와 고용감소로 이어지는 악순환이 일어날 수도 있는 것입니다.

　특히 코로나19 이후 통화량 팽창으로 부동산, 주식, 암호화폐 등 자산시장에 돈이 몰리면서 지금보다 금리가 낮았던 시기에 무리한 빚투를 했던 이들도 많습니다. 대출을 받으면서 고정금리가 아닌 변동금리를 선택했다면 최근 높아지는 금리로 인해 이자부담이 커지면서 본인의 소득이 이자를 감당하지 못하게 되는 순간 더 이상 손해를 보기 전에 보유하고 있는 자산들을 처분하기 시작하면서 자산시장 역시 거품이 빠지게 됩니다. 문제는 금리인상에 경기침체에다 자산가격이 하락하니 매도자는 늘어나지만 매수자가 나타나지 않으면서 자산시장은 오랜 침체기에 빠지게 되고 추운 겨울을 맞이할 수밖에 없습니다. 게다가 금리가 높아지면 개인과 기업 모두 현금 확보에 나서게 되고 안정적으로 당분간 높은 이자를 받을 수 있는 안전자산인 예적금으로 돈이 몰리면서 주식이나 부동산 같은 위험자산시장은 더욱 침체될 수밖에 없습니다. 특히 가계 입장에서는 높은 물가는 물론이고 기업들의 고용감소로 인한 소득감소와 금리인상으로 이자부담 증가라는 삼중고에 시달리게 됩니다. 개인이 소비지출을 크게 줄이면서 기업과 자영업자도 더욱 어려움을 겪게 됩니다. 하지만 늘 위기 속에는 기회가 있듯이 이러한 경제금융의 맥락을 이미 읽고 미래를 예측한 기업과 자영업자는 가성비 좋은 상품이나 서비스, 메뉴 등을 개발해 소비자들을 잡기 위해 노력하거나 생산성을 높이기 위해 인건비를 줄일 수 있는 스마트한 기술을 도입합니다. 예를 들어 스마트공장, 무인 매장, 서빙로봇, 키오스크, RPA^{사무업무자동화}, 메타버스 등을 활용하면 인건비를 줄이면서도 생산성을 높이는 것이 가능하지요. 따라서 지금 같은 때에 디지털 리터러시, 데이터 리터러시, 메타버스 리터러시의 중요성이 더욱 커질 수밖에 없습니다. 경제금융 리터러시가 높은 기업과 개인들은 이미 일찍부터 현금자산을 늘리면서 위험에 대비해 왔을 것이고 위기 속에서도 수익을 낼 수 있는 기회를 노리고 있을 겁니다.

앞에서 살펴 본 바와 같이 물가를 통해 금리의 미래를 예측해 볼 수도 있고, 금리를 통해서는 경제상황을 예측해 볼 수 있기에 물가와 금리는 경제금융 리터러시에서 매우 중요합니다. 이러한 물가와 금리의 미래를 예측하기 위해서는 전염병, 전쟁과 같은 사회적인 현상과 국내외 정책의 변화도 폭넓게 알아야 합니다. 기업도 개인도 이렇게 복잡한 상황을 통찰하면서 앞으로 각 영역의 상황이 변화함에 따라 어떻게 대응할지 다양한 가능성을 생각하면서 최악의 시나리오까지 대비해야 합니다. 뿐만 아니라 4차 산업혁명과 디지털 전환의 시대에 이러한 경제금융위기가 발생하더라도 디지털 기술에 대한 이해를 바탕으로 생산성을 향상시킬 수 있는 기업과 자영업자는 생존이 가능하지만 그렇지 못한 곳은 결국 도태될 가능성이 높습니다. 이처럼 세상은 경제, 기술, 사회, 정치 등이 마치 하나의 생명체처럼 서로서로에게 영향을 주면서 복잡하게 돌아간다는 것을 알 수 있습니다. 그러니 지금처럼 복잡한 세상의 맥락을 이해하면서 올바른 의사결정을 하기 위해서는 보다 다양한 영역에 대한 지식과 정보를 골고루 들여다 볼 수 있는 미디어 리터러시 역량 또한 중요할 수밖에 없겠지요. 분명 평소에 다양한 리터러시를 키워 온 개인과 기업이라면 오히려 지금 같은 위기일수록 그 힘을 발휘하게 될 것입니다.

04

환율상승이 가져오는
나비효과

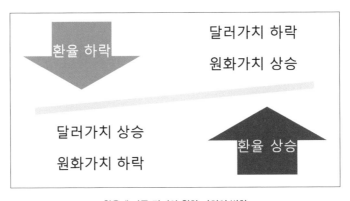

환율에 따른 달러와 원화 가치의 변화

　이번에는 환율에 대해서 알아보겠습니다. 환율이란 자기 나라 돈과 다른 나라 돈의 교환비율을 의미하며 원-달러 환율은 1달러당 원화로 환산했을 때 얼마인가를 기준으로 정해집니다. 만약 1달러당 1,000원이었던 환율이 1,300원이 되면 환율이 상승했다고 하며 이때 달러의 가치는 올랐지만 반대로 원화의 가치는 하락한 것입니다. 다른 의미로 보면 달러의 가치 즉 원-달러 환율이 올라가고 있다는 것은 그만큼 시장에서 달러의 인기가 높다는 것을 의미하기도 합니다. 참고로 2022년 9월 24일 기준 원-달러 환율은

1,400원을 돌파하면서 13년 6개월 만에 최고 수준까지 올라가기도 했는데 다행히도 지금은 1,200원대로 어느 정도 회복한 상태입니다. 그렇다면 최근에 환율은 왜 이렇게 올랐고 환율상승이 가져올 나비효과에는 어떤 것들이 있을지 함께 살펴보겠습니다.

앞에서 인플레이션으로 인한 지속적인 물가상승이 결국 금리인상으로 이어졌다고 설명했습니다. 이번에는 미국에서 금리인상이 시작되면 어떤 일들이 일어나는지 그리고 결과적으로 지구 반대편에 있는 한국에 어떤 영향을 주는지 차근차근 알아보도록 하겠습니다. 일단 저금리 시대에는 저렴한 자본 조달비용의 이점을 이용해 미국의 달러자금이 전 세계 자산시장으로 흘러들어 갑니다. 한국시장 역시 외국인들의 투자가 늘어나면서 국가의 외환보유고가 증가하게 되고 충분한 달러를 보유함으로써 환율은 안정적으로 유지됩니다. 하지만 이번처럼 자산시장의 침체와 급격한 금리인상이 동시에 일어나면 한국시장에 있던 외국인 투자자금이 자산시장을 떠나 금리가 높은 미국으로 빠져 나가고 그 여파로 외환보유고가 줄어들게 됩니다. 부족해진 달러로 인해 달러의 가치가 올라 환율이 상승하게 되고 환율이 상승하게 되면 반대로 원화가치는 하락하게 되는 것입니다. 게다가 전 세계적인 자산시장의 침체가 시작되고 금리가 상승하면 대부분의 투자자들은 보다 안전한 자산을 찾기 마련이죠. 결국 전통적 안전자산인 달러에 대한 수요가 급증하면서 달러의 가치는 더욱 오르게 되고 환율은 더 높아질 수밖에 없습니다. 그래서 최근 몇 번에 걸친 미국의 금리인상으로 인해 원-달러 환율은 물론이고 엔-달러 환율 역시 많이 올라 엔화의 가치가 떨어지는 엔저현상 역시 30년 만에 최고를 기록하기도 했습니다. 이러한 엔저현상은 원-엔 환율도 떨어트려 엔화의 가치는 떨어지고 원화의 가치는 오르면서 여러분이 일본여행을 간다면 과거보다 엔화로 환전하는 비용이 낮아져 실질적인 여행비용이 저렴해지는 효과를 낳게 됩니다. 그래서 최근 일본의 방역완화정책과 엔저현상이 맞물리면서 한국인들의 일본여행 수요가 급증한 것입니다. 반대로 미국으로 여행을 간다면 고환율로 인해 달러 환전 비용이 높아진 만큼 여행비용의 부담이 훨씬 커지겠죠. 미국 유학 중인 자녀가 있다면 생활비를 송금하기 위한 비용 역시 급격히 상승해 부담이 커질 수밖에 없을 겁니다.

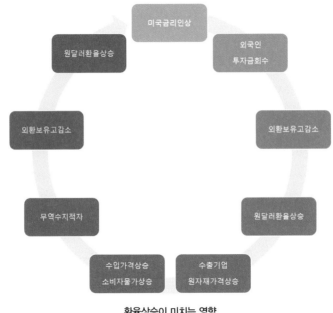

환율상승이 미치는 영향

환율이 오르면 무역 거래 시 달러로 결제를 해야 하는 기업들 역시 많은 영향을 받게 됩니다. 예를 들어 생산을 위한 원재료 수입을 많이 하는 기업이나 완제품을 수입해서 국내에서 판매하는 기업의 경우, 달러의 가치가 올라 환율이 상승하면 그만큼 원화가치가 떨어지면서 수입에 따른 비용이 증가하고 수익은 줄어들게 됩니다. 반대로 수출 기업의 입장에서는 결제대금을 달러로 받게 되면 그만큼 원화로 환전했을 때 받는 금액이 커짐에 따라 수익이 늘어날 것이며, 외국계 기업을 다니는 직장인이라면 달러로 받는 월급을 원화로 환산하면 실질적인 소득이 증가하게 됩니다. 문제는 한국의 경우 수출주도 국가긴 하지만 대부분의 주요 원자재와 에너지, 농산물 등을 수입에 의존하는 국가라는 것입니다. 수출이 증가하더라도 그만큼 수입에 따른 달러 지출비용이 증가함에 따라 무역수지는 사상 최대 적자를 기록하는 현상이 일어날 가능성이 높습니다. 과거 1998년 IMF 외환위기 당시에도 29개월 연속 무역적자를 기록하면서 금융위기로 이어진 만큼 고환율이 앞으로 장기간 지속된다면 연속된 무역적자로 외환위기에 이어 금융위기로 번지는 최악의 시나리오까지 생각해야 하는 상황이 올 수도 있는 것입니다. 글로벌 경기침체로 수출은 줄어드는데 고환율로 인해 원자재 수입비용이 증가하게 되면 그만큼 기업의 수익은 감소합니다. 그리고 경영환경의 불확실성이 커짐에 따라 투자와 고용을 축소하면서 가계소득에까지 영향을 줄 수도 있습니다. 결국 미국의 금리인상이 전 세계의 자산시장과 달러대비 각국의 환율은 물론이고 지구 반대편에 있는 나라의 기업과 가계에까지 영향을 주는 나비효과를 일으키는 셈입니다.

　지금까지의 설명만 보면 고환율은 무조건 나쁜 것처럼 들리지만 투자자 입장에서는 좋은 점도 있습니다. 여러분이 환율이 오르기 전에 달러로 미국 주식시장에 투자를 했다고 생각해 봅시다. 최근 주식시장에 침체가 오면서 투자금을 빼지 않고 그대로 놔두었다면 달러환산 수익률은 마이너스일 가능성이 높을 겁니다. 하지만 주식을 살 때는 원−달러 환율이 지금보다 낮을 때 달러로 환전해서 투자를 했지만 지금 원−달러 환율이 많이 올라 고환율이 되었다면 주식평가액을 원화로 환산할 경우 환차익이 발생해 오히려 수익률이 플러스가 될 수도 있습니다. 저 역시 해외시장에 투자한 자산들의 달러 기준 수익률은 하락했지만 최근에 환율이 오르면서 원화기준 가치는 오히려 수익률이 많이 올라 손실을 커버해주기도 했습니다. 하지만 환율이 높은 상황에서는 아무리 매수하고 싶은 해외 주식이 있어도 원화가치가 낮아서 살 수 있는 주식수가 줄어드는 만큼 투자를 망설일 수밖에 없습니다. 그래서 앞으로 환율이 당분간 계속 오를 것으로 예상된다면 무리한 주식투자보다는 달러를 보유하거나 달러 관련 외화예금이나 펀드 등에 투자하는 것이 더 바람직한 의사결정이 될 수도 있습니다. 물론 지금은 변동성이 크기 때문에 정확한 투자 타이밍을 잡기는 매우 힘든 상황이긴 합니다.

지금까지 살펴본 바와 같이 경제금융 리터러시의 기본인 물가, 금리, 환율은 절대 별개의 개념이 아니라 함께 움직인다는 것을 알 수 있습니다. 물가 상승이 금리인상으로 이어지고 금리인상은 결국 환율상승이라는 결과를 가져오게 되고 환율상승은 또 수입물가 상승으로 이어져 소비자물가 상승을 부추기는 원인이 되기도 합니다. 그리고 한국의 경제와 금융은 미국이라는 나라의 경제와 금융시장의 상황과 정책변화에 많은 영향을 받는다는 것도 알 수 있습니다. 사실 미국이 금리를 인상하면 한국 역시 그에 맞춰서 금리를 인상합니다. 높은 금리로 인해 빠져 나가는 외국인 투자자들의 자금이탈을 최소화해야 하기 때문입니다. 뿐만 아니라 원화가치 역시 미국의 달러가 국제적인 기축통화의 역할을 하는 만큼 미국 정부의 금융정책에 따라 달러의 통화량이 조절되고 이에 따라 원-달러 환율에 영향을 줄 수밖에 없습니다. 결국 한국인으로서 경제금융 리터러시를 키우기 위해서는 국내가 아닌 글로벌한 시각으로 복잡한 세계 경제금융의 맥락을 읽기 위한 노력이 필요합니다.

그중에서 가장 기본이 되는 금융지표인 물가, 금리, 환율의 변화를 모니터링하면서 내가 가진 자산을 최대한 잘 관리해 나가야 하고요. 물론 한 나라의 정책 변화를 정확하게 예측할 수는 없겠지만 기본적으로 물가, 금리, 환율이라는 금융지표의 기본적인 개념과 원리만 이해해도 투자와 자산관리를 위한 의사결정에 많은 도움을 줄 테니 꼭 숙지하기 바랍니다.

05
투기가 아닌
투자를 하자

　지난 몇 년간 코로나19 장기화로 전 세계 정부의 지속적인 재정확장정책으로 인한 풍부한 유동성에 기인해 부동산, 주식, 암호화폐 등을 보유하고 있었거나 운 좋게 적절한 타이밍에 투자한 이들의 자산가치는 급격하게 상승했을 겁니다. 그러면서 등장한 신조어가 바로 '벼락거지'입니다. 내 자산이 줄어들거나 일자리를 잃어 소득이 줄어든 것도 아닌데 주변사람들이 부동산, 주식, 암호화폐 등에 투자해서 벼락부자가 되는 바람에 상대적으로 나는 벼락거지가 된 셈입니다. 그래서 월급만 열심히 모아 왔을 뿐 리스크를 감수하며 재테크를 하지 않았던 사람들이 하루아침에 거지로 전락하면서 상대적 박탈감을 느끼게 되는 것입니다. 그 결과 멈출 줄 모르고 오르는 자산가격을 보면서 지금이라도 들어가지 않으면 안 될 것 같다는 조바심에 많은 이들이 너도나도 뒤늦게 부동산, 주식, 암호화폐 등에 투자하기 시작했고 늦게라도 수익률이 오르는 경험을 한 이들 중에는 거기에 취해 무리한 대출까지 받아가면서 빚투까지 한 사례가 꽤 많았습니다. 특히 아직 소득이 없거나 모아둔 여유자금이 부족한 2030세대 사이에서 빚투가 증가하면서 우려의 목소리가 들려오기도 했습니다.

2030세대 주택담보대출 증가율					
	금융권 전체 27.9%	**2금융권** 58.8%	14.9% / 33.2%	9.8% / 24.3%	
	20대		30대	전체	
2019년 12월 잔액	15조 4000억	5조 1000억	153조 7000억 / 50조	749조 7000억 / 232조 1000억	
2022년 3월 잔액	19조 7000억	8조 1000억	176조 6000억 / 66조 6000억	823조 5000억 / 288조 5000억	

2030세대 주택담보대출 증가율(출처 : 조선일보 인포그래픽)

그런데 산이 높으면 골도 깊다는 말이 있듯이 천정부지로 치솟던 자산시장이 물가상승을 막기 위한 미국의 금리인상 소식에 부동산, 주식, 암호화폐할 것 없이 모두 급격히 얼어붙기 시작했습니다. 반복된 금리인상과 코로나19 이후 더딘 경기회복 그리고 러시아—우크라이나 전쟁의 장기화 등으로 자산가격은 멈출 줄을 모르고 바닥을 향해 추락하면서 투자만 하면 자산상승으로 이어져 모두가 행복했던 파티는 드디어 끝이 나고 말았습니다. 그나마 자기가 가진 여유자금으로 투자한 이들은 참고 기다릴 수 있는 여력이라도 있지만 무리한 빚투에 나섰던 투자자들에게 남겨진 건 자산을 처분해도 여전히 갚아야 할 나머지 빚과 버틸수록 늘어나는 이자부담 뿐일 겁니다. 안타깝지만 이미 벌어진 일이고 스스로 선택한 투자인 만큼 후회한들 소용없는 일입니다. 여기서 잊지 말아야 할 것은 이번 일을 교훈삼아 왜 이런 일이 벌어졌는지 스스로 문제의 원인을 찾아보고 똑같은 실수를 반복하지 않아야 한다는 것입니다. 개인적으로 이번 사대의 가장 큰 원인은 바로 투자와 투기를 구분하지 못한 데 있다고 생각합니다. 많은 분들이 스스로는 투자를 했다고 생각하겠지만 평소 투자에 관심도 없던 사람들이 시류에 휩쓸려 부동산, 주식, 암호화폐에 대한 정확한 이해 없이 오로지 큰 시세차익만 꿈꾸었을 가능성이 높습니다. 쉽게 말해 투자가 아닌 투기를 한 것입니다. 투자와 투기는 한 음절 차이밖에 안 나지만 그 뜻에는 어마어마한 차이가 있습니다. 그렇다면 투자와 투기, 어떻게 다른 걸까요?

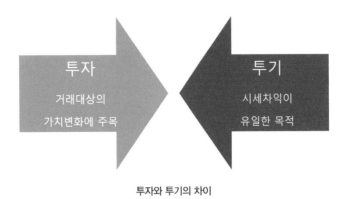

투자와 투기의 차이

투자와 투기의 가장 큰 차이는 투자는 거래대상의 가치변화에 주목한다면 투기는 오로지 시세차익에만 목적을 두는 것입니다. 주식투자의 대가인 워렌 버핏도 투자란 기업가치를 사는 것이고 그게 투기와 다른 점이라고 했으며, 가치투자의 창시자인 벤저민 그레이엄 역시 투자는 철저한 분석을 통해 원금과 수익을 안정적으로 보장하는 것이라고 강조했습니다. 뿐만 아니라 유명한 경제학자인 존 메이너드 케인스는 투자는 자본의 수익을 예측하지만 투기는 시장의 심리를 예측하는 행위라고 했습니다. 세 사람의 투자와 투기에 대한 표현의 차이는 있지만 한 가지 확실한 것은 가치투자의 중요성이라고 볼 수 있을 겁니다. 투자하고자 하는 거래대상 그러니까 부동산, 주식, 암호화폐 등이 얼마나 가치가 있고 미래에 원금과 수익이 보장될지 안 될지 누구도 정확하게 예측할 수는 없습니다. 하지만 남의 말만 듣고 투자하거나 시류에 휩쓸려 투자하는 것과 어느 정도의 자산시장에 대한 이해를 바탕으로 해당 거래대상에 대한 철저한 분석을 통해 내 나름대로 가치가 있다고 판단이 되었을 때 투자하는 것은 전혀 다른 것입니다. 그리고 설령 내가 분석한 거래대상의 가치가 틀렸다 하더라도 스스로 가치를 판단해서 투자를 했다면 책임도 스스로 지겠지만, 남의 말을 듣고 투자하거나 시류에 휩쓸려 투자한 사람일수록 대부분 남과 운을 탓할 뿐 자신의 잘못은 인정하지 않는 경우가 많습니다. 결국 가치투자를 하는 이들은 실패할 경우 더 철저한 분석을 위해 노력하겠지만, 투기를 하는 이들은 실패의 원인을 분석하기 보다는 마치 도박에 중독된 이들처럼 실패를 만회하기 위해 무리한 투자를 반복할 뿐입니다.

투자와 투기의 또 다른 차이는 감당 여부에 있습니다. 투자든 투기든 분명 손실에 대한 리스크를 감수하고 하는 행위이기 때문에 투자금을 잃더라도 내가 감당할 수 있는 수준이라면 투자지만, 투자에 실패했을 때 스스로 감당할 수 없는 무리한 투자라면 투기라고 봐야 합니다. 빚투를 해도 감당할 수 있는 수준의 빚투라면 누구도 뭐라고 할 사람이 없겠지만 문제는 빚투로 인해 생활이 힘들 정도의 무리한 투자를 한 사람들입니다. 그래서 투자를 하기 전 반드시 수익이 나고 일확천금을 버는 장밋빛 꿈만 꿀 것이 아니라 손실이 나고 모든 투자금을 잃을 수도 있는 최악의 시나리오까지도 고려하는 것이 필수입니다. 손실이 나거나 투자원금을 잃어도 내가 감당할 수 있거나 후회하지 않을 자신이 있다면 투자를 해도 무방하지만 그렇지 않다면 다시 한 번 생각해 보거나 투자금액을 줄일 필요가 있습니다. 투자를 고민하고 있다면 내가 하려고 하는 것이 투자인지 투기인지 다시 한 번 스스로 평가해 보기 바랍니다.

이쯤 되면 투자와 투기의 차이는 확실히 이해했을 거라고 믿습니다. 그렇다면 가치투자를 위해서는 어떤 노력이 필요할까요? 가장 중요한 것은 바로 데이터 기반 투자를 하는 것입니다. 데이터 리터러시를 다룬 장에서 데이터 기반 의사결정의 중요성을 언급하기도 했습니다만 앞으로 부동산, 주식, 암호화폐 등에 투자를 할 때도 이제 시류에 휩쓸리거나 감에 의한 투자가 아닌 객관적인 데이터를 기반으로 투자할 필요가 있습니다. 먼저 부동산의 경우, 현재 7~80대 부모님 세대가 예전에 부동산 투자를 할 때 자주 하던 말씀 중에 '부동산은 발품을 많이 팔아야 성공한다'라는 말이 있었습니다. 여기서 '발품을 판다'라는 말의 뜻은 내가 무언가 원하는 물건이 있는데 그것을 좀 더 합리적으로 구매하고 싶어서 여러 군데를 돌아다니면서 가격도 비교해보고 품질도 괜찮은지 확인해보고 하는 등의 시간과 노력을 들이는 행위를 말합니다. 그러니까 좋은 부동산을 고르려면 많이 돌아다니면서 정보조사도 하고 직접 집도 구경하면서 비교해 보는 등 남들보다 많은 노력이 필요하다는 뜻일 겁니다. 그런데 과연 발품만 팔면 좋은 부동산을 고를 수 있고 해당 부동산의 미래가치를 제대로 판단할 수 있을까요? 저는 아니라고 생각합니다. 물론 발품을 파는 것도 반드시 필요합니다만 그것만으로는 부족하다는 뜻입니다.

최근에는 빅데이터와 인공지능기술의 발전으로 인해 개인이 수집하는 정보와는 비교도 할 수 없을 정도로 훨씬 더 많은 부동산 관련 빅데이터를 수집해서 보다 객관적으로 부동산의 미래가치를 평가해 주는 플랫폼들이 나와 있기 때문에 이러한 플랫폼들을 적극적으로 활용하는 것이 좋습니다. 다양한 부동산 플랫폼들이 있지만 하나 추천을 하자면 AI부동산 플랫폼 기업 데이터노우즈가 운영하는 '리치고'가 대표적입니다. 리치고는 부동산 관련 정보를 데이터화 하여 의사결정을 돕는 서비스를 제공 중으로 연간 30억 건의 부동산 및 경제 데이터를 150여 개의 핵심지표와 30여 개의 AI 지표로 분석해 아파트의 현재 가치투자, 거주 및 미래가치를 평가합니다. 학군, 교통, 시세, 거주 환경, 저평가 정도, 입주물량 등 다양한 지표로 거주 및 투자 관점에서 원하는 조건의 아파트를 찾아 추천해 주는 등 데이터 기반 부동산투자를 할 때 많은 도움이 됩니다.

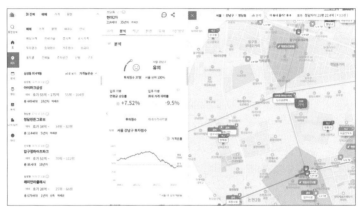

부동산 플랫폼 '리치고'(출처 : 리치고)

주식투자는 기본적으로 기업에 투자를 하는 것인 만큼 각종 산업과 투자하고자 하는 해당 기업에 대한 이해 없이는 올바른 가치투자가 불가능합니다. 그래서 주식투자를 할 때 그나마 안전한 가치투자는 내가 잘 아는 산업과 기업에 투자를 하는 것이며 아무리 내가 잘 아는 산업과 기업이라고 하더라도 시장은 늘 다양한 변수에 영향을 받는 만큼 평소에 신문, 뉴스, 책, 보고서 등을 활용해 지속적인 모니터링을 하면서 적절한 대응을 하는 것이 중요합니다. 뿐만 아니라 보다 객관적인 기업의 내재가치평가를 위해서는 해당 기업의 재무와 성과에 관한 보고서인 재무제표를 분석할 수도 있어야 합니다. 그런데 전업투자자가 아닌 이상 학생이나 직장인, 주부가 스스로 이러한 각종 데이터를 분석해 주식의 가치를 판단하기란 정말 어려운 일입니다. 그리고 직접 주식투자를 해봤다면 잘 알겠지만 사람 마음이라는 게 매일매일 수익이 나고 있는지 손실이 나고 있는지 궁금할 수밖에 없고 그러다 보면 수시로 주식창을 계속 들여다 볼 수밖에 없습니다. 게다가 만약 해외 주식에 투자를 했다면 해당 국가의 주식시장이 운영되는 시간에 확인을 해야 하니 늦은 밤이나 새벽에도 주식창을 들여다보게 되는 등 공부, 일, 삶의 패턴이 바뀌고 주식투자로 인한 스트레스 역시 증가하게 됩니다. 물론 이 모든 것을 감당할 수 있다면 상관이 없지만 일상생활에 영향을 줄 정도라면 큰 문제가 될 것입니다.

직접투자로 인한 단점을 줄이면서 분산투자의 효과도 얻을 수 있는 주식투자를 하고 싶은 분이라면 ETF 투자를 추천합니다. ETF^{Exchange Traded Fund}는 인덱스펀드^{일반 주식형 펀드와 달리 KOSPI 200과 같은 시장 지수의 수익률을 그대로 쫓아가도록 구성한 펀드}를 거래소에 상장시켜 투자자들이 주식처럼 편리하게 거래할 수 있도록 만든 상품입니다. 투자자들이 개별 주식을 고르는 수고를 하지 않아도 되는 펀드투자의 장점과 언제든지 시장에서 원하는 가격에 매매할 수 있는 주식투자의 장점을 모두 가지고 있어 인덱스펀드와 주식을 합쳐놓은 것이라고 생각하면 됩니다. 최근에는 시장지수를 추종하는 ETF 외에도 배당주나 가치주 또는 배터리, 바이오, 에너지 같은 특정 테마주 등 다양한 스타일을 추종하는 ETF들이 상장되어 인기를 얻고 있습니다. 다만 ETF도 직접 상품을 선택해야 한다는 점에서 시장에 대한 이해와 산업에 대한 이해가 어느 정도는 필요합니다. 그래서 이러한 수고조차도 덜고 싶다면 디지털 리터러시 편에서 소개했던 AI로보어드바이저를 활용하면 좋습니다. AI로보어드바이저는 투자를 전적으로

AI에게 맡겨 분산투자를 하는 방식으로 개인의 주관적인 판단을 완전히 배제하고 AI를 활용해 각종 경제금융지표에 대한 빅데이터를 분석해 보다 객관적이고 안정적인 투자가 가능합니다. 대신 주식, 채권, 달러, 금 등 다양한 상품의 포트폴리오에 대한 비중을 결정해 안정적인 투자를 할지 위험을 추구하는 투자를 할지는 개인이 스스로 정해야 합니다. 아직 젊고 부양해야 할 가족이 없는 분이라면 위험이 있더라도 더 높은 수익을 추구할 만하지만 부양해야 할 가족이 있거나 여유자금이 부족한 분 또는 은퇴자금으로 투자를 하는 분이라면 큰 수익보다는 안정적인 수익을 창출할 수 있는 포트폴리오에 투자를 하는 것이 바람직합니다.

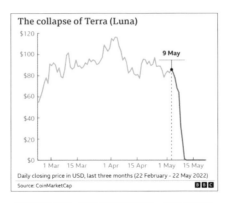

암호화폐 테라 · 루나 가격추이(출처 : 구글 이미지)

마지막으로 암호화폐는 아직까지 미래에 대한 불확실성이 크고 가격의 등락 역시 큰 자산시장인 만큼 부동산, 주식과는 조금 다른 접근이 필요합니다. 부동산은 아파트, 상가처럼 실물자산에 투자하는 것이고 주식 역시 기업에 투자하는 것으로 어떤 식으로든 거래대상의 가치를 분석해서 투자를 합니다. 하지만 암호화폐의 경우에는 실물이 있는 것도 아니고 기업처럼 어떤 상품이나 서비스가 존재하거나 재무제표가 있는 것도 아니기에 거래대상의 가치분석이 거의 불가능한 만큼 투자라고 하지만 여전히 투기의 성격이 강할 수밖에 없는 자산입니다. 그래서 암호화폐 투자를 위해서는 각각의 암호화폐에 대한 가치분석보다는 암호화폐와 직접적인 관련이 있는 블록체인기술에 대한 이해가 우선되어야 합니다. 메타버스 리터러시에서 언급했던 NFT 기반의 가상경제에 대한 이해를 바탕으로 기술과 산업의 미래가치를 분석해 전적으로 본인 스스로 투자결정을 할 수 밖에 없습니다. 하지만 수많은 암호화폐 투자자들 중에는 정작 블록체인 기술이 어떤 개념인지도 모르고 실체도 없는 불법 다단계 조직의 근거없는 수익률 보장 등에 현혹되어 투기에 가까운 투자를 하는 경우도 많습니다. 그리고 암호화폐 시장의 현재까지 패턴을 보면 가격의 등락이 매우 심한 만큼 빚투는 지양해야 하며 그래도 이쪽 산업의 미래에 과감히 투자해 보고 싶다면 본인이 가지고 있는 자산 중에서 원금을 잃어도 감당할 수 있을 정도로만 투자를 하는 것이 바람직합니다. 최근에 수많은 투자자들에게 피해를 입혔던 암호화폐 '테라와 루나' 및 'FTX거래소의 파산' 사태는 현재 암호화폐에 투자를 하고 있는 모든 이에게도 언제든지 일어날 수 있는 일임을 충분히 인지하고 최대한 보수적으로 투자하기를 권합니다.

다시 한 번 강조하고 싶은 것은 투자와 투기는 엄연히 다른 것이며 시세차익을 목적으로 일확천금만 노리는 투기는 지양해야 한다는 것입니다. 경제금융 리터러시를 키운 후 여유 있는 노후를 위한 안정적인 수익을 지속적으로 창출하는 것은 물론이고 실패하더라도 스스로 책임질 수 있는 바람직한 투자자가 되길 바랍니다. 그리고 AI로보어드바이저와 같은 새로운 수단을 활용하거나 데이터 기반 의사결정을 할 수 있다면 덩달아 경제금융 리터러시도 높아지는 시너지 효과까지 얻게 될 것입니다.

06
소액으로 하는
조각투자의 기술

보통 투자를 한다고 하면 그래도 어느 정도의 목돈이 있어야 한다고 생각하는 사람들이 많습니다. 이런 생각을 하다 보면 목돈이 없기 때문에 나는 투자를 할 수 없다거나 재테크를 못하고 있다는 핑계를 댈 수가 있습니다. 그런데 최근에는 목돈이 없어도 소액으로도 얼마든지 다양한 형태로 투자가 가능해졌는데 이러한 투자방식을 조각투자라고 합니다. 그래서 단돈 천 원으로도 할 수 있는 조각투자의 세계를 여러분에게 소개하고자 합니다. 조각투자의 유형은 총 다섯 가지로 미술품, 부동산, 음악저작권, 주식, 한우가 있습니다. 지금부터 하나씩 알아보도록 하겠습니다.

첫 번째 미술품 조각투자입니다. 사실 저도 미술품 조각투자를 알기 전까지는 미술품 투자는 부자들만의 소유물이라고 생각했습니다. 하지만 이제 단돈 천 원으로도 유명화가의 미술품에 투자를 하고 수익을 낼 수 있는데 고가의 미술품을 혼자 투자하는 것이 아니라 공동구매의 방식으로 미술품의 지분을 여러 조각으로 쪼개어서 내가 투자하고 싶은 만큼만 투자할 수 있기 때문입니다. 미술품 조각투자 플랫폼 운영사가 투자자들을 대신해서 향후 투자수익이 예상되는 작가의 작품을 선정해 공동구매 일정을 공지하고 투자자들은 예정된 공동구매일에 선착순으로 해당 미술품의 조각지분에 투자를 하는 방식입니다. 그리고 플랫폼 운영사가 해당 미술품을 직접 또는 갤러리에 위탁 관리하다가 구매희망자가 나타나면 투자자들의 매각 찬반 투표결과에 따라 매각 여부를 결정합니다. 매각이 되면 투자자들의 지분에 맞춰 원금과 수익을 최종 배분하게 됩니다.

국내 대표 아트테크 플랫폼

출처 : 각 사

	아트앤가이드	아트투게더	테사
서비스 시작	2018년	2018년	2020년
최소 투자금액	1만원~100만원	1만원	1000원
특징	국내 미술품 공동구매 시장에서 총 매각금액 85% 차지	조각거래, 렌탈, 경매 서비스 제공	블루칩 작가 작품 엄선
최고 거래액 작품	야요이 쿠사마 (약 16억원)	정상화 (약 3억8000만원)	마르크 샤갈 (약 27억5000만원)

그래픽=김은옥 기자

국내 대표 아트테크 플랫폼(출처 : 머니S)

미술품 조각투자의 경우 실제 그림을 조각내서 각자 보관할 수는 없기에 대부분의 플랫폼 운영사들이 투자자들에게 블록체인을 활용한 지분소유 증명서를 발급해 향후 발생될 문제를 예방하고 있고 플랫폼 운영사가 공동구매에 함께 참여해 투자하기도 합니다. 이러한 미술품에 대한 정보열람부터 조각구입, 소유증명, 매각, 수익공유 등 모든 과정이 온라인에서 가능하고 구매자는 모바일로도 언제 어디서나 투자가 가능하기 때문에 시간과 장소의 구애를 받지 않고 투자를 할 수 있어 편리합니다. 운영방식에는 다소 차이가 있지만 국내 대표적인 미술품 공동구매 플랫폼으로는 아트앤가이드, 아트투게더, 테사 등이 있으니 참고하기 바랍니다. 기존 오프라인 방식의 미술품 경매방식보다 디지털 방식을 이용해 접근성이 좋고, 소액투자가 가능한 만큼 디지털에 친숙하고 자산규모가 아직 크지 않은 MZ세대들에겐 더할 나위 없이 좋은 방식이 아닐까 생각합니다. 그리고 수익을 내는 것이 1차적인 목적이긴 하지만 수천만 원, 수억 원하는 명화를 몇 조각 소유하는 것만으로 내가 명화의 주인이 되는 기분을 직접 느껴볼 수도 있어 좋습니다. 작년에 저는 조각투자를 통해 마르크 샤갈의 수십억 원짜리 명화의 지분을 소유하게 되어 이제 어엿한 마르크 샤갈 그림의 주인이 되었습니다. 물론 새로운 주인이 나타나 매각되면 소유권은 사라지겠지만 투사수익이 남는다면 아쉬울 선없을 것 같습니다. 유의할 점은 투자를 한 후 작품이 매각되기까지는 경기에 따라 그 기간이 꽤 길어질 수도 있으며, 자금융통이 필요할 때는 조각지분을 주식처럼 마켓에서 매도해 현금화할 수는 있지만 손해를 감수해야 할 수도 있다는 것입니다. 그래서 항상 말씀드리지만 모든 투자는 최악의 상황을 생각해 보고 스스로 감내할 수 있는 수준으로만 하는 것이 바람직합니다.

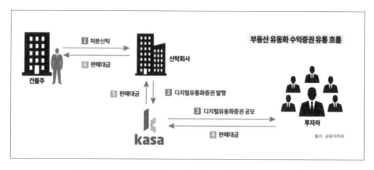

카사 부동산 유동화 수익증권 유통 흐름(출처 : 금융위원회)

두 번째는 부동산 조각투자입니다. 일반적으로 개인에게 있어 부동산 투자라고 하면 주로 아파트, 빌라, 상가, 원룸, 오피스텔 등과 같은 소규모 부동산 투자인 경우가 많고 투자단위가 큰 부동산에 투자하는 것은 쉽지 않습니다. 그런데 미술품 조각투자처럼 최근에는 빌딩이나 호텔, 물류센터 등과 같은 규모가 큰 부동산도 소액으로 조각투자가 가능해졌습니다. 대상물건에 대해 투자한 지분만큼 매월 발생하는 임대수익은 물론이고 매각 시 발생한 수익을 지분비율에 따라 배분받는 방식입니다. 대표적인 부동산 조각투자 플랫폼으로는 카사, 소유, 펀블 등이 있는데 일부 플랫폼은 최근 정부와 금융혁신위원회로부터 혁신금융서비스로 인가를 받기도 했습니다. 부동산 조각투자를 위해서는 부동산 디지털 유동화 수익증권^{DABS, Digital Asset Backed Securities}이라는 개념을 이해할 필요가 있는데 DABS는 건물 등 부동산을 거래소에 상장하고 해당 건물의 지분을 디지털 수익증권으로 변환 후 주식처럼 사고 팔 수 있는 것을 말합니다. 카사 코리아의 경우 건물 소유주가 부동산 증권 거래소인 카사 측에 건물 상장을 신청하면 거래소는 감정평가법인 등을 통해 건물의 가격을 감정받습니다. 그 후 거래소는 감정 금액만큼 공모를 시작하고 투자자들이 출연한 공모자금은 건물주에게 전달됩니다. 이후 건물 소유권을 이전받은 신탁사가 부동산 수익증권을 발행하고 투자자들은 투자금액만큼 지분을 디지털 수익증권으로 배분받아 이를 주식처럼 사고 팔 수도 있습니다. 거래 과정은 블록체인을 이용해 거래소에 투명하게 기록되며 은행도 공동으로 기록하게 됩니다.

기존 부동산 펀드의 경우 대부분 수백만 원 이상의 최소 투자금액이 있거나 약정기간 내 처분이 어렵지만 부동산 수익증권의 경우 5,000원부터 부동산 지분에 대한 투자가 가능하다는 장점이 있습니다. 뿐만 아니라 부동산 펀드는 2차 거래 역시 불가능하고 가입과정도 복잡한데 반해 부동산 유동화 수익증권의 경우 그런 단점이 거의 없는 것도 장점이라고 할 수 있습니다. 다만 지금처럼 예적금 금리가 높은 시기에는 투자대비 수익률 등을 따져 보고 현명한 판단을 할 필요가 있을 겁니다. 대신 매달 이자처럼 임대수익을 배분

받을 수도 있고 보유기간동안 부동산 가치가 많이 오른다면 매각 시 높은 수익률도 기대해 볼 수 있는 만큼 미래가치가 높은 부동산이라면 과감한 투자도 해 볼만 합니다. 그 전에 조각투자이긴 하지만 이것도 엄연히 부동산 투자이기 때문에 부동산 시장뿐만 아니라 경제동향 등에 대한 공부는 필수라는 것을 잊지 맙시다.

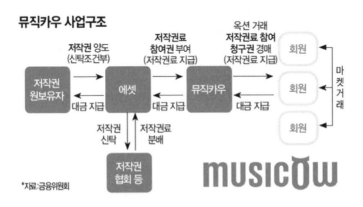

뮤직카우 사업구조(출처 : 금융위원회)

세 번째는 음악저작권 조각투자입니다. 좀 더 정확하게 표현하자면 '음악저작권료 참여 청구권'이라는 것에 투자를 함으로써 저작권료 공동체의 일원이 되어 아티스트와 함께 매월 저작권료를 받을 수 있는 조각투자의 방식입니다. 대표적인 음악저작권 조각투자 플랫폼으로는 뮤직카우가 있습니다. 뮤직카우는 저작권의 권리 중 현행법 상 양도가 가능하고 저작권으로부터 발생되는 금전적인 권리가 포함된 '재산권'과 '인접권'을 권리자로부터 양도받아 '저작권료 참여 청구권'의 형태로 제공하고 있습니다. 저작권료 참여 청구권은 해당 음악 재산권과 인접권으로부터 발생되는 저작권료 수익을 청구권을 구매한 지분 비율로 지급받을 수 있는 권리입니다. 참고로 저작재산권은 창작자인 작곡가, 작사가 및 편곡자가 가지는 권리를 말하며, 저작인접권은 완성된 저작물을 해석하고 전달하여 소비자들이 향유할 수 있도록 하는 저작인접권자^{음악가의 경우 가수, 프로듀서 등}이 가지는 권리를 말합니다.

음악저작권 조각투자는 옥션방식이 적용되어 경매기간에 주당 희망하는 입찰가와 수량을 신청한 후 경매가 종료되면 낙찰여부를 확인할 수 있습니다. 입찰가가 높은 순으로 배정받기 때문에 인기 있는 곡들은 경쟁이 치열해 낙찰을 받지 못하는 경우도 있습니다. 낙찰을 받으면 해당 음악에 대한 일정 부분의 '음악 저작권료 참여 청구권'을 소유하게 되고 매월 전월에 발생한 저작권료 수익을 지분만큼 정산 받습니다. 다만 저작권료는 음악의 특성상 아티스트의 평판이나 인기 정도에 따라 언제든지 하락할 수가 있고, 처음 투자를 할 때 너무 높은 가격에 낙찰을 받게 되면 시간이 지나 투자원금 대비 청구권의 가치가 낮아질 수 있다는 단점도 있습니다. 반대로 아티스트의 공연, 컴백 등과 같은 이슈로 가치가 급등할 수도 있으며 리메이크나 역주행 등을 통해 높은 저작권료 수익을 기대할 수도 있습니다. 미술품 조각투자, 부동산 조각투자와 마찬가지로 마켓에서 가지고 있는 저작권료 참여 청구권을 거래도 가능해 인기가 높고 가격에 프리미엄이 붙었을 때 매도하면 추가적인 수익을 얻을 수도 있습니다. 개인적으로는 음악저작권도 미술품과 마찬가지로 투자가 목적이긴 하지만 내가 좋아하거나 아끼는 아티스트에게 투자한다는 마음으로 참여한다면 수익률을 떠나서 의미 있는 투자가 되지 않을까 싶습니다. 다만 뮤직카우는 최근 투자자 보호장치가 미흡하다는 금융당국의 지적을 받은 이후 개선을 위해 노력하고 있습니다. 최근에는 키움증권·하나은행과 함께 손을 잡고 개선된 '음악 저작권료 기반 수익증권 거래 플랫폼'에 대해 금융위원회로부터 혁신금융서비스로 신규 지정되기도 했습니다.

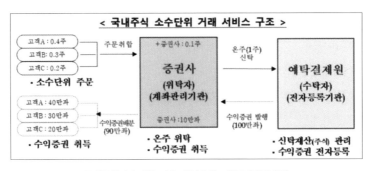

국내주식 소수단위 거래 개요(출처 : 한국예탁결제원)

　네 번째는 주식 소수점 투자입니다. 지금까지의 주식투자는 투자하고 싶은 기업의 주식을 매수하기 위해 반드시 1주 이상 매수할 수 있는 투자금이 필요했습니다. A라는 기업의 주당 주식가격이 5만 원이라면 최소 5만 원 이상의 투자금이 있어야 했지요. 그러다 보니 주당 가격이 수십, 수백만 원에 달할 경우에는 여유자금이나 목돈이 없는 이들은 투자를 하고 싶어도 할 수가 없게 되고 그러다 보니 무리하게 빚투를 하게 되는 경우가 발생할 수밖에 없었습니다. 하지만 이제 주식도 내가 원하는 금액만큼 쪼개서 소액으로 투자하는 것이 가능해졌습니다. 쉽게 말해 수십만 원이 넘는 주식이라도 1,000원어치만 사는 것이 가능하고 소액으로도 분산투자나 적립식 투자가 용이해져 주식투자의 접근성이 훨씬 개선되었다고 볼 수 있습니다. 이미 2021년부터 해외주식에 대한 소수점거래는 시작되었고, 2022년 9월부터 국내주식의 소수점거래도 허용됐습니다. NH투자증권, KB증권, 미래에셋증권, 키움증권, 한화투자증권 등 5개사를 시작으로 향후 총 24개 증권사로 확대될 예정입니다. 주식 소수점투자는 투자자가 원하는 금액만큼 소수점 단위로 주식을 주문하면 증권사가 주문을 취합해 온주^{온전한 한 주}를 취득하는데, 부족분은 증권사가 자사 재산으로 채웁니다. 그리고 해당 주식을 예탁결제원에 신탁하면 예탁결제원은 신탁받은 주식을 기초로 수익증권을 분할 발행하는 방식입니다. 예를 들어 매일 스타벅스 커피 한 잔을 마시는 대신 커피 한 잔 값에 해당하는 5,000원어치의 스타벅스 주식에 꾸준히 투자하면 주가가 오른다면 차익실현도 가능하고 주식을 보유하고 있는 동안에는 배당금도 정기적으로 배분받아 수익을 낼 수도 있습니다. 뿐만 아니라 한 번에 큰돈을 들여 주식에 투자하는 것이 불안하다면 매일, 매주, 매월 정기적으로 소액투자를 통해 우량기업에 장기 적립식 투자를 하는 것도 방법입니다. 주식의 특성상 복리효과에 의해 자산가치의 상승은 물론이고 배당금도 이자처럼 꼬박꼬박 챙길 수 있습니다. 지금까지 목돈이 없어서 주식투자를 하지 못했다면 무리한 빚투보다는 주식 소수점 투자를 잘 활용해 소득의 일부를 가치 있는 기업에 저축하듯이 차곡차곡 쌓아 나가 보세요. 어느 순간 티끌 모아 태산이 되어 있을지도 모릅니다.

한우 조각투자 플랫폼 뱅카우(출처 : 뱅카우)

마지막으로 한우 조각투자입니다. MZ세대[1980년대~2000년대 초 출생]들 사이에 조각투자 플랫폼이 인기를 끌면서 급기야 모바일로 한우에 투자해서 수익을 내는 조각투자 플랫폼까지 등장했습니다. 최소 4만 원부터 투자해 송아지를 키워 수익을 내는 모바일 한우 자산 플랫폼 뱅카우가 바로 그 주인공입니다. 뱅카우는 내가 직접 한우를 키우는 것이 아니라 한우를 키우는 농가에 투자를 하는 방식으로, 투자받은 농가는 약 2년간 투자자의 송아지를 한우 성체로 키우고 이를 경매해 투자자와 농가가 수익을 나눠 갖는 구조입니다. 한우는 보통 100~3,000마리 단위로 사육이 이뤄져 최소 10억~300억 원에 달하는 현금이 필요하지만 뱅카우를 이용하면 개인도 최소 4만 원으로 송아지에 투자할 수 있는 것이며 투자 수수료는 투자금의 2%입니다. 그리고 내가 투자한 송아지를 잘 키우고 있는지 궁금해 하는 투자자들을 위해 뱅카우 플랫폼은 해당 농가의 송아지 사진을 직접 찍어 공유하기도 합니다. 뱅카우에서는 향후 현재 방식 대신 CCTV를 통해 실시간으로 확인할 수 있도록 하는 방안을 계획 중이라고 하네요.

다만 소유권에 대해 현금화가 필요할 때 즉시 마켓에서 거래가 가능한 주식, 음악저작권, 부동산, 미술품 조각투자와 달리 한우 투자는 소유권 거래는 불가능하다는 단점이 있습니다. 만약 투자한 한우에 대한 경매가 이뤄지기 전 투자금을 빼면 원금의 10%가량을 차감하고 나머지 90%만 돌려받을 수 있습니다. 그리고 모든 투자에 리스크가 있는 것은 동일하지만 한우투자의 경우는 투자한 송아지가 전염병 등으로 폐사하거나 농가가 돌연 파산하는 경우도 발생할 수 있습니다. 뱅카우에 따르면 농가에 제1종 법정 가축전염병인 구제역 등이 발생해 한우가 폐사할 경우 투자 원금은 100% 보장되는데 농가가 이에 대비해 가축재해보험에 가입하기 때문입니다. 만약 농가 부주의로 한우가 폐사할 경우는 가축재해보험에서 80%, 나머지 20%는 농가가 부담해 투자 원금을 보장하는 구조이며 농가 파산의 경우는 '사고' 사례로 보고 뱅카우에서 책임을 지게 됩니다. 농가가 파산해도 송아지에 대한 소유권은 농가에 있는 것이 아니라 뱅카우에 있기 때문에 다른 농가로 송아지를 옮겨 키우거나 판매해 투자금을 회수할 수 있기 때문입니다. 다만 투자한 6~11개월 송아지가 성체로 자라 경매 시점에 품질이 기대 이하이거나, 일시적으로 시장 가격이 하락해 낮은 경매가에 거래가 되면 당초 기대한 수익률에 못 미치거나 투자 원금 손실도 발생할 수 있다는 것은 유의해야 합니다. 2019년 기준 한우 한 마리당 수익률은 19%라고 하니 투자에 성공한다면 고금리 시대의 은행 이자보다도 높은 수익을 기대할 수도 있습니다. 앞으로 월급날 한우플렉스만 하지 말고 진짜 한우에 투자해 진정한 캐시카우를 키워 보기 바랍니다.

　이처럼 조각투자의 방식은 점점 다양해지고 있으며 이런 투자가 가능한 것 역시 디지털기술의 발전과 블록체인과 같은 보안기술의 발전 덕분이기도 합니다. 하지만 아직은 생소한 방식의 투자이며 늘 투자에 대한 선택은 본인 스스로 하는 것이기에 관심이 있다면 지금부터 조각투자에 대해 천천히 알아 보고 절대 성급한 투자는 하지 않길 바랍니다. 모든 투자가 그렇지만 조각투 자의 경우도 투자원금이 보장되는 것은 아닌 만큼 투자자 각자가 신중하게 선택해야 합니다. 조각투자 플랫폼들의 수익률이나 평판은 물론이고 투자자 보호 정책 등을 잘 확인한 후 투자할 필요가 있습니다. 그래도 다행인 것은 부동산, 미술품, 음악저작권 등 조각 투자 서비스 이용이 확대되면서 정부가 관련 제도를 보다 명확히 정비하고자 노력한다는 점입니다. 불확실성을 최소 화해야 한다는 목소리가 커지면서 금융위원회를 중심으로 자산을 지분 형태 로 쪼갠 뒤 여러 투자자가 수익을 올리는 '조각투자'의 제도화를 선언한 만큼 앞으로 보다 안전한 투자환경이 갖춰질 것으로 기대됩니다.

07
든든한 노후를 위한
연금활용법

    100세 장수 시대에 금수저가 아닌 이상 여유 있는 노후를 위해 소득이 발생하는 순간부터 반드시 준비해야 하는 것이 바로 연금입니다. 일반적으로 직장인의 경우 3층 연금이라고 해서 국민연금, 퇴직연금, 개인연금이 있습니다. 여기에 자가 주택이 있을 경우 주택연금이 추가되어 4층 연금이 가능합니다. 공무원들의 경우에는 일반 직장인들과 달리 국민연금, 퇴직연금을 대체하는 공무원연금, 군인연금, 사학연금, 별정우체국연금 등이 있습니다. 여기서는 일반적인 경우의 노후 대비를 위해 꼭 알아야 할 4층 연금인 국민연금, 퇴직연금, 개인연금, 주택연금에 대해 살펴보겠습니다.

든든한 노후를 위한 4층 연금 구조

먼저 국민연금은 노후에 기초생활을 보장하기 위해 국가에서 운영하는 일종의 소득보장제도로 18세 이상 60세 미만의 대한민국 국민이라면 특별한 경우를 제외하고 국민연금에 가입하는 것이 원칙입니다. 소득이 없는 전업주부나 학생 등은 예외적으로 의무가입대상에서 제외되지만 원할 경우 누구나 가입할 수 있습니다. 국민연금은 최소 가입 기간[10년]을 채웠을 경우 노령연금을, 장애를 입거나 사망한 경우 연금보험료 납부요건 등을 충족 시 장애연금이나 유족연금을 지급하고, 연금 수급요건을 충족하지 못한 경우 반환일시금이나 사망일시금으로 지급합니다. 국민연금의 가입 형태는 크게 네 가지로 사업장가입자, 지역가입자, 임의가입자, 임의계속가입자가 있습니다. 사업장가입자는 국민연금에 가입된 사업장의 18세 이상 60세 미만의 사용자 및 근로자로서 국민연금에 가입된 자를 말합니다. 1인 이상의 근로자를 사용하는 사업장 또는 주한외국기관으로서 1인 이상의 대한민국 국민인 근로자를 사용하는 사업장에서 근무하는 18세 이상 60세 미만의 사용자와 근로자는 당연히 사업장가입자가 됩니다. 사업장가입자는 보험료율인 소득의 9%에 해당하는 금액을 본인과 사업장의 사용자가 각각 절반, 즉 4.5%씩 부담하여 매월 사용자가 납부하게 됩니다. 사업장가입자의 연금보험료는 가입자가 개별적으로 납부할 수 없고, 사용자에 의하여 일괄적으로 납부되기 때문에 직장인이라면 크게 신경 쓸 일은 없습니다. 그리고 직장을 다니지 않더라도 소득이 있을 경우에는 국내에 거주하는 국민으로서 18세 이상 60세 미만인 자라면 의무가입 대상으로 지역가입자에 해당됩니다.

사업장가입자와 지역가입자가 될 수 없는 사람도 60세 이전에 본인의 희망에 의해 가입신청을 하면 임의가입자가 될 수도 있습니다. 또 납부한 국민연금 보험료가 있는 가입자 또는 가입자였던 자로서 60세에 달한 자가 가입기간이 부족하여 연금을 받지 못하거나 가입기간을 연장하여 더 많은 연금을 받기를 원할 경우는 65세에 달할 때까지 신청에 의하여 임의계속 가입자가 될 수도 있습니다. 보험료율은 지역가입자, 임의가입자, 임의계속가입자 모두 소득의 9%이며 소득이 없는 임의가입자의 경우에는 지역가입자 중위수 소득을 기준으로 납부하게 됩니다. 물론 더 많은 연금을 받고자 한다면 보험료 금액을 상향해서 추가로 납부할 수 있으며 보험료 납부를 중단하고자 할 때도 소득이 없는 기간에 한해 납부예외를 신청할 수도 있습니다. 중요한 것은 노후에 매월 연금형태로 받기 위해서는 반드시 가입기간이 10년 이상이 되어야 하고 기간을 못 채울 경우에는 반환일시금으로 받게 되어 연금의 역할을 하지 못하니 유의해야 합니다. 국민연금은 물가상승률을 반영하기 때문에 납부금액이 높고 가입기간이 길수록 수령하게 되는 연금금액 역시 높으며 필요시 조기수령도 가능하지만 그만큼 수령하는 연금금액은 줄어들게 됩니다.

출생연도	국민연금 수령나이	국민연금 조기수령나이
1952년 출생 이전	60세	55세
1953~1956년 출생	61세	56세
1957~1960년 출생	62세	57세
1961~1964년 출생	63세	58세
1965~1968년 출생	64세	59세
1969년 이후 출생	65세	60세

국민연금 출생연도별 수령나이

저의 아버지는 앞서 언급한 것처럼 50대 초반에 은행에서 명예퇴직을 했는데 퇴직금 사기를 당하면서 생활비를 충당하기 위해 이른 시기에 국민연금을 신청하는 바람에 매월 수령하는 연금금액이 적었습니다. 그리고 전업주부였던 어머니는 임의가입자로 가입했고 아버지께서 보험료를 납부하다가 중단해서 연금수령조건인 가입기간 10년을 채우지 못했습니다. 그리고 안타깝게도 임의계속가입 제도가 있는 것을 미처 알지 못했는지 기존에 납부한 보험료를 기준으로 일시반환금을 수령하셔서 국민연금을 받을 수 없게 되었습니다. 그러나 다행히도 아버지가 받던 국민연금이 유족연금으로 전환되어 어머니도 매월 연금 혜택을 받고 있습니다. 그래서 저는 퇴사 후에도 지역가입자로서 납부를 중단하지 않고 꾸준히 납부해 가입기간 10년을 채웠고, 아내도 출산 전 10년을 채우지 못하고 경력단절이 되었지만 최근에 다시 취업을 하면서 사업장가입자로서 보험료 납부를 이어가게 되어 마찬가지로 가입기간 10년을 채울 수 있었습니다. 사실 일부에서는 앞으로 국민연금 재정이 부족해지면 보험료를 납부하고도 연금을 받지 못하는 세대가 나올 수도 있다는 우려의 목소리도 있지만 그래도 국민연금은 국가가 존재하는 한 가장 안전한 노후보장제도임에는 틀림없습니다. 다만 점차 고령화되는 대한민국의 상황상 연금수령시점이 지금보다 더 늦춰지거나 연금수령금액이 줄어들 수는 있는 만큼 국민연금 외에 다른 연금제도도 잘 활용해서 이중 삼중으로 연금을 준비할 필요가 있습니다.

 국민연금 다음으로 여러분의 든든한 노후를 도와줄 연금은 바로 퇴직연금입니다. 퇴직연금은 기업이 보장하는 연금제도로 노후소득보장과 생활안정을 위해 사용자가 퇴직급여 지급재원을 외부 금융기관에 적립해 운용하게 됩니다. 이때 퇴직연금제도는 확정급여형^{DB}, 확정기여형^{DC}, 개인형퇴직연금^{IRP}으로 나눌 수 있는데 확정급여형과 확정기여형은 근로소득에 대한 퇴직급여 적립금의 운용주체에 따릅니다. 확정급여형은 적립금을 사용자가 운용하고 근로자는 사전 확정된 퇴직급여를 수령하게 되며, 확정기여형은 적립금을 근로자가 운용하고 퇴직시 적립금과 운용손익을 최종 급여로 수령하는 방식입니다. 개인형퇴직연금은 퇴직금을 수령하거나 근로자가 퇴직금을 추가로 더 납입하고 싶을 때 이용하는 개인형 퇴직연금계좌로 근로자 외에도 자영업자, 전문직 종사자, 군인, 공무원 등 누구나 IRP계좌를 개설해 직접 나만의 퇴직금을 적립할 수 있습니다. 저 역시 퇴사 후 IRP에 가입해 꾸준히 퇴직연금을 쌓아가고 있으며 IRP는 확정기여형과 마찬가지로 적립금의 운용주체는 가입자 개인으로 다양한 금융상품에 가입해 운용이 가능합니다.

제도유형	확정급여형 (DB · Defined benefit)	확정기여형 (DC · Defined contribution)
확정금액	은퇴 후 받는 급여	근로자의 납입금(기여금)
운용주체	회사	근로자
적립비율	– 금융회사에 최소 60% 이상 적립 – 회사 내에 나머지 적립 가능	금융회사에 100% 적립
장 · 단점	– 회사 도산 시 원금의 60%만 보장 – 예금 · 보험에 주로 투자돼 저수익성	– 회사가 도산하더라도 원금 100% 보장 – 운용손실 책임이 근로자에 있음
원금	은퇴 전 최종 3개월 평균급여×근속년수	연봉의 12분의 1이 해마다 적립
주 상품유형	원리금보장형(안전형)	실적배당형(실적형)
투자상품	정기예금 · 보험 · ELS(주식연계계좌)	주식형 · 채권형 · 혼합형 펀드

퇴직연금 확정급여형(DB)와 확정기여형(DC)의 비교

이러한 퇴직연금제도는 우리나라에서는 2005년 12월부터 시행되었으며 기업이 사내에 적립하던 퇴직금 제도의 불안정성을 보완하기 위해, 금융기관에 매년 퇴직금 해당 금액을 적립하여 근로자가 퇴직할 때 연금 또는 일시금으로 지급받아 노후설계가 가능하도록 한 선진제도입니다. 하지만 제가 직장에서 퇴직연금에 가입할 때도 그랬고 지금도 그렇지만 확정급여형, 확정기여형, 개인형퇴직연금과 같은 제도에 대한 설명 부족과 근로자들의 퇴직연금에 대한 무관심으로 퇴직연금을 제대로 운용하지 못하는 경우가 많습니다. 그래서 직장인이라면 퇴직연금제도에 관심을 가지고 본인의 퇴직금을 회사에 맡기는 DB형으로 할지 직접 다양한 금융상품에 투자해 수익을 극대화할 수도 있는 DC형으로 할지 신중하게 선택할 필요가 있고 여유가 된다면 IRP계좌도 개설해서 최대한 퇴직금을 많이 쌓아두는 것이 노후를 위해 바람직합니다. IRP계좌의 경우 연 1,800만 원까지 납입이 가능하며 최대 900만 원까지 세액공제혜택이 있어 연말정산 시 최대 148만 5,000원까지 환급됩니다. 매년 내는 세금을 연금수령 시까지 미뤄 주는 것은 물론이고 저율과세로 높은 이자소득세 대신 낮은 연금소득세로 대체되는 장점도 있습니다.

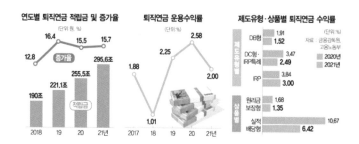

국내 퇴직연금 수익률 현황(출처 : 서울경제)

만약 DC형이나 IRP 가입자인데 적립금 운용에 자신이 없다면 2022년 10월부터 시행하고 있는 디폴트 옵션^{Default Option}이라는 제도를 활용하면 도움이 됩니다. 디폴트 옵션이란 DC형 퇴직연금 가입자의 운용 지시 없이도 금융사가 사전에 결정된 운용 방법으로 투자 상품을 자동으로 선정, 운용해 주는 제도로 연금 운용에 대한 전문적 지식이 부족해 자산 운용에 어려움을 겪을 때 별도의 선택 없이도 적립금을 운용할 수 있습니다. 주로 미국, 호주 등 DC형 퇴직연금이 발달한 국가에서 널리 활용되고 있는 제도입니다. DC형과 IRP 가입자는 자신의 퇴직연금 계좌가 있는 은행·보험·증권사의 디폴트 옵션 상품을 선택해야 하는데 가입자의 퇴직연금 운용 지시 없이 4주가 지나면 가입자에게 디폴트 옵션이 작동한다는 통지가 발송되고, 이 시점으로부터 2주가 더 지나면 디폴트 옵션으로 설정한 금융상품에 퇴직연금이 자동으로 투자·운용되는 방식입니다. 디폴트 옵션 제도 도입의 주목적은 보다 적극적인 운용을 통해 장기 수익률을 높이기 위함입니다. 금융감독원에 따르면, 2021년 국내 퇴직연금 적립금은 295조 6,000억 원으로 집계됐지만 연간 수익률은 2018년 1.01%, 2019년 2.25%, 2020년 2.58%, 2021년 2.00%에 그치는 등 저조한 편입니다. 퇴직연금시장이 잘 되어있는 미국의 경우 DC형 퇴직연금 가입자를 위한 디폴트 옵션 시스템을 적용한 이후 퇴직연금 평균 수익률은 8% 수준에 이르고 있습니다.

정부에서 정한 디폴트 옵션 내 투자 방법은 생애주기펀드^{TDF}, 머니마켓펀드^{MMF}, 인프라펀드, 원리금보장형 상품 등이 있는데 이 중 하나를 사전에 정해두면 됩니다. 만약 투자에 관해 잘 모르는 투자자라면 TDF로 시작해 보는 것도 한 방법입니다. 생애주기펀드는 가입자가 젊을 때는 위험자산 비중을 높여 수익률을 높이다가 연령이 높아질수록 안전자산의 비중을 높여 안정성을 확보하는 생애주기에 맞춘 투자 상품입니다. 자신의 수입이 보장되는 시기에 위험자산 투자 비중을 높이고, 수입이 줄어들거나 끊기는 시기부터는 위험자산 비중을 낮추는 자산 배분 투자 방법이지요. 다만 어떤 투자 방법을 선택하든 정기적으로 직접 수익률을 점검하면서 투자방식이나 투자상품을 재구성해 주는 것이 가장 바람직합니다. 퇴직 후 국민연금을 받기까지 소득이 없는 기간인 '연금크레바스^{빙하가 갈려져 생긴 틈처럼 소득 공백기가 그만큼 불안하다는 뜻}'를 대비하기 위해서도 나의 퇴직금이 어디에 투자되고 있으며 수익률은 얼마인지 주기적으로 체크하면서 철저히 노후를 준비하기 바랍니다.

국민연금과 퇴직연금은 소득이 있다면 노후를 위해 꼭 준비해야 할 필수연금이라고 볼 수 있고, 개인연금과 주택연금은 각자의 상황에 따라 여유가 있고 보유한 주택이 있다면 선택적으로 가입이 가능한 연금입니다. 보험연구원의 논문 '금융이해력, 거주지와 개인연금 및 보장성 보험 가입의 관계'에 따르면 국민들의 개인연금 가입 여부는 금융이해도와 소득수준, 거주지역, 교육수준 등과 연관성이 높은 것으로 분석되었는데 소득수준이나 금융이해력이 높을수록 개인연금 가입률도 높아지는 것으로 나타난 것을 보면 그만큼 노후를 준비하는 데 경제금융 리터러시가 중요한 것입니다. 개인연금은 납입기간 동안 세제 혜택을 받을 수 있는지에 따라 연금저축과 연금보험으로 구분되는데 현재 가입할 수 있는 연금저축 상품은 보험과 펀드입니다. 연금보험 같은 경우에는 말 그대로 보험사에서 운영하며 약정된 이율로 불려주며, 연금저축은 현재 은행이나 증권사에서 가입이 가능하고 가입자들이 마음에 드는 펀드를 직접 골라서 투자하는 방식입니다. 연금저축보험은 세제 혜택 없이 납입한 개인연금을 10년 이상 유지한 뒤 연금으로 수령하면 비과세 혜택을 받을 수 있습니다. 반면 연말정산이나 종합소득세 납부 때 세제 혜택을 받는 연금저축펀드는 연금을 수령할 때 연금소득세^{3.3~5.5%}를 납부해야 합니다.

상품	연금저축	연금보험
판매기관	– 은행(신규 판매는 중단) – 증권사 · 보험사(생명 · 손해)	생명보험사
연금 납입 때	연간 400만 원까지 (13.2~16.5% 세액공제)	세액공제 혜택 없음
연금 수령 때	[연령별 연금소득세 부과] – 만 70세 미만 : 5.5% – 만 70~79세 : 4.4% – 만 80세 이상 : 3.3%	[보험 차익에 부과] – 10년 이상 유지 : 비과세 – 만 55세~사망 때 연금 수령 : 비과세 – 10년 미만 유지 : 이자소득세(15.4%)
일시금 수령 때	기타소득세 16.5% 부과	– 10년 이상 : 비과세 – 10년 미만 : 이자소득세(15.4%)

개인연금 세제혜택 비교

최근 정부가 2023년부터 연금저축의 연간 세액공제 한도를 기존 400만 원에서 600만 원으로 확대하는 방안을 발표함에 따라 향후 연금저축과 IRP의 세액공제 대상이 되는 총납입한도는 연간 700만 원에서 900만 원으로 확대될 예정입니다. 이 변경된 제도에 따라 연금계좌 납입액을 늘리면 연말정산 후 감면받는 세액 또는 환급액이 최대 30만 원 늘어날 것으로 예상됩니다. 다만 모든 국민에게 600만 원까지 세액공제를 해 주지는 않을 가능성이 높은데 지금도 소득 수준에 따라 차등 적용되고 있기 때문입니다. 현재 연금저축은 기본 400만 원까지 세액공제를 받을 수 있으며 총급여가 5,500만 원 이하인 경우에는 400만 원의 16.5%인 66만 원까지, 총급여 5,500만 원 또는 종합소득 4,000만 원을 초과하는 경우에는 공제율이 13.2%가 적용돼 최대 52만 8,000원까지 세금 환급이 가능합니다. 그리고 총급여가 1억 2,000만 원을 넘거나 종합소득이 1억 원을 초과하면 세액공제 한도는 300만 원까지로 줄어들며 이런 경우엔 공제 폭이 확대되더라도 공제액이 600만 원에 미치지 못할 수 있습니다. 향후 확정 시행될 정책을 참고하기 바라며 세액공제 혜택이 있는 연금저축과 IRP의 경우 중도에 해지하면 공제받았던 세금을 모두 토해 내야 하는 만큼 노후자금을 위해 장기적인 운용이 가능한 자금으로 가입하는 것이 바람직합니다.

마지막으로 주택연금은 은퇴 후 국민연금, 퇴직연금, 개인연금 외에 추가로 소득을 확보할 수 있는 좋은 방법으로 부부 중 한 명이 만 55세 이상이고, 보유한 주택가격이 공시가 9억 원^{시가 12억~13억 원} 이하인 내국인이라면 누구나 가입할 수 있습니다. 주택연금은 앞의 세 가지 연금과 달리 보험료를 납입하는 것이 아니라 소유주택을 담보로 맡기고 평생 혹은 일정한 기간 동안 매월 노후생활 자금을 지급받는 방식으로 국가가 보증하는 금융상품이며 역모기지론이라고 부르기도 합니다. 주택연금은 한국주택금융공사를 통해 신청이 가능하며 공사는 연금 가입자를 위해 은행에 보증서를 발급하고 은행은 공사의 보증서에 의해 가입자에게 주택연금을 지급하게 됩니다. 주택연금의 장점은 평생 동안 가입자 및 배우자 모두에게 거주를 보장하고 부부 중 한 명이 사망할 경우에도 연금감액 없이 100% 동일금액의 지급을 보장해 준다는 점입니다. 그리고 국민연금과 마찬가지로 국가가 연금지급을 보증하기 때문에 연금지급 중단의 위험이 낮으며 나중에 부부 모두 사망할 경우에는 주택을 처분해서 정산하면 되고 연금수령액 등이 집값을 초과하여도 상속인에게 청구하지 않으며, 반대로 집값이 남으면 상속인에게 돌아가게 됩니다. 더불어 세제혜택도 누릴 수 있는데 재산세 25% 감면은 물론, 대출이자비용도 연간 200만 원 한도 내에서 소득공제가 가능합니다. 하지만 주택연금도 치명적인 단점이 존재합니다. 바로 주택가격이 상승해도 연금지급액에 반영되지 않는다는 것이죠. 그래서 집값이 가파르게 상승한 경우에도 연금지급액은 가입일 기준으로 계산되어 동일하게 지급되다 보니 주택연금을 중도해지하는 경우가 발생하기도 합니다. 참고로 주택연금을 중도 해지할 경우, 3년이 지나야 재가입이 가능한데 그 시점에 집값이 오를지 떨어질지는 아무도 모를 뿐만 아니라 집값이 너무 올라 공시가격 9억 원을 초과할 경우에는 아예 가입도 불가능하기에 가입도, 해지도 신중하게 결정할 필요가 있습니다. 주택연금은 공시가 기준 5억 원짜리 집을 담보로 종신형에 가입하면 2022년 1월 기준 만 60세 가입자는 월 106만 1,000원을, 만 80세 가입자는 월 239만 2,000원을 받을 수 있습니다.

지금까지 살펴본 국민연금, 퇴직연금, 개인연금에 주택연금까지 가입해 착실하게 연금을 쌓아 간다면 노후걱정은 할 필요가 없을 겁니다. 각자의 상황에 따라 4층 연금까지는 준비 못하더라도 가장 기본이 되는 국민연금과 퇴직연금만큼은 젊을 때부터 소득이 발생할 때마다 차곡차곡 쌓아 나가기 바랍니다. 100세 고령화 시대에 노후준비는 부모세대와는 달라야 하며 준비 안 된 장수는 재앙이 될 수도 있습니다. 부디 이 책을 읽는 여러분만큼은 경제금융 리터러시를 높여 두둑한 연금 받으면서 따뜻한 노후를 맞이할 수 있길 바라봅니다.

08

티끌모아 태산, 짠테크의 기술

최근 전 세계적으로 고물가, 고금리 시대를 맞이하면서 한 푼이라도 절약해 저축을 늘리는 짠테크족이 증가하고 있습니다. 진짜 부자들은 생활 속에서 절약이 생활화되어 있는 경우가 많은데 요즘 같은 고물가, 고금리 시대에 소득에 큰 변화가 없다면 어쩔 수 없이 절약을 할 수밖에 없는 상황이 아닐까 싶습니다. 그리고 지금은 주식, 부동산, 암호화폐 등에 무리한 투자를 하기 보다는 불경기를 거친 후 언젠가 다시 돌아갈 호경기에 대비해 한 푼이라도 현금을 쌓아두는 것이 가장 현명한 시기입니다. 그래서 어떤 방식이든 절약소비가 가능하거나 현금자산을 늘릴 수 있는 방법이 있다면 망설이지 말고 실천해야 합니다. 제가 직접 실천하고 있는 짠테크의 기술은 물론이고 최근 MZ세대가 선호하는 짠테크 방법까지 소개하니 절약을 실천하는 데 참고하기 바랍니다.

일단 짠테크를 위해 지금 당장 실천해야 할 것은 바로 신용카드 사용 줄이기입니다. 아무래도 신용카드는 미래의 소득을 담보로 소비하는 방식이다 보니 당장 내 통장에서 돈이 나가는 것을 볼 수 없기 때문에 소비로 인한 불안함이 덜할 수 있지요. 하지만 체크카드를 사용하면 현재 내 통장 계좌에 남아 있는 잔액에서 바로 돈이 빠져 나가고 줄어드는 통장잔고를 보면서 자극을 받을 수밖에 없어 소비하기 전에 한 번 더 생각하게 되는 효과가 있습니다. 저는 대학시절부터 항상 체크카드를 사용해 와서 습관이 되기도 했고 돈이 없으면 소비하지 않는다는 저만의 원칙을 세우고 살아 왔습니다. 아무리 사고 싶은 물건이 있어도 내 통장에 돈이 없으면 소비를 미루지 신용카드를 이용한 할부 서비스는 웬만해선 사용하지 않습니다. 딱 하나 가지고 있는 신용카드도 이미 만든 지 10년이 지났고 지금은 신규발급도 안 되는 카드인데 친환경 그린카드라 지자체 관광지를 가면 무료입장 또는 할인 혜택이 있어서 여행 다닐 때 이용하곤 합니다. 그리고 신용카드를 이용할 경우 결제일이 다가오면 리볼빙 서비스를 안내하는 경우가 있는데 일반적인 신용카드 결제는 약정된 결제일에 일시불로 처리되지만 리볼빙제도는 약정된 결제일에 최소의 금액만을 결제하고 나머지 대금은 대출로 이전하는 '회전결제방식'입니다. 이 리볼빙제도를 이용하면 결제 능력이 부족한 카드 이용자도 결제 대금에 구애받지 않고 계속해서 신용카드를 사용할 수 있지만 높은 수수료와 채무상환 부담이 가중되는 악순환으로 이어질 수 있는 만큼 사용에 주의해야 합니다. 가능하다면 신용카드는 사용하지 않는 것이 최선이며 너무 많은 신용카드 발급은 신용도에도 영향을 미치는 만큼 하나 정도만 발급받아 꼭 필요할 때만 이용하는 것이 가장 좋습니다. 지금 여러분의 지갑에 있는 신용카드가 몇 개인지 확인해 보고 불필요한 신용카드는 과감히 해지하기 바랍니다.

두 번째로 절약에 가장 큰 도움을 주는 것은 바로 집밥입니다. 다행히도 제 어릴 적 꿈이 요리사였기 때문에 결혼하고 지금까지 맞벌이를 하면서도 저희 집은 거의 대부분의 식사를 집에서 직접 요리하여 해결하는 편입니다. 그러다 보니 직접 장을 보면서 식재료 물가를 꿰뚫고 있게 되고 가끔 외식이나 배달음식을 먹으려고 하다가도 집에서 해 먹으면 훨씬 저렴하게 먹을 수 있다는 생각이 들다보니 자연스레 집밥을 선택하게 됩니다. 그렇다고 외식이나 배달음식을 전혀 먹지 않는 것은 아니며 각종 기념일 등 기분 내고 싶을 때나 집에서 해 먹기 어려운 음식이 먹고 싶을 때 또는 피곤하거나 몸이 좋지 않아 식사 준비가 힘들 때는 가끔 이용하기도 합니다. 하지만 직장을 퇴사한 이후 10년 넘게 외식보다는 집밥을 고집한 것이 절약에 큰 도움이 되었다고 확신합니다. 그래서 저는 남자든 여자든 꼭 스스로 식사를 해결할 수 있을 정도의 요리는 배울 필요가 있다고 생각합니다. 평소에 요리를 하지 않거나 관심을 가지지 않으면 지금 같은 고물가 시대에도 어쩔 수 없이 외식이나 배달음식에 의존할 수밖에 없고 집에서 해결을 하더라도 인스턴트식품으로 때우기 일쑤라 건강에 좋을 리도 없습니다. 그리고 매일 집밥을 해 먹지 않더라도 가끔 장을 보면서 식재료 물가를 어느 정도 알고 있으면 그때그때 해당 식재료의 가격이 비싼지 저렴한지도 직접 판단할 수 있어 절약소비에 도움이 될 수 있습니다. 뿐만 아니라 장을 보기 위해 마트나 슈퍼를 이용하다 보면 어느 곳이 어떤 식재료가 저렴하고 어떤 할인혜택이 있는지 그리고 마감세일 시간은 언제인지 등을 파악해 장보는 비용을 최대한 줄이는 것도 가능합니다. 저는 대학시절 일본에서 어학연수를 하는 3개월 동안 쌓인 장보기 노하우가 지금까지 이어지고 있는데 식비를 줄이는 데 많은 도움이 되고 있습니다. 혹시 지금까지 주로 외식이나 배달음식에 많은 생활비를 지출하고 있었다면 이번 기회에 유튜브나 네이버를 이용해 요리를 배우고 자극적인 식당음식이나 배달음식보다는 몸에 좋은 집밥으로 돈도 절약하고 건강도 챙기는 것도 좋겠네요.

저자의 당근마켓 매너온도 및 판매내역

세 번째 짠테크 기술은 중고거래 플랫폼을 활용한 절약과 부수입 창출입니다. 저는 코로나19 이전만 해도 중고거래 플랫폼을 거의 이용해 본 적이 없을 정도로 관심이 없었던 사람이었습니다. 하지만 코로나19 팬데믹 첫 해인 2020년, 주업인 강의가 대부분 취소되면서 수입이 급감했고 집에서 보내는 시간도 많아졌습니다. 그렇게 집에서 머무르는 시간이 늘어나다 보니 딸아이가 어릴 때 이용하던 물건들이나 평소에 구입해 놓고 잘 사용하지 않는 물건들이 눈에 들어오기 시작했고, 때마침 모바일앱으로 이웃 간 중고거래가 가능한 당근마켓이라는 플랫폼을 알게 되면서 중고거래 판매를 시작하게 되었습니다. 처음 당근마켓에서 거래가 성사된 상품은 아이가 어릴 때부터 사용했던 원목 테이블이었고 거실에 자리만 차지하고 있어서 혹시나 아이를 키우는 집이라면 필요한 사람이 있을지도 모른다는 생각에 당근마켓에 구매가격의 1/3 정도의 가격으로 올리자마자 팔리면서 그때부터 중고거래에 재미를 붙이기 시작했습니다. 첫 거래 경험을 빨리 한 덕분에 나에겐 더 이상 필요하지 않거나 가치가 없는 물건이라도 누군가에겐 필요하고 가치 있는 물건일 수도 있다는 것을 알게 되었고 어차피 요즘은 버릴 때도 돈을 내야 하는 경우도 많으니 버리기 전에 일단은 당근마켓에 올려 보는 습관을 가지게 되었습니다. 물론 물건에 따라 유료판매를 할 수 없는 것들은 나눔을 통해 필요한 분에게 나눔도 하고 있습니다. 지금까지 당근마켓에서 3년 넘게 판매 및 나눔을 진행힌 거래긴수는 200건이 넘었고 판매자 평가점수도 싱승해 이웃들이 믿고 구매할 수 있는 중고판매자로 성장했습니다. 지금까지 제가 판매했던 중고물건들을 살펴보면 각종 생활용품부터 도서, 옷, 신발, 화분, 인형에다가 심지어는 어릴 때부터 가지고 있던 야구선수 싸인볼이나 과자를 사먹고 모아 두었던 굿즈 수집품까지도 판매했습니다. 그렇게 중고거래를 통해 얻은 수입만 해도 수백만 원에 이를 정도입니다. 가끔 아파트 재활용 쓰레기장을 이용하다 보면 멀쩡한 물건이나 책 등을 그냥 버리는 경우가 참 많습니다. 하지만 완전히 망가진 물건이 아닌 이상 누군가에겐 분명 필요한 물건일 수 있으니 중고거래를 통해 공유경제도 실천하고 돈도 번다면 이 또한 너무나 가치 있는 활동이 아닐까 생각합니다. 중고거래 플랫폼은 물건을 팔아서 부수입을 창출하는 것도 있지만 가끔 필요한 물건이 있을 때 바로 새 상품을 구입하기보다는 중고거래 플랫폼에 올라와 있는 괜찮은 중고물건 또는 뜯지도 않은 새 상품을 저렴하게 구입할 수 있는 만큼 짠테크에는 필수입니다. 그리고 운이 좋으면 정말 괜찮은 물건을 나눔으로 받을 수도 있습니다. 여러분도 버리기 전, 쇼핑하기 전에 먼저 중고거래 플랫폼을 활용해 보기 바랍니다.

네 번째는 카카오페이, 네이버페이 등을 활용한 짠테크의 기술입니다. 핀테크 플랫폼들이 늘어나면서 플랫폼마다 각종 페이서비스가 출시되었고 이용자 확보를 위해 마케팅 차원에서 꽤 많은 포인트 적립을 해 주기도 합니다. 카카오페이의 경우에는 카카오페이에 충전한 페이머니를 이용해 결제를 하면 '어디서나 적립팩' 리워드라고 해서 결제금액의 0.3%가 페이포인트로 적립되어 나중에 현금처럼 사용할 수 있습니다. 또한 카카오페이의 동전 모으기 기능을 이용하면 카카오페이증권이랑 연계해 페이머니로 결제하고 남는 동전을 모으거나 지정한 펀드에 자동투자 설정을 할 수도 있습니다. 예를 들어 14,500원 결제를 하면 페이머니 잔액에서 500원이 자동으로 투자되는 식입니다. 한편 네이버페이는 충전한 페이머니로 결제 시 결제금액의 3%를 적립해 주고 네이버 스마트스토어 상품을 결제하고 리뷰를 작성하면 추가포인트까지 적립됩니다. 어차피 비슷한 가격에 쇼핑을 한다면 네이버페이를 이용해 네이버 스마트스토어에서 결제한다면 비용을 절약할 수 있고 이게 쌓이면 적은 금액이 아닐 수도 있습니다. 그래서 저는 가능하면 온라인 쇼핑은 네이버 스마트스토어에서 하려고 하고 귀찮아도 택배가 도착하면 꼭 리뷰를 작성합니다. 한 달 사용 후 리뷰를 작성하면 또 추가 적립금이 지급되는 경우도 있기 때문이죠. 물론 결제하기 전 다른 카드나 현금으로 결제하지 않도록 의식적으로 신경을 쓰는 수고가 필요하지만 몇십 원이든 몇백 원이든 그냥 하늘에서 돈이 떨어지는 것도 아니니 짠테크가 절실하다면 그 정도는 힘든 일이 아닐 거라 생각됩니다.

건강하게 걸으며
매일 140원 받으세요

리워드 자동 알림 받기

현재 걸음수
4,748 걸음
분석보기 >

주변 장소 가기 `100원 받기`

1,000걸음 걷기 `10원 받기`

5,000걸음 걷기

10,000걸음 걷기

토스 앱 만보기 기능

 다섯 번째는 운동도 하고 돈도 버는 짠테크의 기술입니다. 대표적인 사례가 핀테크플랫폼인 토스의 '만보기 기능'을 활용하는 것입니다. 토스 앱을 스마트폰에 설치하면 만보기 기능이 있는데 이 기능을 활용하면 매일 1,000보 달성 시 10원, 5,000보 달성 시 10원, 10,000보 달성 시 20원을 받을 수 있고, 특정 장소에 가면 하루 최대 100원까지 장소당 20원씩 적립해 주는 기능도 있습니다. 어차피 산책을 할 거라면 토스의 만보기 기능을 활용해 포인트가 적립되는 장소를 찾아다니면서 10,000보까지 달성하면 하루 최대 140원을 모을 수 있고 1년 동안 하루도 빠지지 않고 모은다면 51,100원을 모으는 셈이 됩니다. 산책도 하고 돈까지 벌 수 있으니 금상첨화가 아닐 수 없습니다. 꼭 집 주변이 아니라도 20원씩 받을 수 있는 특정장소는 전국 곳곳에 있으니 회사 주변이나 학교 주변에서도 받을 수 있습니다. 다만 1,000보, 5,000보, 10,000보 걸음을 달성할 때마다 지급되는 포인트는 자동으로 적립되는 것이 아니라 만보기 기능으로 들어가서 직접 포인트 받기 버튼을 눌러야 하기 때문에 자정을 넘기기 전에 그날 받지 않은 포인트는 없는지 확인을 해 줘야 합니다. 이 외에도 최근 고금리 시대가 되면서 은행마다 우대금리를 적용한 적금 상품을 개발해 고객 유치에 나서고 있는데 웰컴저축은행은 충청남도체육회가 운영 중인 '걷쥬' 앱을 활용한 '웰뱅워킹적금'을 출시해 화제가 되기도 했습니다. 이 상품은 계약기간에 집계된 걸음 수에 따라 최고 8% 포인트의 우대금리가 적용되는 헬스케어 적금 상품으로, 걸음 수에 따라 제공되는 우대금리는 최소 100만보에서 최대 500만보까지 달성 구간에 따라 차등 적용됩니다.

핀크의 기프티콘몰(출처 : 핀크)

여섯 번째는 지역화폐 및 상품권을 활용한 짠테크기술입니다. 최근에는 지자체마다 지역화폐를 발행해서 해당 지역에서 소비를 할 경우 할인 및 적립 혜택을 제공하는 경우가 많습니다. 지역화폐를 충전할 때 인센티브를 선지급해서 할인된 금액으로 충전이 가능한 곳도 있고 충전된 지역화폐를 이용해 결제할 때마다 포인트를 적립해 주는 경우가 있습니다. 제가 사는 지역은 지역화폐 결제 시 최대 7%까지 적립되고 현금처럼 사용이 가능합니다. 아쉬운 것은 최근 들어 지역화폐 예산 규모를 줄이고 있는 추세라 앞으로 언제까지 지속될지는 모르겠습니다. 이러한 지역화폐 외에도 전통시장·상점가·골목형상점가 등에서 사용할 수 있는 온누리 상품권도 할인가에 구매할 수 있습니다. 종이상품권은 할인율 5%에 월 70만 원까지 구매 가능하고 최근에 도입된 카드상품권은 할인율 10%로 2배의 할인율이 적용됩니다. 카드상품권은 기존 종이상품권과 달리 24시간 인제든 비대면 구매가 가능해 편리합니다. 또 새로 신용·체크카드를 발급받을 필요 없이 소비자가 보유하고 있는 카드 중 원하는 카드를 여러 개 등록해 사용할 수 있는 것도 장점이며 실물 카드결제 방식을 사용하기 때문에 전통시장 소득공제도 별도 절차 없이 자동으로 적용됩니다. 40%의 소득공제율로 최대 100만 원까지 혜택을 받을 수 있으니 전통시장 등을 자주 이용한다면 매우 유용합니다.

이외에도 최근 MZ세대가 가장 많이 활용하는 짠테크 수단으로 떠오르고 있는 것이 바로 기프티콘, 즉 모바일상품권입니다. 모바일상품권은 액면가보다 할인된 가격에 구매하면 차익이 발생하고, 30%의 세금 공제도 받을 수 있다는 장점이 있고 또 교환 매개 수단으로서 화폐의 기능도 가지고 있습니다. 통계청에 따르면, 2020년 기준 4인 가구 기준 월평균 소비지출액은 약 382만 원으로 모바일상품권을 실제 가격보다 5% 저렴하게 매입해 생활비에 사용할 경우 월 19만 1,000원을 아낄 수 있는 것으로 분석되었습니다. 기프티콘몰을 운영하는 핀크 관계자는 "모바일에서 상품권을 저렴하게 구매해 비용을 절감할 수 있는 이른바 '기프테크$^{기프티콘+재테크}$'가 고물가 시대의 대안으로 떠오르고 있다"면서 "핀크의 경우 전체 상품권 구매자 가운데 본인 선물의 비율이 93%를 차지하는데, 이를 통해 상품권을 선물이 아닌 자신의 재테크를 위해 사용하고 있다는 것을 알 수 있다"라고 말했습니다. 신한은행도 모바일상품권을 사는 것뿐만 아니라 판매도 할 수 있는 서비스를 하고 있는데 모바일상품권 거래 플랫폼인 기프티스타와 제휴를 맺고 자사 애플리케이션 '쏠SOL'에서 운영하는 '모바일쿠폰 마켓'을 통해서 서비스하고 있습니다. 모바일상품권을 정가 대비 평균 12~16% 할인된 가격에 살 수 있고, 팔 때 쿠폰 이미지를 등록하면 예상 견적도 파악할 수 있어서 편리합니다. 지금 당장 여러분 휴대폰에 저장되어 있는 모바일상품권을 확인해 보고 유효기간이 얼마 남지 않았다면 과감히 할인 판매해 보기 바랍니다.

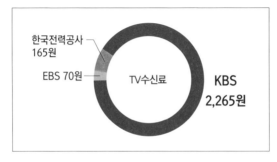

TV수신료

마지막으로 TV수신료를 아끼는 방법입니다. 대한민국의 방송법 제64조 텔레비전 수상기의 등록과 수신료 납부에 따르면 '텔레비전 방송을 수신하기 위하여 텔레비전 수상기(이하 수상기)를 소지한 사람은 대통령령으로 정하는 바에 따라 텔레비전 방송 수신료를 납부해야 한다. 단, 대통령령으로 정하는 수상기에 대해서는 그 등록을 면제하거나 수신료의 전부 또는 감면할 수 있다'라고 나와 있습니다. 즉, 여러분이 안테나를 설치해 TV를 본다면 아마도 매월 TV수신료를 내고 있을 겁니다. 하지만 최근에는 스마트폰을 이용한 미디어 콘텐츠 소비가 늘어나면서 TV를 보는 시간이 많이 줄어서 굳이 TV를 보지 않아도 된다면 매월 TV수신료를 내는 것이 낭비가 될 수 있습니다. 하지만 많은 분들이 TV수신료가 의무인지 알고 있는 경우가 많은데 TV 시청을 하지 않을 경우에는 해지 신청을 해서 누구나 수신료를 면제받을 수가 있습니다. 단, 법적으로 해지 신청을 하기 위해서는 가정에 TV수상기가 없거나 TV안테나 설치가 안 되어 있는 모니터용이라는 것을 증명해야 합니다. 아파트 거주자일 경우에는 관리사무소에 TV수신료 해지 신청을 하면 직원이 직접 방문해서 확인 후 관리비에서 수신료를 면제해 줍니다. 그리고 아파트 외 거주자는 한전 대표번호 123번을 통해 상담원과 상담 후 TV소지 여부를 확인 후 해지 가능하고 혹시라도 TV를 보지 않은 지 오래 되었는데 계속 TV수신료를 납부하고 있었다면 KBS수신센터[1588-1801]를 통해서 해지 및 환불 신청을 할 수 있습니다. 단, 환불은 해당 기간 TV수신을 하지 않은 것이 확인되어야 합니다. 현재 TV수신료는 2,500원이지만 향후 3,800원까지 인상 추진되고 있는 만큼 자동으로 빠져 나가고 있는 TV수신료가 있다면 지금 당장 해지 신청을 해 TV수신료를 아끼기 바랍니다.

지금까지 제가 소개한 짠테크의 기술 외에도 검색해 보면 정말 신박한 짠테크 기술을 보유하고 있는 사람들이 참 많습니다. 어떤 방법을 이용하든 각자의 상황에 맞는 방법을 찾으면 되겠지만 중요한 것은 작은 돈도 무시하지 않고 티끌 모아 태산을 위해 적극적으로 절약을 실천하는 것입니다. 남들이 보기에는 이런 짠테크족이 구두쇠 같고 쪼잔해 보일지도 모르겠지만 100세 고령화 시대에 미래에 대한 고민 없이 무리한 빚투로 일확천금을 노리거나 플렉스[Flex]와 욜로[YOLO]만 외치는 사람들보다는 훨씬 더 나은 미래를 맞이하게 될 겁니다. 최근에는 '갓[God·신]'과 '인생[人生]'을 합친 신조어로, 하루하루 계획적으로 열심히 살아나가며 타의 모범이 되는 삶을 뜻하는 말인 갓생에서 파생

된 '갓생 살기'가 유행이라고 합니다. 아침에 일찍 일어나기, 일어나자마자 물 마시기, 퇴근 후 운동하기, 하루에 영어 단어 10개씩 외우기 등의 목표를 세우고 이를 꼬박꼬박 실천하면서 성취감을 느끼고 활력을 얻는 것입니다. 여러분도 당분간은 고물가, 고금리 시대에 절약을 위한 짠테크 실천법을 목표로 정하고 '갓생 살기'에 한 번 도전해 보는 건 어떨까요? 금수저가 아닌 이상 부자가 되는 첫걸음은 결국 절약이라는 사실을 잊지 맙시다.

좋은 책을 만드는 길, 독자님과 함께 하겠습니다.

미래생존, 리터러시가 답이다

초 판 발 행	2023년 06월 30일 (인쇄 2023년 04월 24일)
발 행 인	박영일
책 임 편 집	이해욱
저 자	양성식
편 집 진 행	이근희
표지디자인	김지수
편집디자인	홍영란 · 곽은슬
발 행 처	(주)시대고시기획
출 판 등 록	제10-1521호
주 소	서울시 마포구 큰우물로 75 [도화동 538 성지 B/D] 9F
전 화	1600-3600
팩 스	02-701-8823
홈 페 이 지	www.sdedu.co.kr

I S B N	979-11-383-5071-6 (03320)
정 가	17,000원